Ma vie

Josiah Flynt

Writat

Cette édition parue en 2024

ISBN : 9789359943497

Publié par
Writat
email : info@writat.com

Contenu

INTRODUCTION

je

Il me semble qu'il y a bien longtemps depuis le jour où Josiah Flynt est venu me voir au Temple, avec une lettre d'introduction de sa sœur, que j'avais rencontrée chez des amis à Londres. Le contraste était saisissant. J'ai vu une petite créature mince, blanche et ratatinée, aux yeux déterminés et aux lèvres serrées, taciturne et posée, tranquillement agitée ; il me regardait d'un œil critique, comme je le pensais, avec un visage prêt à se déguiser, mais avec une vie étrangement personnelle qui regardait, de manière assez ambiguë, de dessous. Il a prononcé un discours hybride ; il n'était apparemment pas intéressé par tout ce qui m'intéressait. Je n'avais jamais rencontré quelqu'un de ce genre auparavant, mais je me suis retrouvé presque immédiatement à l'accepter comme l'une des personnes qui devaient signifier quelque chose pour moi. Il y a ces gens-là dans la vie, et les autres ; les autres n'ont pas d'importance.

Les gens qui me connaissaient se demandaient, je pense, si j'appréciais Flynt ; ses amis, je n'en doute pas, se demandaient s'il pouvait s'entendre avec moi. Malgré toutes nos dissemblances superficielles, quelque chose en nous insistait pour que nous soyons des camarades. Nous avons découvert les points auxquels les courants sous-jacents en nous se rejoignaient. Là où j'avais plongé, il avait plongé, et ce but que j'exprimais alors, "errer au soleil et dans l'air avec des vagabonds, hanter les coins étranges des villes, connaître toutes les choses inutiles, inappropriées et amusantes". des gens qui valent vraiment la peine d'être connus", avait-il atteint. J'étais prêt à accueillir un tel compagnon, hésitant au bord d'un chemin qu'il avait parcouru.

Nous avons fait ensemble non seulement la visite de Londres, mais aussi de petits voyages en France et en Belgique, et une visite plus longue en Allemagne. Tout cela me divertissait sans cesse et constituait une sorte de marge aux entreprises pas plus sérieuses du « Savoy », du temps de Beardsley, Conder et Dowson. Flynt ne s'est jamais vraiment intégré à ce groupe, mais il l'a observé avec curiosité, dans le cadre de son étude de la vie.

J'ai lu dans ce livre ses paroles aimables et ludiques à mon sujet, qui sont assez véridiques dans l'essentiel, et cela me fait mal de penser que je n'irai plus jamais à la Couronne avec lui, ni ne m'assiérai avec lui. à nouveau dans un café de Berlin. C'est là, à l'Embergshalle, que j'ai trouvé un de mes poèmes intitulé "Emmy", mais ce n'est pas pour le "matériel", ni pour ces "impressions et sensations" dont il parle, que je suis allé avec lui, mais pour le bien des choses elles-mêmes ; et je me demandais s'il s'en rendait compte. Alors ce qui me plaît le plus maintenant, c'est quand il dit qu'il n'a jamais pensé à mes livres, ni à moi-même en tant qu'homme de lettres, lorsque nous étions ensemble. C'est parce qu'il était bien plus, à sa manière, qu'un homme de lettres, que je tenais tant à lui, et c'était de choses plus intimes que les livres que j'aimais causer avec lui.

Ses idées étaient toujours les siennes et semblaient à la plupart des gens excentriques. Il y était venu grâce à sa propre expérience, ou par déduction de l'expérience d'autrui qu'il avait appris à connaître de l'intérieur. Son esprit était têtu ; on le voyait dans son visage obstiné, dans lequel les lèvres minces étaient étroitement serrées et les yeux fixes. Il était rarement bouleversé par une dispute, car il évitait de débattre de choses qu'il ne connaissait pas. Je ne l'ai jamais vu conscient de la beauté de quoi que ce soit ; Je ne pense pas qu'il lisait beaucoup ou qu'il n'aimait pas les livres. Son discours était généralement cynique et il croyait en peu de personnes et en peu d'opinions.

Flynt n'avait aucun sens du style, et lorsqu'il commença à essayer d'écrire ce qu'il avait vu et ce qu'il en pensait, le premier résultat fut à la fois fastidieux et formel, la vie ayant complètement disparu de ce qui avait été si littéralement vécu. J'étais un critique féroce, et je le poussais et l'inquiétais à être naturel dans son écriture, à écrire comme il parlait, d'une manière sèche, brève et souvent ironique. Son danger en écrivant était d'être trop littéral pour l'art et pas assez littéral pour la science. Il était trop absorbé par les gens et les choses pour pouvoir jamais s'en éloigner ; et pour bien écrire ce qu'on a fait et vu, il faut pouvoir s'éloigner de soi-même et des autres. Si jamais un homme aimait l'errance pour le plaisir, c'était bien George Borrow ; mais George Borrow avait un cerveau sérieux et fantaisiste, toujours à l'œuvre, tordant les choses qu'il voyait en des formes qui lui plaisaient plus que les formes des choses elles-mêmes. J'ai essayé de faire lire Borrow à Flynt, mais les livres lui étaient de peu d'utilité. Il a finalement réussi à dire plus ou moins franchement ce qu'il voulait dire, mais son œuvre restera un document humain, ayant une valeur en soi, derrière lequel on ne devine qu'une partie de l'homme tout entier. Il y avait bien plus dans son esprit, ses sensations étaient bien plus subtiles, sa curiosité était plus étrange et plus rare que quiconque ne le connaissant pas ne le reconnaîtra jamais à travers ses écrits. Sa vie était une invention merveilleuse : il l'a créée en action, et les mots dans lesquels il l'a écrite n'en sont qu'une sorte de commentaire, ou de note de bas de page.

La curiosité humaine : cela constituait l'essentiel de la nature de Flynt ; et avec cela est née l'envie de tout découvrir en essayant, et pas seulement en observant. Aucun des grands voyageurs des lettres, Borrow ou Stevenson, n'était vraiment un vagabond né ; personne n'avait si peu de doutes derrière lui lors de son voyage à travers le monde. Le spectacle, la matière, tout ce qui était tant pour ces artistes, n'était pour lui qu'une quantité négligeable, une enveloppe extérieure qu'il lui fallait traverser. Il est allé voir Tolstoï en Russie, et a été emmené dans sa maison et a creusé son jardin. Il alla voir Ibsen à Munich. Il ne cherchait rien d'autre que ce pour quoi il allait vers les vagabonds et les forçats : découvrir quelle sorte d'êtres humains ils étaient de près.

Tout ce qu'il a écrit de valeur est le témoignage de son expérience personnelle, et après plusieurs livres contenant beaucoup d'instructions sérieuses ainsi que des faits extérieurs et des aventures, il a terminé avec cette histoire franche de lui-même, de ce qu'il savait de lui-même : et de cette partie plus vaste qu'il ne comprenait pas, sauf qu'elle le conduisait là où il devait aller. Le récit s'arrête avant qu'il ait eu le temps de le terminer, avec ce qui fut véritablement la comédie de sa vie : le vagabond, finissant par devenir un membre si fantastiquement utile de la société ; la loi, qu'il avait défiée, assez habile pour l'annexer ; lui-même, assez malin pour accepter un salaire pour refaire à ses dépens ce qu'il avait fait une fois pour rien. Était-ce une manière de se « ranger » un peu, et aurait-il, si les choses s'étaient bien passées, répondu à la question que j'aimais à poser : Que lui resterait-il au monde après avoir foulé tous les chemins ? de ça ? En l'occurrence, il n'a tiré que peu d'avantages du changement de position. Il gagna plus d'argent que ce qui lui convenait grâce à ses services de détective, d'abord pour les chemins de fer, puis pour la police, et ce qui avait été l'une des tentations de sa vie était plus facile, et même lui semblait désormais nécessaire, de succomber à ce qui avait été l'une des tentations de sa vie. . Il avait une tendance héréditaire à boire, qui avait été en partie maîtrisée ; or ce nouveau contact, si périlleux pour lui, réveillait et renforçait la tendance à la permanence. Peu à peu, les choses lui échappaient entre les mains ; la demande de livres, d'articles, de conférences augmentait à mesure que sa capacité de se conformer à cette demande diminuait. Il avait des amis qui le tenaient aussi longtemps qu'il le leur permettait. L'une d'elles était la seule femme qu'il ait jamais sérieusement soignée, en dehors de sa mère et de ses sœurs. Pendant trois ans, il fut rarement sobre et l'alcool le tua. À la fin, il s'enferma dans sa chambre d'hôtel à Chicago, comme Dowson s'enferma dans son logement à Featherstone Buildings, et Lionel Johnson dans ses chambres à Gray's Inn ; comme un animal malade s'en va dans un coin solitaire des bois pour y mourir.

II

Josiah Flynt n'a jamais été tout à fait à l'aise sous un toit ou en compagnie de gens ordinaires, où il avait toujours l'air d'être attrapé et détenu contre son gré. Américain, ayant étudié dans une université allemande, élevé dans sa jeunesse à Berlin, il a toujours eu un dégoût constant pour les intérêts de son entourage et une passion instinctive pour tout ce qui existe en dehors de la frontière qui ferme la frontière. nous en matière de respectabilité. Il y a beaucoup d'affectation dans la révolte littéraire contre la respectabilité, ainsi que le désir d'un enfant de choquer ses aînés et d'arracher une réputation sinistre à ceux qu'il prétend mépriser. Mon ami n'a jamais eu cette affectation ; la vie n'était pas pour lui une mascarade, et ses déguisements constituaient la partie la plus sérieuse de sa vie. Le simple fait est que la respectabilité, l'existence normale des gens normaux, ne l'intéressait pas ; il ne pouvait même pas vous dire pourquoi, sans en chercher consciemment les raisons ; il est né avec une âme de vagabond, dans une famille de gens doux et délicieusement raffinés : il est né ainsi, c'est tout. La curiosité humaine, qui chez la plupart d'entre nous est subordonnée à un but plus précis, existait en lui pour elle-même ; c'était sa vie intérieure, il n'en avait pas d'autre ; sa forme de développement personnel, sa forme de culture. Il me semble que cet homme, qui a vu tant de choses sur l'humanité, qui a vu l'humanité de si près, là où elle est le moins tentée d'être autre chose qu'elle-même, a réellement atteint une culture, presque parfaite en son genre, même si celle-ci était la sienne. propre invention. Ce n'était pas un artiste capable de créer ; il n'était ni un penseur, ni un rêveur, ni un homme d'action ; il étudiait les hommes et les femmes, et les exclus parmi les hommes et les femmes, justement ces personnes les moins accessibles, les moins soignées, les moins comprises et donc, pour quelqu'un comme mon ami, les plus séduisantes. Il n'en avait pas conscience, mais je pense qu'il y avait une grande pitié au cœur de cette curiosité dévorante. C'était son amour pour les exclus qui lui faisait aimer vivre avec des exclus, non pas comme un visiteur parmi eux, mais comme l'un des leurs.

Car voilà la différence entre cet homme et les autres aventuriers qui ont circulé parmi les vagabonds, les criminels et autres incompris ou malheureux. Certains ont été philanthropes et sont partis avec la Bible à la main ; d'autres ont été journalistes et sont partis avec des cahiers à la main ; tous sont allés en visiteurs, se plongeant dans « le bain de la multitude », comme on part en vacances au bord de la mer et se plonge dans la mer. Mais cet homme, partout où il est allé, est allé avec un abandon total à son environnement ; aucun clochard n'a jamais su que « Cigarette » n'était pas vraiment un clochard ; il a mendié, travaillé, pris le train à l'extérieur, dormi dans des workhouses et des prisons, n'a pas évité l'une des difficultés de son chemin ; et depuis toujours il vit sa propre vie (quelle que soit cette énigme !) plus parfaitement, j'en suis sûr, que lorsqu'il dînait chaque jour à la table de sa mère ou de sa sœur.

Le désir de parcourir de nombreux chemins et le désir de voir beaucoup de visages étrangers se trouvent presque toujours réunis dans cet instinct à demi inconscient qui fait de l'homme un vagabond. Mais je n'ai jamais rencontré quelqu'un chez qui l'amour réel de la route soit aussi fort qu'il l'était chez Flynt. Je me souviens, il y a une dizaine d'années, lorsque nous nous étions donné rendez-vous à Saint-Pétersbourg, que je m'aperçus, en arrivant, qu'il était déjà à mi-chemin de la Sibérie, sur le nouveau chemin de fer qu'on était en train de parcourir. fabrication. Mais la plupart du temps, il marchait.

Partout où il allait, il se faisait des amis ; lorsque nous nous promenions ensemble dans Londres, il avait la confiance de tous les marins que nous rencontrions dans les tavernes des quais. Il n'était pas exigeant et se tournait, comme on dit, vers n'importe quoi. Et il traversa toutes sortes de privations, endura la saleté, s'habitua à la société de toutes sortes de ses semblables, sans un murmure ni un regret.

Après tout, le confort est une convention et le plaisir est une chose individuelle pour chaque individu. « Voyager, c'est mourir continuellement », écrivait un poète à moitié fou qui a passé la plupart des années de sa courte vie fantastique à Londres. Eh bien, c'est une phrase que je me suis souvent retrouvé à répéter alors que je frissonnais dans les gares de l'autre côté de l'Europe, ou que j'étais allongé dans une couchette plongeante tandis que l'écume chassait les flocons de neige du pont. On trouve, sans aucun doute, un plaisir particulier à revenir sur les inconforts passés, et je suis convaincu qu'une grande partie de l'attrait du voyage vient d'une projection inconsciente de l'esprit vers le moment où le présent inconfortable sera devenu un émouvant. mémoire du passé. Mais je parle maintenant pour ceux chez qui une certaine luxe de tempérament se trouve en conflit aigu avec le désir de mouvement. Pour mon ami, je pense, c'était un état d'esprit difficilement concevable. C'était un stoïque, comme devrait l'être le véritable aventurier. Le repos, même comme changement, ne lui plaisait pas. Il réfléchissait avec acuité, mais seulement aux faits, aux faits qui se trouvaient devant lui ; et ainsi il n'avait pas besoin de créer autour de lui une atmosphère que le changement pourrait perturber. Il aimait sa famille, ses amis ; mais il pouvait s'en passer, comme un homme chargé d'une mission. Il n'avait aucune mission, seulement une grande soif ; et cette soif de l'humanité de chaque nation et des routes de chaque pays le poussait en avant avec autant de résistance que la soif de boisson de l'ivrogne ou la soif d'idéal de l'idéaliste.

Et il me semble que peu d'hommes ont réalisé, comme cet homme, que « ce n'est pas le fruit de l'expérience, mais l'expérience elle-même qui est la fin ». Il a choisi sa vie pour lui-même et il l'a vécue, indépendamment de tout le reste du monde. Il a désiré des choses étranges, presque inaccessibles, et il a atteint tout ce qu'il désirait. Un jour, alors qu'il se promenait avec un ami dans les rues de New York, il dit soudain : « Savez-vous, je me demande ce que c'est de courir après un homme ? Je sais ce que c'est d'être poursuivi, mais de courir après un homme. l'homme serait une sensation nouvelle. L'autre homme rit et n'y pensa plus. Une semaine plus tard, Flynt lui vint avec un document officiel ; il avait été nommé détective privé. Il était mis sur la piste d'un criminel célèbre (qu'il avait justement connu comme un clochard) ; il a fait ses plans, les a mis à exécution avec succès et le criminel a été arrêté. Il lui suffisait de l'avoir fait : il en avait eu la sensation ; il n'avait plus besoin, à ce moment-là, de faire un travail de détective. N'y a-t-il pas, dans cette

curiosité en action, ce jeu maîtrisé puis abandonné, une promptitude, une
sûreté, une qualité morale merveilleuse qui est elle-même la réussite dans la
vie ?

Désirer tant, et ce qu'il y a de si humain ; faire sa vie du simple fait de la vivre
comme on l'entend ; créer une satisfaction personnelle unique à partir du
mécontentement et de la curiosité ; être autant soi-même en apprenant tant
des autres : n'est-ce pas, à sa manière, un idéal, et cet homme ne l'a-t-il pas
atteint ? Il avait l'âme et les pieds d'un vagabond. Il se souciait avec passion
des hommes et des femmes, là où ils sont le plus vivement eux-mêmes, car
ils ne font plus partie de la société. Il a parcouru une grande partie de la terre,
mais il ne se souciait pas de la beauté ou de l'étrangeté de ce qu'il voyait,
seulement des gens. M'écrivant un jour de Samarcande, il me dit : « J'ai vu le
tombeau du prophète Daniel ; j'ai vu le tombeau de Tamerlan . Mais
Tamerlan n'était rien pour lui, le prophète Daniel n'était rien pour lui. Il les
a mentionnés uniquement parce qu'ils pourraient m'intéresser. Il essayait de
reconstituer la psychologie du mendiant persan qu'il avait laissé au coin du
chemin.

ARTHUR SYMONS .

AVANT-PROPOS

Ce livre s'explique de la plupart des façons, je l'espère, et un portique préliminaire semble presque superflu. En général, de tels ajouts me déplaisent ; ils ressemblent à des excuses pour ce que l'auteur a à offrir plus tard. Aucun portique ne serait attaché à l'édifice que j'ai maintenant construit s'il n'y avait deux points que je voudrais clarifier et que je n'ai pas réussi à le faire suffisamment à ma satisfaction dans le récit proprement dit.

Premièrement, il est juste de préciser d'emblée qu'une autobiographie émanant d'un homme de moins de quarante ans est pour le moins une performance non conventionnelle qui nécessite quelques explications. Mais je crois que ce n'est pas moins un génie que Goethe qui a osé dire que ce qu'un homme va faire vaut la peine s'il le fait avant trente ans. La propre vie de Goethe dément cette affirmation, mais il y a un noyau de vérité dans son caractère suggestif. Dans mon cas, il se trouve qu'il y a bien plus qu'un simple noyau de vérité dans cette remarque. Ce que je vais faire en tant qu'explorateur passionné de *Die Ferne* – l'Au-delà en constante disparition – a été fait de toujours, en ce qui concerne le monde souterrain. Le jeu est terminé et le croupier se retire. Mon Soi mort, je le mets de côté et je recommence avec un nouveau monde. Le vieux Soi est mort durement. J'entends encore ses os trembler. Mais il est arrivé un moment où il a dû disparaître, et maintenant que je sais qu'il est réellement et véritablement parti, que demain matin, par exemple, pour trouver la paix et le contentement pour la journée, il ne me sera pas nécessaire de prendre Je monte mon bâton et je fais nerveusement les mêmes pitreries et les mêmes recherches qu'autrefois, une douce satisfaction m'envahit et je suis heureux d'être en vie. Ce livre met un terme, en tout cas, pour le présent, à tout ce que j'ai écrit jusqu'ici sur le monde souterrain, et résume ce que j'ai gagné et perdu au cours de mes pérégrinations.

Le deuxième point à éclaircir, je le poserai de manière interrogative : valait-il la peine, après avoir vécu la vie, en avoir fini avec elle et être passée vers des pâturages nouveaux et verts, de raconter l'histoire ? Benvenuto Cellini, ce joyeux romancier, déclare qu'un homme, à quarante ans, s'il a fait quelque chose de valeur et d'importance, a le droit de mettre par écrit ses exploits, qu'il est moralement tenu de le faire s'il veut tenir le coup. sa tête parmi ses semblables. Pendant près de quarante ans, j'ai poursuivi l'Au-delà, cette sorcière brumeuse et glissante, toujours invitant le vagabond à avancer, mais sans jamais la satisfaire, ne se montrant sous ses véritables couleurs trompeuses qu'après de longues années de connaissance. La chasse est entreprise par de nombreux voyageurs du Monde Supérieur, hypnotisé comme je l'étais, mais par moi forcément dans cet étrange Monde Souterrain d'où tant d'explorateurs ne reviennent jamais. Cela, me semble-t-il, mérite d'être évoqué. J'ai rendu l'histoire aussi simple et directe que possible. Que

celui qui le lit, si par hasard la sorcière le tente lui aussi, s'accroche à un idéal
meilleur, même si sa vie est étroite et sa tâche consiste à accomplir une
routine fastidieuse.

CHAPITRE I

PREMIERS RÉMINISCENCES

Mon ancienne infirmière m'a dit un jour que j'étais venu au monde avec une « capuche », qu'il fallait arracher rapidement, sinon j'aurais dû rester là pour être prophète. Pourquoi un état de cécité à la naissance devrait-il présupposer une vision extraordinaire, spirituelle ou autre, plus tard, n'est pas clair. Aucune vision de ce genre ne m'a jamais été accordée ; au contraire, comme mon histoire le révélera, cette cécité précoce s'est poursuivie sous une forme ou une autre tout au long de ma recherche de *Die Ferne* .

Mon tout premier souvenir est un voyage en fuite, culminant avec le confinement du village. Bien que ma mère déclare que j'avais au moins cinq ans lorsque cela s'est produit, j'ai toujours cru que j'en avais plus près de quatre ; en tout cas, je me souviens que je portais des robes. Les circonstances de l'absentéisme et de l'emprisonnement étaient les suivantes : Mes parents étaient dans la ville voisine pour la journée et j'étais resté à la maison avec l'infirmière. Elle m'avait puni assez sévèrement pour une légère offense, puis était allée chercher de l'eau au lac, me laissant dans une ruelle devant la maison, très inquiet. Une soudaine envie de courir m'a saisi – n'importe où, cela n'avait pas d'importance, tant que l'infirmière ne pouvait pas me trouver. Alors je me suis lancé en courant vers la rue principale du village, ma petite culotte blanche pendant derrière moi. Ce fut mon premier effort conscient et déterminé pour voir le monde à ma manière et à ma propre discrétion. Ce fut le début de cette longue série d'excursions incontrôlables qui depuis lors ont béni ou gâché ma vie. Aucun enfant n'a jamais eu une plus grande mesure de joie pure dans son âme que moi lorsque je me suis précipité dans cette ruelle du village, et aucune escapade ultérieure ne m'a jamais apporté une aussi belle nuance de satisfaction.

Dans la rue principale, le policier du village m'a arrêté et, après avoir appris qui j'étais, m'a emmené au cachot pour me mettre en sécurité jusqu'au retour de mes parents dans la soirée. En fait, je n'ai pas été mis dans une cellule - le cachot était à la fois une caserne de pompiers et une prison de village, et j'ai eu la liberté de ce qu'on appelle la salle des machines. Je me souviens que je passais la plupart de mon temps à sucer un bâton de bonbon et à m'émerveiller devant l'appareil à incendie. Néanmoins, c'était une sorte d'emprisonnement, et je le savais. C'était la seule punition que j'ai reçue. Mes parents sont venus me chercher le soir, apparemment très amusés. Mon père aurait-il pu comprendre à quoi allait conduire cette première absence ? J'aurais probablement dû recevoir un de ses coups de fouet, mais heureusement, il était d'humeur à considérer cela avec humour.

Mon père est mort à l'âge de quarante-deux ans, alors que j'avais huit ans (1877). C'était un homme grand et mince, souple, nerveux et doté d'une longue barbe brune qui m'impressionnait toujours lorsque je le regardais. Il était rédacteur en chef d'un quotidien de Chicago, décédé six mois après sa disparition. J'ai entendu dire qu'il était le seul homme qui aurait pu faire du journal un succès, et essayer de le faire l'a probablement épuisé. Il avait expérimenté diverses activités avant d'accepter ce poste dans un journal, mais il pensait avoir enfin trouvé le travail de sa vie lorsqu'il était devenu rédacteur en chef. La dernière année de sa vie, il s'intéressa beaucoup aux affaires de l'Église. Il était issu d'une bonne souche de la Nouvelle-Angleterre, son ancêtre américain ayant contribué à la fondation de la ville de Concord, dans le Massachusetts.

J'ai souvent entendu dire que mon père était un homme brillant, doté d'un sens de l'humour remarquable. Il ne m'a pas souvent favorisé avec son côté humoristique, mais je me souviens d'un incident amusant au cours duquel il a révélé à nous tous, les enfants, une phase de son caractère que ma mère connaissait probablement beaucoup mieux. Bien que mon père ait dû quitter la vieille maison brune tôt le matin pour prendre son train habituel pour la ville, il insistait fermement pour que l'on fasse des prières familiales avant de partir. Ces prières ne signifiaient pas grand-chose pour moi, quoi qu'elles aient pu représenter pour lui, mais il y a eu un matin où elles m'ont plu. Mon vieux chat avait mis au monde une portée de chatons pendant la nuit et, à l'heure de la prière, les avait déposés dans la chaise de mon père. Sans les remarquer, il prit la Bible et alla s'asseoir. Il s'ensuivit de nombreux mieulements et crachats. "Au diable les chats !" s'écria mon père en se levant, puis, prenant une autre chaise, il continua ses prières. J'en ai ri toute la journée, et mon père ne s'est plus jamais exposé à moi sous un costume aussi humain.

Peut-être que ma sœur aînée était son enfant préféré, s'il avait des favoris. Je ne peux pas dire si elle le comprenait mieux que nous tous, mais ses coups de fouet me semblaient très rares. Sa capacité à le sortir d'une humeur punitive est bien illustrée par l'incident suivant.

Quelque chose qu'elle avait fait l'avait contrarié, si je me souviens bien de l'histoire, et elle était sur le point d'être punie, « baleinée », en effet, mon père ne voulant pas faire de distinction entre les sexes dans les coups de fouet lorsqu'ils s'appliquaient aux enfants. Ma sœur a eu une inspiration telle que nous la considérions à l'époque : grimpant sur les genoux de son père et caressant doucement ses cheveux presque raides, elle a dit doucement : « Quelles jolies mèches bouclées tu as, Papa ! L'incongruité de sa remarque le fit sourire, et lorsqu'il eut dépassé ce Rubicon dans ses humeurs punitives, il devint amical. Je n'ai jamais été aussi intelligent que ma sœur dans les interviews de ce personnage. Quel garçon est aussi intelligent que sa sœur lorsqu'il s'agit de jouer ?

Mon père est parti, la bataille de la vie pour nous, les enfants, s'est déplacée vers ma mère. Mon père a laissé très peu d'argent derrière lui et il fallait que ma mère soit à la fois mère et soutien de famille. Je n'entrerai pas dans le récit de ses diverses activités pour maintenir la famille unie, mais elle l'a fait d'une manière ou d'une autre de la manière la plus honorable et la plus utile pendant près de dix ans, partant ensuite pour l'Allemagne avec les deux filles pour s'engager dans un travail éducatif. Aucun homme n'a jamais lutté plus courageusement contre des obstacles effrayants que ma mère, et quand je pense à mon insistance presque incessante tout au long de sa lutte, un remords m'envahit qu'il vaut mieux ne pas décrire. Nous sommes restés au village pendant les dix années en question, et je suis devenu un jeune adolescent, mais sans jamais paraître vieux, et je ne le suis pas non plus aujourd'hui, malgré la vie difficile que j'ai menée et une grande vie. de nombreux jours et nuits passés à l'hôpital. On ne dit pas que cela dorlote ma vanité. Je veux simplement dire que j'ai reçu de mes parents une constitution merveilleuse. Je ne pense pas que l'homme moyen, s'il avait risqué sa santé comme je l'ai fait, s'en serait aussi bien sorti.

Notre village, devenu depuis l'une des banlieues les plus belles et les plus à la mode de Chicago - je pense parfois que c'est l'endroit le plus fascinant qui existe à proximité d'une grande ville, autant que la nature le permet - était une localité étrange pour un vagabond de mon calibre. Installé à l'origine par de robustes habitants de la Nouvelle-Angleterre et du centre de l'État de New York, il est rapidement devenu un bastion occidental du méthodisme. Mes gens des deux côtés étaient les premiers arrivés, le père de ma mère étant professeur de théologie à l'institut théologique local. Les gens de mon père étaient enclins au congrégationalisme, je pense, mais ils ont changé d'avis, et quand j'ai connu ma grand-mère, elle était une ardente communicante parmi les méthodistes. L'enseignement religieux que je pouvais supporter se trouvait également dans ce giron – ou devrais-je dire fête ? Il y a quelques années, un ancien gouverneur du Colorado disait de belles choses de ma mère au ministre des États-Unis à Berlin, et pour étayer son argument selon lequel le ministre devrait veiller sur ma mère, l'ex-gouverneur a déclaré : « Et, M. Phelps, elle appartient au plus grand parti politique de notre pays : l'Église méthodiste !" Cela ne m'a jamais vraiment intéressé de m'intéresser aux rouages de l'Église – j'ai eu un travail qui semblait beaucoup plus important et séduisant dans la planification et la réalisation de mes voyages de fuite – mais plus tard, je dois avouer avoir été impressionné par les similitudes entre le méthodisme en tant que religion. la politique et la politique en tant qu'entreprise. Le méthodisme, considéré simplement comme une organisation religieuse, devrait être décrit par quelqu'un qui puisse l'étudier impartialement. La lutte pour les hautes places dans l'Église lors des conférences ressemble terriblement à celle des congrès politiques. Les hommes qui veulent devenir évêques tirent des fils et s'assurent des partisans de la même manière que les candidats aux congrès prennent leurs dispositions, et les gros emplois dans le ministère sont aussi ardemment convoités par les aspirants prédicateurs que le sont les postes politiques dans l'ensemble du pays. Peut-être que tout va bien ; certes, si les chiffres, les églises et les convertis comptent, les méthodistes ont fait un grand travail ; mais le méthodisme en tant que culte religieux a dû m'ignorer.

Les bons villageois ont essayé à maintes reprises de me « convertir », et officiellement j'ai vécu ce spectacle à plusieurs reprises. Curieusement , après presque chacun de mes précédents voyages en fuite et mon humble retour au village , débraillé et déchiré, un réveil m'avait précédé et prêchait à un rythme effréné dans le « Old First », où mon peuple communiait. . Ma grand-mère, la mère de mon père, insistait invariablement pour que j'assiste aux services de réveil dans l'espoir qu'enfin je revienne à la raison et que je « comprenne vraiment la religion ». Comme pour montrer que j'étais désolé de l'anxiété que j'avais causée à ma mère lors de la dernière escapade, je suivrais le conseil de ma grand-mère et rejoindrais les personnes en deuil au propitiatoire. Deux ou trois visites suffisaient généralement pour opérer un changement en moi, et je tendais la main à ceux qui désiraient se convertir. Je n'ai pas manqué de sincérité, loin de là. Cela venait de la nervosité et du désir de rentrer chez moi et de pouvoir dire honnêtement que j'avais l'intention de m'amender. Je n'oublierai jamais la dernière fois que j'ai tenté d'obtenir la grâce et la guérison divine lors d'une de ces réunions. L'escapade précédente avait été terriblement mauvaise, et c'était à moi de l'expier d'une manière sans équivoque. Les membres de ma famille me regardaient tous de travers et les voisins conseillaient plus particulièrement à leurs enfants de ne pas me fréquenter. En effet, je suis devenu d'un coup le « mauvais garçon » du village, et je ne me suis jamais vraiment remis de cette appellation. J'ai entendu de bonnes mères méthodistes dire, alors que je passais dans la rue : « Voilà cet horrible garçon Flynt », et j'en suis venue à me considérer comme le garçon paria du coin. Au cours des dernières années, j'ai considérablement changé mon attitude envers les gens qui me critiquaient et m'injuriaient, mais à l'époque en question j'étais un garçon timide et timide de tempérament, et les remarques impitoyables faites par les mères méthodistes - les pères méthodistes parlaient également de mon "affaire" en termes assez prononcés - j'ai laissé des cicatrices dans mon âme qui sont encore là. La vérité est que je n'étais pas si mauvais par nature que ma fugue persistante et mes vols occasionnels semblaient le laisser entendre. J'étais simplement un garçon ordinaire doté d'un penchant extraordinaire pour l'errance, qui, lorsque la « fièvre du go » était en moi, m'envoyait vers des régions étranges et des aventures étranges avant que quiconque ait eu le temps de se rendre compte que j'étais dans l'un de mes crises de colère. L'attaque survenait si soudainement que je m'éloignais avant d'avoir moi-même pleinement réalisé que j'avais été pris d'une de ces crises périodiques.

Mais revenons un instant à ce dernier réveil et à ma dernière « conversion ». " Josias, " dit ma grand-mère, " il y a un homme bon qui parle dans l'église ce soir, et vas-y et demande-lui du bien. " J'étais prêt à tout pour arrêter les regards critiques du village, et ce soir-là, j'ai fait ce qui était censé être une reddition totale et me suis déclaré « converti » pour toujours. Est-ce que "l'homme bon" m'a hypnotisé pour tout cela, si j'ai consciemment déclaré publiquement ma conversion pour des motifs égoïstes, ou si tout cela était sincère et droit, je ne peux pas le dire maintenant. Il est probable que les trois agences étaient en activité à ce moment-là. Un capitaine de l'armée à la retraite, lui-même converti depuis peu de mois, a inscrit mon nom dans son livre parmi ceux qui avaient changé d'avis. "Josiah, cette fois tu le penses, n'est-ce pas ?" il a demandé et j'ai dit "Oui". Je suis sorti de l'église dans une lueur chaleureuse et je me suis senti purgé du péché comme jamais auparavant. Quelques semaines plus tard, je partais pour un autre voyage d'exploration *Wanderlust*.

Il est dommage dans de tels cas que les errances de l'absentéisme scolaire ne puissent pas être dirigées, s'il le faut. Dans mon cas, il ne faisait aucun doute que je possédais un instinct nomade à un degré anormal. Les coups de fouet ne pouvaient pas guérir cela, m'enfermer dans ma chambre sans aucun vêtement ne faisait que rendre la prochaine crise plus difficile à résister, et la persuasion morale tombait à plat comme une crêpe. Les réveils et les conversions ne servaient qu'à me réintégrer temporairement dans les bonnes grâces de ma grand-mère. Les perspectives qui m'attendaient étaient effectivement sombres pour ma mère, et pourtant c'est d'elle, comme j'ai appris à le croire d'après ce qu'elle m'a dit plus tard, que j'ai probablement dû une partie de mes penchants pour l'errance. Il fut un temps dans sa vie, je l'ai entendu dire, où le simple sifflement lointain d'un train lui faisait picoter son instinct, et seul le sens du devoir et la maîtrise de soi la retenaient. Cet appel de *Die Ferne*, comme l'appellent les Allemands, cette sympathie presque inexplicable avec le moindre appel ou tentation de me projeter dans l'Au-delà - le monde en dehors de mon étroit monde de village - était mon problème depuis presque mon enfance jusqu'à il y a relativement quelques années. . L'envie de partir me survenait parfois sans aucun avertissement au cœur de la nuit, s'insinuant dans ma conscience sous divers déguisements au fil des années et la passion nécessitait de nouvelles incitations pour devenir active et alerte. Au début, un soudain tour d'imagination suffisait pour m'envoyer vers le monde, et je partais sans permission ni congé pendant au moins une semaine, élevant généralement chez des parents dans le nord du Wisconsin.

Ils me divertiraient pendant un certain temps, puis je serais renvoyé au village pour attendre une autre saisie. Lors de l'un de ces voyages aller-retour, j'ai emprunté l'un des chemins de fer les plus peu conventionnels que j'aie jamais connu. Le parent qui surveillait généralement le retour au village était un éditeur bien connu dans sa localité et des cheminots sur la route. Lors d'une des dernières visites faites à son domicile, il résolut de ne pas me confier l'argent nécessaire pour le billet, mais de me remettre une note personnelle au conducteur, ce qu'il fit. Il disait : "C'est un garçon en fuite. S'il vous plaît, confiez-le à —— et récupérez le prix auprès de moi à votre retour." Il était aussi utile à l'époque que n'importe quel *véritable* laissez-passer, annuel ou autre, que j'ai possédé et utilisé au cours des années suivantes.

Comme j'étais déjà bien adolescent et que je travaillais avec mes manuels scolaires, il fallait naturellement un autre type d'appel pour me lancer dans un voyage que le simple appel du train qui suffisait dans les années précédentes. Pendant des périodes de temps, longues ou courtes, selon mon tempérament, je me suis définitivement intéressé à mes livres et à essayer de bien me comporter, pour le bien de ma mère, ne serait-ce que pour d'autres raisons. Je savais très bien que mon échec lui causait beaucoup d'anxiété et d'inquiétude, et pendant des semaines, je lutterais honnêtement contre tous les appels à vamose. Alors, sans aucun avertissement, la simple lecture de la biographie d'un homme autodidacte, qui a lutté de manière indépendante dans le monde depuis mon âge jusqu'à la présidence peut-être, m'enflammerait du désir de faire de même dans quelque autre pays. hors communauté où se trouvait l'académie conventionnelle et les aides associées à la gloire et à la fortune. Il y avait une académie dans notre propre village et je l'ai fréquenté, mais l'appel à aller ailleurs portait avec lui une image d'indépendance, de travail de nuit et de travail autonome, qui me fascinait, et à un âge où la plupart des garçons ont surmonté leur peine. Envie d'errance, je partirais en secret, pour revenir célèbre, un jour, je l'espérais.

L'une des dernières excursions entreprises dans l'idée de m'établir en entreprise ou d'indépendance académique mérite d'être décrite. Il y avait eu des frictions considérables dans la maison à propos de mon compte depuis plusieurs jours, et j'ai délibérément projeté avec le fils d'un banquier voisin de partir vers des régions inconnues. J'étais à l'époque l'heureux propriétaire de deux vaches, fournissant du lait à ma mère et à quelques voisins à un prix convenu. J'avais pu payer les vaches avec l'argent du lait, et ma mère reconnaissait franchement que les vaches étaient ma propriété. Le garçon du banquier était également imprégné des frictions irritantes au sein de sa famille – il était considérablement plus âgé et plus grand que moi. Nous avons réfléchi ensemble et avons décidé d'aller vers l'Ouest – là où, à l'Ouest, cela n'avait pas d'importance, mais vers le soleil couchant, nous étions déterminé à voyager. Mon compagnon dans cette étrange entreprise n'avait pas de biens comme moi pour contribuer au financement du voyage, mais il était le fier propriétaire de cinq lévriers d'une certaine valeur, de plusieurs fusils et d'une selle. Nous avons parcouru le village à la recherche d'un cheval et d'une charrette pour nous transporter, et nous avons finalement discuté avec un jeune homme qui possédait une pauvre bête à moitié affamée et épargnée et une charrette branlante. Je lui ai donné mes deux vaches en échange de son équipement, un accord qui lui a rapporté facilement cinquante pour cent. profit . Le chariot chargé, notre tenue représentait l'expédition la plus étrange jamais lancée pour l'Occident immortel. Les canons des fusils dépassaient sous la couverture des côtés, les cinq chiens reniflaient la charrette avec inquiétude et le coursier mourant rejetait ses oreilles en arrière avec une horreur totale. C'est ainsi que, par un bel après-midi de printemps, le cœur battant d'excitation, nous avons commencé notre voyage à Don Quichotte, choisissant Chicago comme premier objectif. Nous arrivâmes dans cette ville, distante de douze milles, après quatre jours de voyage et une série d'accidents de charrette et de cheval. C'était un dimanche matin et nous avions trouvé notre chemin vers le boulevard à la mode, Michigan Avenue, à l'heure de l'église. Notre tenue a tellement amusé les gens dans la rue que nous avons tourné vers la ville pour trouver la gare où la C. B. & Q. R. R. démarrait ses trains vers l'ouest . Nous ne connaissions pas d'autre moyen d'aller vers l'Ouest que de suivre ces traces, que je les avais déjà parcourues jusqu'en Iowa. Nous nous sommes retrouvés en difficulté et avons fait une pause complète dans Madison Street. Je conduisais et mon compagnon marchait sur le trottoir. Soudain, et sans aucun avertissement, un homme élégamment habillé a interpellé mon compagnon et lui a demandé s'il s'appelait tel ou tel, en lui donnant le nom exact du jeune homme. Ce dernier « a reconnu le maïs », comme il me l'a dit plus tard, et on m'a dit de m'arrêter jusqu'au trottoir, où j'ai appris que l'étranger pimpant n'était autre qu'un agent de Pinkerton. Notre voyage vers l'Ouest a été étouffé dans l'œuf sur-le-champ. La charrette a été conduite jusqu'à une écurie, et nous, les garçons, avons été emmenés aux bureaux de Pinkerton, où j'ai passé la journée à peu près seul, sauf quand l'un des Pinkerton, je crois, m'a sermonné sur les horreurs et les subtilités de l'Ouest. et m'a exhorté à m'amender et à rester à la maison. Notre cheval a succombé à ses errances peu de temps après avoir été rendu à son propriétaire d'origine, et mes vaches ont été récupérées par voie judiciaire.

Plus tard, un bon vieux major, ami de ma mère, lui recommanda de m'envoyer régulièrement dans l'Ouest et de me laisser voir par moi-même. "Une bonne rudesse, cela pourrait le ramener à la raison", a déclaré le major, et j'ai été expédié dans une petite communauté de l'ouest du Nebraska, composée d'un magasin de campagne de la taille d'un grand hangar à bois et de quatre cabanes en terre. Un frère aîné m'avait précédé ici et on lui avait conseillé par lettre de faire attention à mon arrivée. Je n'oublierai jamais l'air malheureux sur son visage lorsque je suis descendu de la scène enneigée et que je lui ai dit "Bonjour". Il n'avait pas encore reçu la lettre de conseil de ma mère. " *Vous* ici?" il a gémi et il m'a conduit dans l'une des maisons en terre. Je lui ai expliqué les choses et il s'est résigné à ma présence, mais je n'ai jamais été très bien accueilli et six semaines plus tard, j'étais de retour chez moi, l'esprit châtié et désillusionné par l'Occident.

Je dois avouer avoir fait encore d'autres fugues après cet échec occidental, mais j'ai toujours pensé que cette entreprise contribuait autant à guérir ma maladie de l'errance qu'autre chose. Les romans à dix sous ont vite cessé d'avoir un charme pour moi et la maison est devenue davantage une attraction. Malgré tout cela, malgré quelques luttes viriles pour faire le bien, ma plus longue et plus triste disparition de chez moi et de mes amis était encore devant moi. Il appartient à une autre section du livre, mais je peux dire ici qu'il a mis fin à jamais aux voyages en fuite. Les voyages qui suivirent furent peut-être motivés par l'appel de *Die Ferne* , mais ils furent honnêtes et réguliers.

Or, d'où venait cette étrange passion, car elle était telle, que l'on retrouve sous une forme plus douce probablement chez tous les garçons et chez certaines filles, mais qui s'est rarement logée en moi ? Mes vols et ma tendance à déformer la vérité lorsque la punition était en vue, je l'explique principalement par ces misérables chasses à la baleine que mon père m'a données. Une sorte de punition semblait m'attendre, quelle que soit la légèreté de l'offense, et j'ai probablement pensé, comme je l'ai suggéré plus haut, que si des « léchages » devaient être endurés, cela valait la peine d'obtenir quelque chose dont j'avais besoin ou que je voulais en échange. . Ma mère explique très charitablement mes vols et mes mensonges, sous prétexte que, peu avant ma naissance, la situation matérielle de la famille était assez étroite et que cet état de choses a pu réagir sur moi à travers elle, produisant mon acquisition illicite.

Mais cette insatiable *soif d'errance* , cette réponse rapide au moindre appel de l'au-delà séduisant, cette habitude vagabonde qui causait tant de douleur et d'inquiétude à ma mère, d'où venait - *elle* ? C'était un triste retour à la maison pour ma mère, le soir, lorsque la fièvre galopante m'avait de nouveau renvoyé. Elle rentrait dans la maison, fatiguée, et demandait à la gouvernante des nouvelles des enfants. Cette dernière faisait son rapport quotidien, sans me mentionner. « Et Josias, disait ma mère, où est-il ? "Disparu!" la pauvre gouvernante se lamentait, et ma mère devait vaquer à ses devoirs le lendemain le cœur lourd. Or, pourquoi étais-je si pervers et si obstiné dans cette affaire, alors que moi-même, la fièvre étant apaisée, j'éprouvais de réels remords après chaque voyage ? Même à cette heure tardive, après des années de réflexion sur l'affaire, je ne peux que faire des conjectures. J'ai laissé entendre que j'avais probablement hérité de ma mère l'amour du mouvement, mais qu'elle pouvait contrôler son désir de voyager. Pendant des années, j'ai été une victime impuissante des caprices du *Wanderlust* . Tout ce que j'ai pu développer pour résoudre le problème est le suivant : étant donné ma tendance innée à voyager, vivant essentiellement uniquement avec mes propres pensées, timide et timide à un degré parfois douloureux, et possédant une imagination qui courait littéralement émeute avec elle-même tous les quelques mois environ, j'étais victime de ma propre personnalité. C'est tout ce que j'ai à offrir en guise d'explication. Je n'ai jamais rencontré un garçon ou un homme qui ait été tourmenté au même degré que moi.

CHAPITRE II

JOURNÉES DE JEUNESSE À EVANSTON

Ce village occidental dans lequel j'ai grandi et lutté contre tant de tentations et de péchés mérite un chapitre à lui seul. Il existe sans aucun doute quelques très bonnes descriptions de petites communautés du Moyen-Ouest d'il y a vingt-cinq ou trente ans, mais je n'en ai pas rencontré par hasard qui corresponde tout à fait à l'atmosphère et à la composition générale qui caractérisaient mon village à l'ouest. rive du lac Michigan. Pourtant, il existait probablement de nombreuses autres colonies très similaires dans leur structure et leur atmosphère dans tout l'Illinois et le sud du Wisconsin, peuplées de robustes habitants de la Nouvelle-Angleterre et chargées des sentiments de la Nouvelle-Angleterre.

Comme je l'ai déjà dit, mon village se distinguait des autres communautés voisines de même taille du fait que les méthodistes l'avaient choisi pour l'un de leurs bastions occidentaux. Ce lieu représentait le savoir, la culture et la religion sous une forme sectaire, aux contours très prononcés, et même dans mon enfance, on l'appelait l'Athènes de l'Occident, ou en tout cas l'une d'entre elles. Ils sont aujourd'hui si nombreux par courtoisie qu'il est difficile d'en suivre la trace.

Le village de mon enfance était délimité pour moi au nord par un phare et une usine d'adduction d'eau, et au sud par la rue principale , ou section « magasin ». À l'est se trouvait le lac et à l'ouest la « crête », une élévation en pente où vivaient les gens particulièrement « riches ». C'était tout le monde pour moi jusqu'à ma sixième ou septième année, lorsque j'ai peut-être eu un aperçu fugace de Chicago et que j'ai réalisé que mon monde était au moins assez mince en termes d'habitat. Mais je n'ai pas beaucoup vu Chicago avant l'adolescence, donc je peux pratiquement dire que le village était le seul monde que j'ai bien connu pendant plusieurs années en dépit de mes voyages en fuite, qui étaient trop instables pour le permettre. me permettre de faire connaissance, sauf superficiellement, des communautés visitées.

Notre maison était une vieille charpente décousue, à mi-chemin entre la rue principale et le phare, construite tout près du lac. Ici, j'ai grandi avec mon frère et mes sœurs. Le territoire compris entre la maison et le phare était « libre » ; Nous, les enfants, pouvions nous promener dans les champs sans autorisation spéciale, également sur le rivage et sur le campus universitaire juste devant la maison, de l'autre côté d'une ruelle. Mais au-delà de ces limites, des passeports spéciaux étaient nécessaires ; la rue principale que nous ne devions pas explorer du tout, aussi innocente soit-elle.

Le lac et la rive étaient notre plus grand plaisir, et lors des journées agréables, il n'est pas exagéré de dire que mon frère et moi passions la moitié de notre temps à rôtir dans le sable puis à nous précipiter dans l'eau fraîche pour nager. D'autres garçons du village proprement dit – de véritables citadins me paraissaient-ils – nous rejoignaient fréquemment et, dès mon plus jeune âge, j'avais appris à fumer des cigarettes et je disposais d'un vocabulaire fonctionnel de mots « jurons », que je prenais cependant soin de mettre en pratique. faites de l'exercice presque exclusivement dans le sable. Je ne peux pas dire si j'ai pris ces habitudes plus tôt que la plupart des garçons aujourd'hui, mais à neuf ans, j'étais un bon débutant dans le commerce de la cigarette et, à dix ans, je pouvais me débrouiller dans un concours d'insultes. Un jour, ma mère m'a lavé la bouche avec de l'eau et du savon pour avoir simplement dit « Eh bien ! » Ce qu'elle m'aurait fait si elle avait entendu certaines de mes irrévérences dans le sable est pitoyable à imaginer. C'était là l'un des principaux obstacles auxquels nous nous heurtions, les garçons : en étant des garçons, en laissant libre cours à notre vitalité, nous avons offensé les notions primitives de conduite sur lesquelles insistaient nos aînés cultivés ; et pour être vraiment nous-mêmes, nous devions nous faufiler dans des grottes au bord du lac ou nager et faire des exercices pour fumer la cigarette, où, bien sûr, nous en faisions trop, puis nous mentions ensuite à ce sujet. J'en ai appris davantage sur les mensonges et les fausses « explications » sur la façon dont j'avais disposé de mon temps à cette période de ma vie qu'à toute autre période ultérieure, et j'ai hardiment mis la faute maintenant sur l'ensemble de règles impitoyablement strictes que la culture et la religion de l'époque. lieu jugé indispensable. Ma mère, et plus tard mon père, étaient tout aussi imprégnés de cette vision étroite des choses que mes grands-parents. Le dimanche de ces jours-là, je me souviens avec horreur. La fréquentation obligatoire de l'église et de l'école du dimanche, des vêtements rigides pour aller aux réunions et l'ordre de passage pour être vu mais pas entendu avant le lundi matin sont ce dont je me souviens des dimanches de mon enfance. Les cours d'église, de religion et d'école du dimanche sont devenus un ennui misérable, et ce n'est que ces dernières années que j'ai pu tirer un quelconque plaisir d'un sermon, aussi beau soit-il.

Le garçon, Josiah Flynt, à l'âge de treize ans

Mes parents n'étaient responsables de tout cela qu'à titre secondaire, comme j'y pense maintenant. Ils étaient inconsciemment autant victimes de la pruderie et de l'interprétation locale égoïste des Dix Commandements que nous, les enfants, étions consciemment *leurs* victimes. Ils s'étaient conformés au « système » en vogue lorsqu'ils étaient enfants dans d'autres communautés similaires, et ils ne savaient ou ne voulaient littéralement rien savoir d'autre lorsqu'ils étaient dans le village. Mon père savait très probablement beaucoup d'autres choses à Chicago, mais il n'en faisait pas part à son village. Avant mes parents, mes grands-pères et grands-mères avaient été parmi les principaux partisans du « système ».

La vie intellectuelle du lieu était bien sûr centrée autour de l'université et de l'Institut biblique. Je ne savais pas, quand j'étais enfant, à quel point cet effort intellectuel avait pu être vaste et utile, et plus tard, mon absence m'a rendu impossible de juger de son efficacité actuelle. Le village était saturé de sentiments religieux d'une sorte ou d'une autre, et j'ai tendance à croire qu'exagérer ce genre de pensée éclipsait l'horizon mental des villageois.

L'université avait une clause dans sa charte émanant des autorités de l'État qui interdisait la vente de toutes boissons enivrantes dans un rayon de six kilomètres autour du bâtiment universitaire. Un petit hameau à quatre milles au nord et un village-cimetière à quatre milles au sud étaient les points les plus proches où les garçons du village pouvaient se procurer de l'alcool. Les pères du village ont toujours été très fiers de la clause prohibitive, et de mon temps ils se flattaient beaucoup, cela, Dieu merci ! ils n'étaient pas comme les autres. Maintenant, quels étaient les faits lorsque j'ai appris à les connaître quand j'étais enfant ? J'ai parlé de la « Crête », la pente à l'ouest, où vivaient les gens les plus riches. Je ne doute absolument pas que les familles "Ridge"

qui voulaient du vin et de la bière en avaient chez elles - la charte universitaire
ne pouvait pas empêcher cela - mais leurs garçons, ou beaucoup d'entre eux,
pour le plaisir et l'amusement, faisaient des pèlerinages. aux postes d'eau
potable du nord et du sud, et rentraient parfois chez eux dans un état
scandaleux. Ceux qui étaient en âge d'aller à Chicago en revenaient également
tard dans la nuit. Parmi les garçons et les jeunes hommes, de la "Crête"
comme du bas du village, qui participaient à de telles orgies, je me souviens
d'une douzaine et plus, appartenant aux familles les plus "gentilles" du lieu,
qui se rendaient au des bow-wow éternels. Je dis spontanément une douzaine,
il y en avait en réalité davantage, car j'en ai entendu parler plus tard, après
avoir quitté le village. Loin de moi l'idée de rejeter la faute sur la charte
universitaire, mais je suis obligé de dire que dans toutes ces communautés,
l'ivresse et la lubricité existantes *semblent au moins* pires que dans les
communautés où l'alcool est vendu et bu ouvertement. Peut-être qu'ils le
semblent parce qu'une personne ivre est théoriquement une anomalie dans
les villes et villages de la prohibition, mais quelle qu'en soit la raison, notre
village, avec toute sa bonté, son savoir et sa piété, s'est avéré bien plus que sa
part de vauriens. . Comme j'ai essayé de le montrer, j'ai donné toutes les
promesses de devenir l'un de ces ratés sur lesquels les influences du village
de raffinage avaient travaillé en vain, et pendant des années, je suis sûr que
les voisins m'ont prophétisé une carrière et une fin très mauvaises, mais je Je
ne me souviens pas avoir jamais fait un voyage aux beuveries, au nord ou au
sud.

Les établissements d'enseignement, l'école publique, le lycée, l'académie
(préparatoire à l'université) et l'université elle-même, tous situés dans le
village, permettaient aux garçons qui le voulaient et le pouvaient de terminer
facilement leurs cours académiques à leur guise. maisons. Ma fréquentation
de l'école publique était courte et j'étais ensuite enseigné à la maison par ma
mère ou par des tuteurs. Je m'enfuyais de l'école aussi régulièrement que de
la maison. Finalement, pour me contrôler, ma mère et mon professeur ont
eu ce plan : le professeur, chaque jour où j'apparaissais en classe, devait me
donner un bout de papier avec « Très bien » écrit dessus, que je devais à
montrer à ma mère en rentrant à la maison. Un jour, alors que j'avais une
dizaine d'années, la fièvre du « hooky » m'a pris et j'ai rendu visite à ma grand-
mère, la mère de mon père, dont les beignets étaient pour moi une joie
éternelle. Quand l'heure de midi est arrivée, et qu'il était temps pour moi
d'arriver à la maison, j'ai dit à ma grand-mère : « Grand-mère, tu écris quelque
chose pour que je le copie et vois comme j'écris bien. "Très bien, mon
garçon", dit ma grand-mère, qui s'intéressait beaucoup à mes progrès
scolaires. "Que dois-je écrire?"

"Supposons que vous écriviez les mots" Très bien ", répondis-je. "Je me suis
beaucoup entraîné dessus." La bonne vieille âme a écrit pour moi la « copie

» désirée sans aucune méfiance, et pour dissiper tout soupçon qu'elle aurait pu avoir autrement, j'ai consciencieusement copié ses écrits du mieux que je pouvais. Puis je l'ai remerciée et, sur le chemin du retour, j'ai découpé le « Tout va bien » de ma grand-mère à la taille des feuillets tenus par le professeur. Je ne semblais pas réaliser que le professeur écrivait différemment de ma grand-mère, ni que ma mère connaissait bien l'écriture de ma grand-mère. En effet, pour un garçon qui pouvait être aussi "mignon et habile qu'ils le prétendent", lorsqu'il s'agissait d'une véritable fugue, j'étais capable à d'autres moments de faire les choses les plus stupides, à savoir le "Très bien". aventure. Ma mère a bien sûr détecté l'astuce et j'ai été signalé à mon père, mais il a semblé voir le côté humoristique de l'affaire et m'a laissé partir avec un air renfrogné.

Les sous-vêtements et manteaux d'hiver m'ont aidé à faire de ma fréquentation de l'école publique un essai. Pour une raison quelconque, j'abhorrais ces vêtements, et ma mère insistait à juste titre pour qu'ils soient portés, en particulier lorsque je me rendais péniblement à l'école en hiver. Le manteau a été enlevé dès que j'ai quitté la vue de ma mère et les sous-vêtements ont été cachés dans une dépendance dans la cour de l'école jusqu'à l'heure de rentrer à la maison. À la maison aussi, je jetais ce genre de choses autant que possible et, un jour, j'ai été pour ainsi dire surprise en flagrant délit par l'un de nos médecins de famille, une femme. J'étais assis sur ses genoux et elle me chatouillait près du genou. Elle a remarqué que mes bas semblaient plutôt « fins » et a commencé à tâter mes sous-vêtements . "Pourquoi, où est-il, Josias ?" s'exclama-t-elle finalement.

"Oh, c'est enroulé," répondis-je nonchalamment. La bonne femme essaya encore une fois de le localiser, mais sans succès. "Enroulé où ?" elle a demandé. "Oh, tout en haut", répondis-je, essayant de paraître indifférent. Pressé de dire exactement à quelle « hauteur » était passé le roulage, j'ai finalement avoué que les vêtements étaient enroulés dans le tiroir de mon bureau. Encore une fois, l'humour de la situation m'a sauvé d'un coup de fouet et je me suis peu à peu réconcilié avec les vêtements en question.

Les camarades de jeu du village, les cosmopolites de la rue principale comme je les considérais, entraient très peu dans ma vie avant dix ans, et je fréquentais principalement mes frères et sœurs et le garçon d'un voisin – le neveu d'un écrivain célèbre – qui vivait très près de notre grand maison brune. Il est difficile de dire si d'autres enfants se disputaient et se disputaient comme nous – j'espère que non – mais nous avons sans aucun doute causé beaucoup de problèmes à notre mère. Curieusement, car j'étais parfois très enclin à faire valoir mes droits et à me battre pour eux aussi, j'ai un jour surpassé mon frère et ma sœur aînés dans une lutte compétitive pour être bon pendant une semaine. C'était pendant que mon père était encore en vie. Il nous avait promis un prix, et quand quelque chose de ce genre était en vue, j'étais prêt à essayer de toute façon. J'ai donc coupé la vapeur pendant une semaine, j'ai fait très attention à mes p et à mes, et voilà ! Quand samedi soir est arrivé et qu'on a demandé à ma mère de donner la décision, j'étais l'heureux concurrent. Le prix était le Nouveau Testament – un cadeau typique – relié en cuir rouge souple, avec une petite sangle pour le maintenir fermé lorsqu'il n'est pas utilisé. Sur la page de garde, mon père a écrit ces mots : « À Josias, de la part de son père, pour s'être mieux comporté pendant une semaine que son frère et sa sœur aînés. » La victoire sur les enfants plus âgés était ma principale satisfaction, mais j'ai également trouvé le Testament utile, en mémorisant pour vingt-cinq cents, à la demande de ma grand-mère, le quatorzième chapitre de Jean.

Je ne peux expliquer qu'une chose très « douce » dans laquelle je me suis laissé aller peu de temps après avoir remporté le prix du processus d'affaiblissement en étant bon pour la semaine en question.

Mon père possédait une canne, un objet tordu et noueux, dont il se servait rarement, mais qu'il conservait très soigneusement dans un placard situé à côté de la « pièce de rechange » de la maison. J'ai toujours cru que mon frère et ma sœur l'avaient cassé, mais ils m'ont contourné et m'ont incité à dire que c'était moi qui l'avais fait. En effet, ils m'ont soudoyé avec des billes et un couteau, et ont dit que l'aveu volontaire serait si viril que mon père ne pourrait pas me punir. Par conséquent, je n'ai pas attendu qu'on découvre la canne cassée, mais je suis allé hardiment voir mon père, une nuit, et je lui ai dit que j'étais le coupable et que j'étais désolé. Il m'a regardé sérieusement avec ses immenses yeux bleus pendant un moment, puis, posant sa longue et mince main sur mon épaule, il a dit : « Noble garçon ! C'est la dernière fois qu'on en a entendu parler.

Mon camarade de jeu de l'autre côté de la barrière, le neveu du célèbre écrivain, fut mon compagnon le plus intime pendant toute cette période ; J'étais plus proche de lui dans les jeux et les études que de mes sœurs ou de mon frère. Bien qu'il s'agisse d'un bon garçon à tous points de vue, si je me souviens bien de lui, je crains que notre compagnie ne nous ait fait du mal à tous les deux pendant un certain temps. Il était plus trapu et plus grand que moi, et s'il avait réalisé et voulu exercer sa force, il aurait pu me remettre à ma place très rapidement, mais il n'appréciait pas son pouvoir. La conséquence fut qu'il me laissa le malmener sans pitié, et ses récits de mes prouesses me valurent une réputation de combattant dans le village, notoriété fictive qui m'accrocha étrangement pendant plusieurs années. En plus d'être traité de "mauvais" garçon, je me suis fait connaître comme un jeune qui savait manier ses poings - mythe s'il en est - et j'étais assez acteur et suffisamment prudent dans mes rencontres pour pouvoir donner une certaine apparence de vérité à ce rapport. Les effets néfastes de cette pose sur moi étaient que je me laissais présenter sous un faux jour de « ferrailleur

», et que je veillais continuellement à ne pas risquer ma réputation dans une lutte loyale ; mon compagnon de l'autre côté de la clôture a perdu confiance en lui et m'a permis de l'intimider et de l'intimider, sa virilité en souffrant en conséquence.

Nos escapades dans notre partie du village furent nombreuses et variées et, pendant des années, nous fûmes rarement vus ensemble. L'aventure la plus téméraire dont je puisse me souvenir s'est produite lors de la construction de la maison de mon compagnon, une affaire de trois étages. L'autre garçon et moi exercions un jour notre savoir-faire sur les poutres du plancher du troisième étage, ou du grenier, en traversant les poutres, une jambe contre la poutre, l'espace entre les poutres traversant jusqu'à la cave. Soudain, j'ai fait un faux pas et je suis tombé à travers l'espace ouvert jusqu'à la cave, amortissant partiellement la chute par mes mains agrippées follement aux poutres du sol de la cave. Je m'en suis sorti avec quelques égratignures, mais je considère maintenant cette évasion comme l'une des plus étroites parmi toutes celles que j'ai eues.

En tant que camarade de jeu, j'étais généralement docile et disposé, mais je ne perdais jamais une occasion de « diriger », si je pouvais le faire sans perte de prestige. Nicher les oiseaux, jouer au baseball, monter à cru sur un vieux cheval de ferme, nager et marcher étaient les principaux passe-temps de l'été ; en hiver, il y avait du patinage, de la luge, des jeux de boules de neige et du « shinny » – deux types de divertissements typiques de la vie d'un garçon du Moyen-Ouest il y a vingt ou trente ans. Il y avait aussi la pêche et la chasse, mais j'étais trop agité pour réussir à pêcher et on ne m'a jamais présenté d'arme. Certains garçons se livraient à des aventures amoureuses « veloutées » avec des compagnes, mais ma réputation incertaine et une « fausse » ou une indifférence naturelle envers les filles, je ne sais laquelle, m'ont tenu à l'écart de tels enchevêtrements ; la timidité avait probablement autant à voir avec l'indifférence qu'autre chose. Que j'étais si timide et en même temps un tyran et un leader potentiel semble incohérent, mais au moment de la mort de mon père, il n'y avait probablement pas un seul garçon dans le village qui pouvait être fait rétrécir, pour ainsi dire, de la timidité sociale, autant que possible. En effet, cette caractéristique m'impressionne aujourd'hui, en repensant à mon enfance, comme étant la caractéristique prédominante de ma nature à cette époque, et même aujourd'hui, elle apparaît parfois de manière gênante. Un ami, qui me connaît bien, a récemment fait remarquer à un ami commun à nous deux : "Pourquoi Flynt se replie-t-il dans sa coquille lorsque des étrangers nous rejoignent au dîner. Lorsque nous sommes seuls tous les trois, il parle autant que chacun d'entre nous. . Laissez un ou deux étrangers arriver, et il s'arrêtera instantanément. Pouvez-vous l'expliquer ? » Je peux. Ces crises de silence sont une conséquence de la pudeur exagérée de mon enfance : je ne peux tout simplement pas les surmonter.

CHAPITRE III

GITE DE REPOS

Peu de temps après la mort de mon père, notre famille a abandonné la vieille maison brune qui reste dans ma mémoire comme la seule maison indépendante que j'ai connue dans ma vie. Le vieux bâtiment s'est envolé depuis longtemps sur des ailes de feu et de fumée, mais je me souviens de tous les coins et recoins, de la cave au grenier. Là, nous, les enfants, avons pris conscience de nous-mêmes, avons fait connaissance en famille, avons joué, nous sommes disputés, nous sommes réconciliés jusqu'à ce que la vieille maison ait dû nous connaître très intimement. J'apprécie beaucoup d'avoir eu cet amour précoce pour une maison ; il rachète un peu ces mauvais traits de mon caractère qui étaient si déplorés.

Une maison provisoire a été trouvée pour nous dans le village proprement dit, en attendant qu'une annexe à notre usage puisse être construite à la maison de ma grand-mère, non loin de la rue principale.

L'un de mes professeurs, lorsque nous vivions dans la maison provisoire, était un parent éloigné, qui possédait une maison à quelques portes de la nôtre. J'allais aussi à l'école publique, de temps en temps, mais de mes professeurs de l'époque, je me souviens le mieux de Miss B———. Elle a enseigné à ma sœur aînée et à moi-même les choses qui l'intéressaient et, d'une certaine manière, nous avons acquis au moins une connaissance limitée de l'histoire, de l'art, des mathématiques (un fléau pour eux !) et, je pense, du français. Cependant, rien de ce que la bonne dame nous a enseigné ne m'a jamais fait l'impression que certains de ses manières le faisaient. Elle était célibataire, n'était plus jeune, et ses manières étaient sans doute le résultat d'une vie souvent seule. Une expression qu'elle utilisait constamment, à temps et à contretemps, était « Pour cela ». Poser un livre sur la table ou redresser un bureau en désordre provoquait un « Pour cela » après chaque mouvement qu'elle faisait. Cela n'avait aucune signification ou signification à aucun moment où je l'entendais l'utiliser, mais si elle l'utilisait une fois par jour, elle le faisait au moins cent fois. J'ai finalement fini par l'appeler "Miss For That".

C'est d'ailleurs grâce à elle que j'ai inventé un mot qui est encore utilisé dans notre famille immédiate. Quelqu'un m'a demandé, un après-midi, à quel point Miss B... m'avait impressionné, et j'aurais répondu : « Elle est tellement *ponctuée* . Pour le reste de la famille, cela semblait être une très bonne caractérisation de la dame, ils comprenaient apparemment le mot aussi bien que je le pensais. Plus tard, on m'a souvent demandé ce que j'entendais par ce mot, et il n'a jamais été facile de le dire exactement ; notre famille l'a accueilli et hébergé parce qu'ils connaissaient Miss B... et ont semblé comprendre immédiatement ce que je voulais dire. Ce que le mot me transmettait était ceci : que Miss B... était excessivement soignée et ordonnée, et que, comme dans une phrase écrite, avec ses virgules et ses points-virgules, ses phrases verbales avaient juste besoin d'un certain nombre de « Pour cela » pour satisfaire. son sens de la propreté. J'ai même trouvé sa forme de punition pour moi, lorsque j'avais été indiscipliné, « ponctué ». Je devais m'asseoir dans la hotte à charbon dans de telles occasions, et la façon dont Miss B... m'ordonnait de monter dans le seau, avec un inévitable « Pour ça » ou deux, pris en sandwich avec l'ordre, augmentait considérablement sa « ponctuation » à mon avis. visiblement.

La bonne femme s'est finalement mariée, et je pense qu'elle a perdu un peu de sa douloureuse primauté ; mais le mot qu'elle m'a aidé à inventer survit encore. On m'a dit que des amis qui ont visité notre maison et ont pu apprécier le sens du mot l'ont également incorporé dans leur vocabulaire. D'une certaine manière, les êtres humains du monde entier pourraient être divisés en « sponctués » et « non-sponctués ».

Dans l'annexe attenante à la maison de ma grand-mère, ma vie de village et ma petite enfance ont trouvé leur achèvement. Lorsque nous avons quitté cette maison, la famille s'est dispersée, les uns allant dans un sens et les autres dans un autre ; nous n'avons jamais été tous ensemble depuis la rupture. Mon frère, par exemple, je ne l'ai pas revu depuis près de vingt ans et je n'ai aucune idée de l'endroit où il se trouve aujourd'hui. Il était également possédé par *Wanderlust* , en effet, nous pourrions aussi bien nous appeler une famille *Wanderlust* , car chacun de nous a parcouru plus de territoire dans son pays et à l'étranger que la personne moyenne ne peut trouver le temps ou se soucier d'explorer. Alors qu'elle vivait dans la maison provisoire, ma mère a tenté une expérience avec moi. Elle m'a envoyé dans un pensionnat pour garçons à environ cinquante miles au nord de Chicago. Il y avait eu un conseil de famille général composé de grands-parents, d'oncles et de tantes, et l'on espérait qu'un changement de contrôle et de discipline entraînerait des changements positifs en moi.

L'école était entre les mains d'un vieux pasteur anglais et de sa femme, et ils avaient réussi à donner un certain aspect anglais au vieux bâtiment blanc et au terrain. Ma mère et moi sommes arrivés dans cette soi-disant institution d'enseignement un soir à l'heure du dîner. Les autres garçons, au nombre d'une vingtaine, âgés de dix à dix-huit ans, étaient dans la salle à manger en train de grignoter du pain et de la mélasse. Il me semblait alors que je mourrais certainement quand ma mère partirait et que je serais seul avec cette canaille. Les compromis et le fait de passer au second plan étaient inévitables dans tous les rapports sexuels avec les garçons plus grands, et les garçons de mon âge semblaient capables de se défendre contre moi dans n'importe quelle lutte qui pourrait survenir. Il était clair que je ne pouvais plus intimider, et il y avait une possibilité que la situation soit inversée et que ce soit moi qui sois intimidé. Ces pensées m'occupèrent beaucoup cette nuit que je passai avec le maître dans sa chambre. Au matin, j'avais une demi-douzaine d'évasions bien planifiées, menant au village natal, et elles ont allégé la séparation de ma mère, qui semblait très contente de l'école.

Faire connaissance avec les autres savants s'est avéré une tâche moins ardue que je ne l'avais prévu, ce qui peut s'expliquer en partie par le fait que mon colocataire était arrivé le même jour que moi et que nous avons pu tâtonner ensemble, ainsi que c'était. En tant que garçon, et aujourd'hui aussi, s'il y a un territoire étrange à parcourir ou si une enquête est en cours, je me sens plutôt perdu sans une sorte de compagnon, humain ou canin.

L'expérience de l'école, cependant, assez agréable et instructive, bien qu'elle soit devenue à mesure que je surmontais un mal du pays préliminaire, a fait une si faible impression sur mon caractère, d'une manière ou d'une autre, qu'elle n'a que peu d'intérêt, au-delà de mon brusque français. prendre congé, faire rapport. Il y avait eu plusieurs tentatives d'évasion avortées avant le départ définitif, mais nous, j'avais toujours des compagnons dans ces aventures, étions invariablement remaniés et ramenés. Une « conférence » bien intentionnée a suivi notre capture, c'est tout. En effet, les jours passés à l'école étaient les seuls jours de ma petite enfance sans coups de fouet. On les promettait parfois, mais le bon vieux pasteur cédait au dernier moment et me laissait tranquille avec une réprimande.

Le voyage en fuite qui a finalement réussi a été planifié et exécuté avec le plus grand soin. Pendant quatre jours, nous avons discuté des itinéraires, des endroits où nous pourrions trouver quelque chose à manger et des horaires des chemins de fer ; et le garçon qui connaissait le mieux Chicago a organisé notre réception là-bas, si nous arrivions jusque-là. Cette fois, nous n'allions pas prendre le chemin de fer près du village ; nous y avions trop souvent échoué. Nous connaissions un autre chemin de fer à huit milles à l'intérieur des terres, et cela devint notre premier objectif. Nous quittions l'école le soir, lorsque le maître et les élèves dormaient. Portant nos chaussures à la main, nos poches remplies de surplus de chaussettes et de mouchoirs, nous sommes sortis du vieux bâtiment blanc sans nous faire remarquer et sommes entrés dans un champ de maïs, où nous avons enfilé nos chaussures et nous sommes assurés une fois de plus que nous n'avions pas été suivis. Puis, le cœur léger et heureux de penser que nous étions libres, nous nous dirigeâmes rapidement vers le chemin de fer. Arrivés dans une gare de bonne taille vers une heure, nous attendions un train express qui arrivait dans environ une heure. Le tonnerre est arrivé à l'heure prévue, et deux garçons ont « fait » le « bagage aveugle », tandis que le garçon de Chicago et moi nous sommes perchés juste derrière le attrape-vaches. Après cette façon de casse-cou, nous sommes allés à Chicago, où nous sommes arrivés juste au moment où le laitier et le boulanger faisaient leur tournée. L'obscurité, bien sûr, nous avait énormément aidés. Nous n'avions pas d'argent pour acheter une voiture et avons dû nous frayer un chemin à travers un labyrinthe de rues avant de trouver la grange de notre compagnon de Chicago, où nous nous sommes enroulés sur des tapis très sales au sol et nous nous sommes endormis en rêvant de liberté et de son délices.

Cette évasion, si complète et si nette, convainquit ma mère que l'école n'était pas un endroit pour moi, et je fus ramené au village, la nouvelle maison attenante à celle de ma grand-mère, et remis à nouveau à la tendre merci des précepteurs. Une nouvelle vie a commencé pour moi, une nouvelle vie à bien des égards. Même si les deux maisons étaient reliées et que notre famille pouvait passer dans les quartiers de grand-mère et *vice versa*, nous, les enfants, étions avertis de rester de notre côté de la clôture la plupart du temps. Néanmoins, notre grand-mère était presque toujours accessible, en particulier lorsque sa fille, notre célèbre tante, partait en tournée de conférences. C'était une grande aubaine à bien des égards, car notre mère était en ville toute la journée et nous en avions certainement assez de la gouvernante.

Cette grand-mère ressort plus distinctement dans ma mémoire d'enfance que tout autre personnage, à l'exception, bien sûr, de ma mère. Elle était l'une des femmes les plus remarquables que j'ai eu la chance de bien connaître. Une célèbre dame anglaise, qui rendit visite à ma tante des années après la dispersion de notre famille, insista pour appeler ma grand-mère « Sainte Courageuse », et j'ai toujours pensé qu'elle méritait bien ce titre. Pendant des années, pendant que ma tante parcourait le pays pour donner des conférences sur la tempérance et les droits de la femme, ma grand-mère vivait patiemment seule avec une servante suédoise, se glorifiant de la renommée et de l'utilité de sa fille et collant soigneusement des articles de presse sur son travail dans un album.

Mon frère, « Rob », était l'animal de compagnie de grand-mère. Il était le premier-né et le premier petit-enfant de son fils, et ce que Rob faisait, bon ou mauvais, trouvait à ses yeux des éloges et des excuses. Nous, les autres enfants, avons dû passer au second plan, pour ainsi dire, lorsque Rob était à la maison, mais ce n'était que par intermittence, après qu'il ait entrepris de devenir ingénieur civil. La dernière fois que je l'ai vu, il avait expérimenté autant d'activités qu'il avait vécu pendant des années, et il était encore très indécis quant à l'une d'entre elles. D'une certaine manière, cela a été une caractéristique familiale parmi nous, les enfants, en tout cas parmi nous, les garçons. Mère a remarqué très tôt cette tendance et nous a littéralement supplié de la laisser nous accompagner jusqu'à l'université, comme notre grand-mère l'a fait, afin que, quoi que nous entreprenions plus tard, nous puissions avoir les diplômes nécessaires pour toute opportunité qui se présenterait. Elle était vouée à la déception dans cette affaire pour tous les quatre. Chacun de nous a fait l'expérience de la vie universitaire et, comme nous le raconterons plus tard en détail, je me suis introduit clandestinement à l'Université de Berlin en tant qu'étudiant en économie politique, mais aujourd'hui nous n'avons pas de diplôme entre nous quatre.

La chambre de ma grand-mère, à côté d'elle, était à l'avant, et ici elle passait la plupart de son temps, à lire, à s'occuper de son album et de ses fleurs, à suivre les voyages de sa célèbre fille et à recevoir presque tous les jours la visite de certains d'entre nous, les enfants. J'ai passé certaines des heures les plus heureuses de ma vie dans cette pièce pittoresque, racontant à grand-mère ma vie scolaire, ce que je voulais être et lui lisant des choses, généralement des vers, comme elle ou moi aimions. Elle pensait que je lisais bien, et si le « morceau » était pathétique, je jaugeais mon interprétation au flot de larmes qui coulaient dans les yeux de grand-mère. Je les observais furtivement dans toutes les occasions pathétiques. Peu à peu, les paupières rougissaient, une larme ou deux coulaient, ses chères vieilles lèvres frémissaient — et j'avais réussi. Grand-mère semblait apprécier les pleurs autant que moi les éloges implicites. Ces « séances » dans sa chambre ont surmonté de nombreuses envies de fuite de ma part ; et je me souviens d'être allé exprès dans sa chambre et dans la société pour essayer de vaincre la tentation qui m'assaillissait, même si je ne lui ai pas dit pourquoi j'étais venu vers elle. Ce qu'elle représentait pour les autres enfants, je ne le sais pas, mais, ma mère étant souvent absente et la gouvernante représentant uniquement la discipline et le contrôle, grand-mère m'est devenue presque aussi chère que ma mère. Curieusement, cependant, je n'ai jamais été manifestement affectueux avec elle, ni elle avec moi, alors que je l'étais très nettement avec ma mère lorsque j'essayais d'être bon. On raconte aujourd'hui à mon sujet qu'après le souper, ma mère s'installait sur l'une des grandes chaises près du poêle, je montais sur ses genoux et lui disais : « Embrasse-moi, maman, j'en ai besoin. Aucun garçon n'a probablement jamais eu autant besoin d'être materné que moi, mais sur la route, curieusement, alors que j'étais encore très jeune, je pouvais creuser un trou dans une botte de foin et m'endormir aussi facilement qu'à la maison dans mon propre lit, ce qui va bien. pour montrer à quel point j'étais un paquet de contrastes et de mélanges. Un jour, un érudit et un camarade de jeu aussi docile que le village contenait ; le suivant, très probablement, irritable, colérique, maussade et vacillant, comme un bâton à moitié équilibré, entre un vamose ou un foyer.

Les visites de grand-mère de notre côté de la maison étaient relativement rares – elle adorait être dans sa chambre – mais lorsque nous, les enfants, nous mettions au combat, sa grande silhouette majestueuse et son visage sérieux apparaissaient sûrement. "Les enfants, les enfants !" criait-elle, "c'est aux chiens et aux chats d'aboyer et de mordre. Josiah, laisse Robert tranquille

!" À une occasion, la gouvernante avait été totalement impuissante à nous contrôler, et ma sœur aînée et moi étions déterminées à « maquiller » Rob, l'animal de compagnie de grand-mère, une fois pour toutes. Nous pensions qu'il nous taquinait sans pitié et nous nous sommes attaqués à lui, ma sœur sans armes et moi avec un tisonnier. Comment j'y suis parvenu à l'époque, je ne peux pas le dire maintenant, car il était décidément plus fort et plus grand que moi ; mais j'ai réussi d'une manière ou d'une autre, avec l'aide de ma sœur, à le faire tomber par terre, où je le frappais vaillamment avec le tisonnier, sous le regard satisfait de ma sœur, lorsque grand-mère est apparue. "Josias!" cria-t-elle en tapant du pied, "laisse ton frère monter." C'est foutu le poker et, bien sûr, Rob a crié. En effet, le bruit émis lors de cette bagarre dépassait celui de toute rencontre précédente, et les voisins ont probablement dit : « Ces enfants Flynt recommencent. » "Josias!" ma grand-mère a hurlé cette fois : "Je vais appeler la police, ça ne peut pas continuer. Libérez votre frère immédiatement." Je lui ai donné un dernier coup et me suis judicieusement retiré avec le tisonnier et ma sœur. Rob était pour une nouvelle attaque, mais grand-mère l'a emmené dans sa chambre pour des réparations, et la victoire physique au moins était la nôtre.

Mais toutes nos journées n'ont pas été accompagnées de batailles. Plusieurs jours pouvaient peut-être s'écouler sans même que des paroles dures soient prononcées, et la paix régnait des deux côtés de la maison qui, avant que nous, les enfants, n'y pénétrions, était connue sous le nom de « Cottage de Repos ». De nom, et sauf lorsque nos querelles se répercutaient chez les plus âgés, le rôle de grand-mère était aussi en fait un havre de repos pour elle-même et pour ma tante qui avait beaucoup voyagé. Mais j'ai souvent pensé que si quelques-uns des nombreux pèlerins venus au village simplement pour voir la maison avaient pu nous surprendre, nous les enfants, au cours d'une de nos disputes, ils auraient découvert l'exactitude du nom de la chaumière.

Lorsque mon frère était absent, ce qui était le plus souvent le cas, après qu'il ait refusé de poursuivre ses études, j'avais tendance à l'idéaliser, et lorsqu'il était absent, disons depuis plusieurs mois, et que la nouvelle de son retour arrivait, J'étais très fier et heureux. Une fois, il revint avec sa voix bien changée, elle commençait à prendre un ton viril, et j'étais prodigieusement impressionné par cette métamorphose, courant secrètement vers grand-mère et murmurant : « Rob est de retour ! Sa voix est descendue très profondément. ", et j'ai posé ma main sur mon ventre en guise d'illustration. Cependant, dans mon imagination, l'élévation de mon frère sur un piédestal ne durait jamais longtemps, car nous nous mettions invariablement en colère en quelques jours, ce qui signifiait une vulgaire familiarité.

Pendant des années, cependant, j'ai persisté à l'utiliser comme un bluff dans toutes les bagarres menaçantes avec des camarades de jeu de ma taille, qu'il soit à la maison ou non. "Si je ne peux pas te lécher", avais-je l'habitude de dire, "Bob le peut, et il le fera aussi." Pendant un certain temps, cette vantardise m'a tenu à l'écart de tout incident sérieux, mais j'avais posé si longtemps en vainqueur et je m'étais tellement vanté de ce que Bob était capable de faire, qu'un Waterloo était inévitable, et finalement il est arrivé. Bob était malheureusement pour moi loin de chez moi à ce moment-là.

Le combat était une affaire arrangée entre trois frères, le deuxième aîné désireux de me donner une bonne cachette en guise de publicité préliminaire de ses prouesses. Nous nous sommes rencontrés tous les quatre d'un commun accord dans l'allée derrière « Rest Cottage », et mon antagoniste et moi y étions bientôt. Il mesurait facilement une demi-tête de plus que moi et était beaucoup plus trapu, mais je pense que j'avais dit que je pouvais le fouetter, et j'ai honnêtement essayé de me rattraper. Il est resté calme et serein, délivrant des coups bien dirigés et révélateurs sur ma physionomie. Le sang coulait de mon nez et des larmes de rage de mes yeux, comme jamais auparavant ni depuis. Mais j'ai continué à me battre aveuglément, ne frappant mon adversaire qu'occasionnellement, et encore avec très peu de force. Finalement, complètement battu et exposé, je me suis enfui du champ de bataille en criant par-dessus mon épaule : « Bob va vous tuer, espèce de spalpeens. Ma grand-mère a essuyé mon visage meurtri et a essayé de me consoler, mais c'était une tâche difficile. Je savais ce qu'elle ne savait pas, que mon bluff avait été appelé et que je n'étais plus une personne incertaine dans le monde des combats de village ; J'avais été « présenté ». Pendant des jours, j'ai évité mes camarades de jeu habituels, et je peux dire qu'après cette défaite, je n'ai plus jamais combattu un autre moulin, et je ne compte plus jamais en combattre un. En cinq minutes, j'ai été complètement converti au mouvement pour la paix et j'ai défendu avec ferveur ses principes depuis le jour du combat jusqu'à ce moment même.

Quand ma tante était à la maison, « Rest Cottage », ou plutôt son côté, était une véritable ruche d'industrie. Secrétaires et machines à écrire travaillaient du matin au soir, tandis que ma tante rattrapait sa volumineuse correspondance dans son fameux « Den ». Même si nous ne nous sommes pas toujours bien entendus, presque invariablement à cause de mon égarement, je désire dire maintenant, une fois pour toutes, qu'elle était l'une des femmes d'esprit les plus libérales que j'aie jamais connues ; et en tant que conférencière et organisatrice, je doute qu'à son époque il y ait eu une femme qui la surpassait. Si elle avait consacré sa vie à des sujets plus populaires que la tempérance et les droits de la femme, la littérature par exemple, elle occuperait aujourd'hui un rang très élevé dans la liste des grands orateurs et écrivains. Elle préféra par conviction se consacrer sans réserve aux agitations impopulaires, et ses partisans se trouvèrent donc principalement parmi les femmes qui étaient d'accord avec elle au début, ou qui étaient gagnées à ses opinions par son don de langage persuasif. En Angleterre, elle était souvent comparée à Gladstone, et à Édimbourg, où elle parlait lors d'une de ses visites en Grande-Bretagne, les étudiants, après la réunion, décrochaient les chevaux et tiraient eux-mêmes sa voiture jusqu'à son hôtel. Sa statue dans le Statuary Hall du Capitole de Washington est la seule statue de femme trouvée là-bas ; il a été présenté par l'État de l'Illinois.

Vivre dans la maison d'une célébrité de ce caractère était un privilège que, je le crains, nous, les enfants, n'avons pas apprécié. C'était la Mecque des réformateurs de toutes nuances et de tous niveaux du monde entier, et nous, les enfants, avons grandi dans une atmosphère de fortes personnalités. Les noms de nombreux hommes et femmes qui ont visité notre maison m'ont échappé, mais je me souviens très clairement de John B. Gough. A cette occasion, il fut reçu par ma mère, ma tante étant absente de la maison. C'était un vieil homme aux cheveux et à la barbe blancs, et il avait en charge une nièce, si je me souviens bien, qui le soignait comme un bébé. Une organisation locale l'avait engagé pour parler en leur nom dans le cadre du « Old First ». Son discours fut aussi réussi que d'habitude, et l'église était bondée, mais le vieux monsieur était fatigué quand il revint à la maison et était plutôt maussade. Ma mère lui avait préparé un dîner léger composé de lait, de pain, de beurre, etc., mais ce n'était pas à son goût. "J'ai besoin de thé", déclara-t-il d'un ton non équivoque, et le thé dut être préparé, ce retard augmentant l'impatience du vieil agitateur. En l'obtenant, il le trouva trop faible, ou trop fort, ou trop chaud, et le résultat de l'affaire fut qu'il nous laissa plutôt mal en point, mais pas avant d'avoir reçu 200 $, son cachet pour les conférences. Il fourra négligemment le rouleau dans une petite poche de son pardessus, puis prit congé. La vieillesse avait commencé à se faire sentir très clairement, et ce, peu d'années après sa mort.

Francis Murphy, John P. St. John, presque tous les derniers candidats à la présidence sur la liste de la Prohibition, et bien sûr les éminentes agitatrices féminines de l'époque, trouvèrent tôt ou tard leur chemin vers « Rest Cottage ». Le lieu lui-même, bien que confortable et douillet, était d'apparence très modeste, mais il abrita probablement à un moment ou à un autre au cours des quinze dernières années de la vie de ma tante, des personnages plus connus que n'importe quelle autre demeure privée du Middle West. Ma tante restait également en contact avec de nombreuses personnes grâce à sa correspondance. Elle croyait qu'il fallait répondre à chaque lettre reçue, même si la réponse était renvoyée avec un affranchissement défectueux, et elle connaissait par lettre ou par connaissance personnelle tous les grands hommes et femmes de son époque, dont j'ai jamais entendu parler. Si le livre d'un auteur lui plaisait, elle lui écrivait dans ce sens, et souvent *vice versa* . A la parution de "Looking Backward" d'Edward Bellamy, elle fut affligée qu'il n'ait pas éliminé les boissons alcoolisées du programme de son utopie et lui écrivit à cet effet. Il répondit très simplement que cette pensée ne lui était pas venue, ce qui devait être son excuse, s'il en était besoin, pour négliger l'affaire.

Dans le village, ma tante était de loin la principale citoyenne du lieu en termes de renommée. Nombreux étaient ceux qui n'étaient pas d'accord avec ses idées de réforme, mais le village dans son ensemble était fier d'avoir une fille aussi distinguée.

Lorsqu'elle critiquait mes frasques et mes rétrogradations, ma tante, m'a-t-on dit, avait l'habitude de dire que « Josias a du caractère et de la volonté, mais il veut faire de mauvaises choses ». Je l'ai sans aucun doute fait. Si des compagnons me rejoignaient dans une fugue, c'était en général moi qui planifiais la « fuite » ; ce n'est qu'à une ou deux reprises que j'ai été convaincu par d'autres. Plus ou moins les mêmes motivations qui m'ont poussé à fuir le "Rest Cottage" qui prévalaient autrefois lorsque je vivais dans la vieille maison brune, mais j'ai tendance à penser maintenant que, consciemment ou inconsciemment, je me lasserais de vivre entièrement avec des femmes. , et que cela a peut-être aussi eu quelque chose à voir avec mon démarrage. Sauf lorsque mon frère était à la maison, ce qui était rare à cette époque, j'étais le seul être humain de sexe masculin vivant à « Rest Cottage » ; de ma grand-mère jusqu'à ma sœur cadette, tous les autres détenus étaient des femmes, et il y avait une atmosphère féminine dans les choses qui m'énervaient plus que ma mère ne le pensait. Mes chiens — j'en avais généralement deux — étaient des mâles, et nombreuses sont les promenades consolantes que nous avons faites, ne serait-ce que pour consolider nos forces.

Mon amour pour les chiens remonte d'aussi loin que je me souvienne, et j'ai toujours essayé d'avoir autour de moi un représentant de cette espèce. Le chien qui était à mes côtés au "Rest Cottage" et qui m'aidait à augmenter mes forces masculines s'appelait "Major". Non seulement parce qu'il était mon compagnon constant, mais aussi parce qu'il a été la source d'une ou deux « disputes » entre ma tante et moi, me détermine à raconter son histoire, ou du moins ce que j'en sais.

Un soir, ma mère rentra tard de la ville accompagnée d'un gros chien noir. J'ai ensuite décidé qu'il était un croisement entre un berger et un Terre-Neuve. "Je t'ai amené un chien", a dit ma mère, et j'ai bondi de joie, n'ayant pas de chien à ce moment-là. Le chien grogna et s'approcha de ma mère. En fait, il resta assis à ses pieds tout au long du repas du soir, refusant de se mêler de moi, bien qu'il acceptât très amicalement les avances de mes sœurs. J'en ai conclu avec déception qu'il avait été un chien *de femme* . Ma mère nous a raconté comment elle était venue vers lui. « En quittant le dépôt de la ville, dit-elle, et en partant vers mon bureau, ce chien a bondi brusquement devant moi, a aboyé et, évidemment, de par son action, m'a pris pour sa maîtresse. Je l'ai caressé et j'ai marché jusqu'au dépôt. bureau - le chien m'a suivi. Il est monté à mon bureau, et quand je me suis assis à mon bureau, il s'est fait une place à proximité. A midi, j'ai partagé mon déjeuner avec lui. Il a passé l'après-midi très convenablement. sous ou près du bureau.

"Quand est venu l'heure du train, j'ai pensé que le chien allait sûrement flairer le chemin du retour, mais non ; il m'a suivi jusqu'à la gare, comme si j'étais la seule au monde qu'il connaissait, ou qu'il tenait à connaître. Il semblait aussi C'est mal de laisser un tel chien à la dérive, et j'ai demandé au bagagiste du train ce qu'il pensait que je devrais faire. « Ramenez-le à la maison, Missus, » dit-il, « il en vaut la peine et fera de vous une bonne bête. Nous l'avons fait monter dans la voiture et il est resté silencieux jusqu'à ce que nous arrivions ici. Dès qu'il a été libéré, cependant, il s'est déplacé devant le moteur et s'est dirigé vers la crête aussi vite qu'il le pouvait, ai-je dit au bagagiste. : 'Voilà le chien et le quart pour son tarif.' "C'est une bête ingrate", répondit le bagagiste, "mais peut-être qu'il reviendra", et bien sûr, il l'a fait, après le départ du train, il m'a suivi jusqu'à la maison, et, Josiah, je le suis. je vais te le donner."

C'était le plus gros chien que j'aie jamais possédé, mais sa possession, malgré les déclarations de ma mère, semblait douteuse : le chien avait décidé qu'il appartenait à sa mère. Le soir même, ma mère et moi sommes sortis appeler, emmenant le chien avec nous. Il faisait très sombre et avant d'avoir parcouru un pâté de maisons, nous avons raté le chien. "Voilà", m'écriai-je alors que nous repartions après des sifflements et des appels infructueux, "là, je t'avais dit de le laisser à la maison, et maintenant tu vois que j'ai été sage. Il est éteint." "Oh, je suppose que non", m'a consolé ma mère, et elle avait raison, car, en rentrant chez nous, il y avait ce gros chien noir sur le tapis qui attendait qu'on le laisse entrer.

Il est resté avec nous sans interruption pendant sept ans, a appris à m'accepter comme son maître et à le fouetter même si je le faisais parfois. Il a gagné mon respect et mon amour comme aucun autre chien ne l'a jamais fait à cette époque. Il n'était pas jeune quand nous l'avons eu, probablement au moins six ans, donc il a vécu jusqu'à un âge respectable. En disant qu'il était sociable, honnête, plus ou moins discret et qu'il nous aimait tous, j'ai dit tout ce qu'il fallait de sa personnalité. Il n'avait pas de trucs, et il était trop digne et rhumatismal pour en apprendre de moi. Il voulait simplement être sociable, monter la garde la nuit et, si cela nous convenait, ses « trois carrés » par jour, mais il les demandait très rarement et n'en avait pas besoin. Il avait bien sûr ses goûts et ses aversions, comme tous les chiens, mais s'il était laissé seul, sauf lorsqu'il était inhabituellement rhumatismal et irritable, il ne dérangeait personne.

Il en est venu à semer le trouble entre moi et ma tante de cette manière : Elle était souvent à la maison, un hiver, lorsque j'essayais en vain d'apprendre au

« Major » à me tirer sur mon traîneau. Il n'aimait pas beaucoup ce métier, et la seule façon de l'amener à me tirer était de l'emmener à l'extrémité du village, près de notre vieille maison brune, de l'atteler au traîneau, puis de le laisser trottiner. Pour la maison. C'est étonnant qu'il ne m'ait pas fracassé la cervelle contre les arbres et les véhicules qui passaient, mais nous rentrions toujours à la maison sans encombre.

Un matin, j'étais penché sur une promenade, et « Major » était sur le porche arrière, soignant, ou plutôt faisant semblant, comme je le pensais, de soigner ses jambes rhumatismales. Je l'ai traité assez sévèrement, convaincu qu'il faisait semblant, et il a poussé un hurlement des plus étranges. Ma tante s'est précipitée dans les escaliers, a vu ce que j'essayais de faire et m'a adressé l'une de ses très rares réprimandes - une réprimande plus froide que j'ai rarement reçue. À moins que je ne puisse être plus miséricordieux envers les animaux stupides, m'a-t-elle prévenu de sa manière claire, "Major" serait renvoyé ; en tout cas, je devais cesser immédiatement de continuer à faire de la luge avec lui, et je le fis.

La fin du « Major » est survenue après que j'aie quitté le village. Il éprouvait une violente aversion pour l'épicier, et lorsque celui-ci apparaissait dans la cour, il avait l'habitude de lui claquer les talons. Une plainte a été déposée contre lui auprès de la police, et un matin, le chef est arrivé et a mis fin aux rhumatismes de "Major" et à d'autres luttes terrestres avec une balle.

Si j'aimais sincèrement quelque chose ou quelqu'un, et je pense que c'était le cas, j'aimais ce chien. Il était le premier à me saluer lorsque je rentrais de voyage, et il était généralement le dernier à me dire au revoir. J'espère que son être spirituel, s'il en avait un, s'amuse, sans rhumatismes et entouré de nombreux amis.

Mon goût pour les enfants, en particulier les jeunes garçons de trois à cinq ans, si nous pouvons nous entendre, s'est développé à mesure que mes tendances à l'errance se sont éteintes. Dans ma jeunesse, on ne peut pas dire que je les ai beaucoup aimés. En effet, je me souviens d'une chose des plus cruelles que j'ai faite à une petite fille, vivant près de notre vieille maison brune. En repensant maintenant à cette affaire honteuse, cela me semble l'une des choses les plus insensées que j'aie jamais faites ; mais j'ai entendu un autre membre de ma famille se plaindre d'être tenté de la même manière, du moins lorsqu'il était jeune. La fille avait peut-être deux ou trois ans, c'était une petite créature potelée avec de grosses joues rouges et de grands yeux bleus comme des soucoupes. Chaque matin, elle s'asseyait seule sur une chaise haute dans la chambre de sa mère. J'étais libre de me promener dans cette maison aussi librement que dans la nôtre, et j'avais l'habitude de passer des appels tôt le matin pour savoir quels étaient les projets de mon ami « Charley » pour la journée et, si la voie était libre, pour visiter la maison. petite fille à l'étage. J'étais rarement tenté de faire pleurer l'enfant, mais lorsque cette tentation survenait, je pinçais très fort les joues rouges de la fille. Au début, elle me regardait avec étonnement, un regard captivant d'émerveillement entrant dans ses yeux. Encore un pincement, et encore plus fort. Les petites lèvres de l'enfant se mettaient à trembler, et le regard d'émerveillement faisait place à celui de détresse. J'ai observé les différents changements du visage avec le même intérêt qu'un médecin observe un changement pour le meilleur ou pour le pire chez son patient. Parfois, j'avais l'impression d'être littéralement collé à cet endroit, tant le visage de l'enfant devenait fascinant. Un dernier pincement des deux joues plus sévère que les deux autres, et mon objectif fut atteint, la jeune fille lésée laissant libre cours à sa douleur et à son chagrin dans des cris vigoureux et de grosses larmes rondes et chaudes. Ensuite, j'essayais de l'apaiser, j'y parvenais généralement, et je m'en allais, personne n'étant au courant malgré les pleurs. Je ne peux que comparer cette cruelle performance de ma part, du moins dans son but et son intention, aux soi-disant festins cannibales que certains explorateurs africains ont été accusés d'avoir ordonnés et payés. Ils voulaient visiblement voir un être humain cuisiné, servi et mangé par curiosité. Un motif similaire m'a poussé à passer ces appels matinaux et à pincer les joues de cette enfant innocente : sa peau veloutée me semblait faite pour être pincée, et il était intéressant d'observer ses ébats préliminaires avant de s'abandonner complètement à ses émotions. Je suis heureux de signaler que cette cruauté n'a pas été pratiquée longtemps par moi, et qu'aujourd'hui la souffrance physique réelle de l'homme ou de la bête me chagrine beaucoup.

Au moment où notre famille a emménagé dans l'annexe du "Rest Cottage", ma sœur cadette avait grandi en âge et en stature, ce qui en faisait une camarade de jeu très acceptable. Je me souviens très clairement de souvenirs de son enfance qui montrent que l'esprit d'indépendance était assez fort en nous tous, les enfants.

La première fois, ma sœur avait peut-être six ans. Ma mère l'avait condamnée à limiter ses jeux dans les cours avant et arrière pour la journée ; en aucun cas on ne la voyait dans la rue. J'avais reçu une punition similaire.

Quelle a été mon horreur, ou ce que j'ai feint d'être, de découvrir « Mame » l'après-midi, bien en dehors des limites prescrites, fréquentant insouciamment ses amies comme si la punition était quelque chose de tout à fait étranger à sa vie. En la pointant du doigt avec mépris, je criai : « Espèce d'hyène sans exemple, reviens dans les limites. Tu te feras lécher ce soir.

"Mame" daignait à peine me regarder, remarquant fièrement :

"Tu ne penses pas que je fais partie de ces filles qui s'en soucient toujours, n'est-ce pas ?"

La deuxième fois, ma mère était à la maison et a pu corriger immédiatement la désobéissance de ma sœur. La veille, sans avoir parlé à ma mère, « Mame » était allée chez ses amies, au nombre d'une vingtaine peut-être, et les avait invitées à une fête chez nous, une fête qui n'existait que dans son imagination. A l'heure dite, le lendemain, les enfants commencèrent à apparaître dans leurs plus beaux habits, demandant naturellement leur jeune hôtesse. Ma mère n'a pas mis longtemps à découvrir la vérité, mais elle a attendu son heure jusqu'à ce que tous les invités soient arrivés. Alors, ma sœur étant obligée d'être présente, on dit aux demoiselles que « Mame » les avait invitées à quelque chose qui n'existait pas et, bien qu'elle en fût très désolée, elle serait obligée de les renvoyer avec cette explication. Une réprimande plus sévère envers « Mame » n'aurait pas pu être administrée, et l'escapade festive était l'une des très rares désobéissances auxquelles je me souviens qu'elle ait été associée. Elle était sans aucun doute le membre le plus docile et le plus sage de notre quatuor.

Je n'oublierai jamais sa conduite sur le lit de mort de mon grand-père, le père de ma mère. Un oncle était venu au « Rest Cottage », nous avertissant que grand-père était mourant et nous disant d'aller à la chambre des malades où grand-mère et de nombreux autres parents étaient rassemblés. "Mame" et moi avons pris place à l'arrière, sur le seuil d'une porte, si je me souviens bien. Mon grand-père était inconscient, et sa douce épouse, la mère de ma mère, invalide, était assise dans son fauteuil roulant, regardant son compagnon et père de ses enfants mourir, la plus belle incarnation de la résignation et du désir « que la volonté de Dieu soit faite ». que je me souviens avoir vu. Bien sûr, les femmes et les enfants sanglotaient, et « Mame » et moi les rejoignîmes. Très vite, j'ai remarqué qu'il y avait une accalmie dans les sanglots – mon grand-père avait rendu son dernier soupir et ses souffrances étaient terminées – mais « Mame » ne s'en était pas rendu compte et a continué à pleurer assez bruyamment. "Laisse tomber, Mame", prétend-elle que je lui ai murmuré. "Les autres se sont arrêtés." Je ne me souviens pas avoir fait cette observation et en avoir informé « Mame », mais je l'ai sans doute fait, car « Mame » était tout simplement honnête.

CHAPITRE IV

LES PREMIÈRES JOURNÉES DU COLLÈGE

Dans les chapitres précédents, j'ai essayé de donner une idée du genre de garçon que j'étais, par exemple au moment où j'avais atteint ma quinzième année, ou l'année civile 1884. Il est inutile de nier que la méchanceté dont je faisais preuve était due davantage à l'égarement volontaire qu'aux influences héréditaires. Par conséquent, je me suis toujours senti justifié de répondre à une cousine éloignée comme je l'ai fait lorsqu'elle m'a reproché de causer tant de problèmes et d'inquiéter ma famille.

"Pouvez-vous vous imaginer faire des choses aussi horribles lorsque vous retrouverez vos sens et serez capable de penser clairement ?" » était la façon dont sa question était formulée. Ma réponse fut : "Dans mes sens ou hors d'eux, je ne peux certainement pas imaginer que quelqu'un d'autre les ait fait." Et je peux honnêtement dire qu'en tant que garçon, j'étais très peu enclin à essayer de rejeter la responsabilité de mes péchés sur d'autres garçons. Je n'étais pas un « couineur », même si j'étais un truand expert lorsque la nécessité semblait appeler un mensonge à la place de la vérité claire et sans fard.

Au printemps ou au début de l'automne 1884, ma mère et mes sœurs partirent pour l'Europe et je fus envoyé dans une petite université de l'Illinois. La maison du village fut démolie et, pour le meilleur ou pour le pire, nous devions tous les cinq, dans les années qui suivirent, soit être des exilés volontaires à l'étranger, soit être des voyageurs au pays ou à l'étranger. Depuis cette rupture définitive, notre famille au complet n'a plus jamais été réunie sous un seul et même toit.

Malgré un effort viril pour les surmonter, deux traits de caractère ont freiné mes pas jusqu'à l'université avec autant de persistance qu'ils m'avaient troublé à la maison : l'amour de l'Au-delà tentant et une incertitude alarmante dans mon esprit quant au sens de la Loi de Moi et de ma Loi. Le tien. Il me faudrait encore plusieurs années ennuyeuses et douloureuses avant de devenir maître de ces misérables qualités. Ce sont les pires bagages que j'ai emportés avec moi. Mes meilleurs traits, si je me souviens bien, étaient la volonté et le désir d'apprendre lorsque je n'étais pas sous le charme de *Die Ferne*, une bonne réceptivité à l'acquisition de faits et d'informations utiles et, la plupart du temps, un sevrage facile, disposition de garçon aimable. Toutes ces qualités se sont cependant dispersées aux quatre vents lorsque l'appel est devenu irrésistible. J'avais toutes les chances de gagner en tant qu'étudiant, si l'amour des champs lointains pouvait rester sous contrôle. Sinon, je ne savais pas ce que je pourrais devenir ou faire. Dans ces circonstances, j'ai commencé ma carrière universitaire dans un collège confessionnel de l'ouest de l'Illinois. Ma mère, bien sûr, espérait le meilleur ; et au moment de son départ, il semblait que j'avais enfin pris le bon chemin.

Je suis resté un peu plus de deux ans à l'université et j'ai progressé sous conditions jusqu'à ma deuxième année. Je payais ma nourriture et mon logement par un travail de « corvée » dans la maison d'un avocat en ville, de sorte que les dépenses que ma mère devait faire face étaient relativement légères. Les études qui semblaient me convenir le mieux étaient l'histoire, la géographie historique et les langues modernes. Les mathématiques, le grec et le latin étaient des matières fastidieuses dans lesquelles je faisais à peine des progrès moyens. Les mathématiques ont été pour moi un piège et une illusion tout au long de ma vie scolaire et universitaire en Amérique. Je veux dire un jour reprendre mon ancien calcul et voir si des années plus mûres m'auraient donné un aperçu plus clair des exemples et des problèmes qui me donnaient autrefois tant de problèmes.

L'histoire, la géographie et l'allemand m'ont intéressé dès le début et j'ai généralement bien réussi dans ces cours. L'histoire s'est emparée de moi tout comme la biographie, et j'avais l'habitude de lire longuement et tardivement des ouvrages tels que « Dutch Republic » de Motley, « History of the United States » de Bancroft, les livres de Prescott sur le Mexique et l'Amérique du Sud, ainsi qu'une autobiographie ou une biographie intéressante. m'attirait souvent plus qu'un roman ou une histoire. En effet, j'ai lu très peu de fiction pendant mes études universitaires, préférant me pencher sur une géographie ancienne et tracer des itinéraires de voyage dont je pourrais profiter lorsque j'aurais gagné assez d'argent pour les entreprendre en tant qu'entreprises légitimes ou, peut-être, en tant qu'entreprise. explorateur engagé, dont les services exigeaient des prix rémunérateurs. Pendant un certain temps, l'ambition de devenir avocat a lutté contre mes intentions de voyager, et j'ai sérieusement envisagé de suivre un cours de droit dans la bibliothèque et dans le bureau de mon bienfaiteur lorsque mes études universitaires seraient terminées ; mais cette résolution n'a jamais abouti parce que mes études universitaires n'étaient jamais terminées.

Pendant deux ans et plus, j'ai lutté aussi durement que n'importe lequel de mes camarades pour subvenir à mes besoins, suivre le rythme de ma classe, et probablement plus dur que la plupart d'entre eux pour être « au niveau », et surtout pour ne pas laisser tomber mon cours. *Die Ferne* m'éloigne de ma nouvelle maison et de son environnement agréable. Maintes et maintes fois, *Die Ferne* sifflait un de ses signaux de séduction, et c'était tout ce que je pouvais faire pour vaincre le désir d'aller y répondre en personne ; mais mes études, le travail à la maison et des camarades agréables m'aidèrent à résister à la tentation et, comme je l'ai dit, pendant environ deux ans, je m'occupai strictement de mes affaires, entendant *Die Ferne* appeler de temps en temps, mais fermant mes oreilles. à l'invitation alléchante.

Ma perte à l'université a eu un début des plus innocents, comme ce fut le cas pour bon nombre de mes absences. Souvent ou non, l'impulsion qui m'a conduit à l'Open Road était, prise en elle-même, aussi louable et valable que bon nombre de ces autres impulsions qui empêchaient les voyages à la sauvette. Mon ambition, par exemple, d'aller dans une ville lointaine, de gagner ma vie en tant que soutien de famille et étudiant, et de devenir finalement aisé et respecté, était au fond un désir louable ; mais le problème était que j'insistais pour que personne n'ait de mes nouvelles ni ne soit informé de mes progrès avant que je sois réellement « arrivé », pour ainsi dire . J'ai toujours exigé que les choses se fassent en secret, et ce n'est que dans la mesure où le secret était un facteur assuré qu'un projet aussi incontrôlable m'a vraiment séduit.

Ce qui a interrompu ma carrière universitaire et m'a finalement poussé à vamoser, c'est un simple concours d'essayistes de la société littéraire dont j'étais membre. Le vainqueur du concours avait de bonnes chances d'être choisi par sa société pour rivaliser avec l'essayiste de la société rivale dans un concours littéraire général à l'opéra ; c'était vraiment l'événement du genre de l'année. J'ai été sélectionné, avec deux autres, pour tester mes compétences d'essayiste lors du combat familial préliminaire. Notre société était divisée en deux cliques étroitement alliées, j'appartenais à la coterie "Wash B", et le concurrent le plus redoutable que j'avais à rencontrer, étant lié aux "Camélites", comme nous les appelions. Ces deux camps réellement hostiles formaient la société au moment des élections et lors des occasions de sélection des candidats aux concours préliminaires et à l'opéra, littéralement une collection de disputes, de médisance et de jalousie d'intrigants et de tireurs d'intrigues. Le groupe "Wash B" a tout fait pour m'assurer une place dans les préliminaires, qui détermineraient sans doute la sélection pour le véritable concours ultérieur entre les deux sociétés lointaines. Mais j'ai été choisi, et pendant six semaines, chaque heure libre dont je disposais a été religieusement consacrée à ce merveilleux essai. J'en oublie le titre maintenant, mais le sujet était assez banal, je n'en doute pas, avec le sujet éculé : « La marche occidentale de l'Empire ». L'écriture terminée, "Wash B" lui-même m'a pris en main, et pendant encore un mois m'a entraîné dans la délivrance, l'énonciation et le geste. Mon colocataire, une fois l'exercice terminé, a dit que j'étais une parfaite doublure de "Wash B", qui était considéré à l'époque comme le meilleur lecteur que notre société, et en fait l'université tout entière, contenait. Cette critique m'a naturellement fait beaucoup d'effet et j'ai commencé sérieusement à envisager de remporter le prix, une petite contrepartie financière. Enfin, la nuit fatale arriva, et nous trois concurrents marchâmes vers nos places sur l'estrade. Devant nous se trouvaient les trois juges, des hommes d'apparence redoutable à l'époque, même si je les connaissais tous comme des citoyens de la ville aux manières douces avec qui j'avais souvent eu une conversation agréable. Un neutre – qui n'était ni un « Wash B » ni un « Camelite » – fut le premier à se lever et à lire son essai. En me rappelant la lecture et le sujet de ce premier effort, je me souviens que je pensais l'avoir mis au point mort si seulement je pouvais retenir toutes les belles inflexions et les gestes doux et doux que "Wash B" avait eu tant de mal à percer. en moi. J'étais deuxième, je me levais, je m'inclinais et, comme mes amis me l'ont dit par la suite, en ce qui concerne la livraison, j'étais "Wash B" du début à la fin. Le troisième homme, un homme grossier, mais doté d'une voix merveilleusement modulée - c'était en réalité un orateur - se leva alors et lut, presque parfaitement en ce qui concerne l'intonation et l'accent correct et opportun, un ennuyeux article sur le syndicalisme. Cet étudiant était celui que je craignais particulièrement, mais quand il eut fini et que nous prenions place tous les trois dans le public, tant de "Wash B's" me disaient que j'avais gagné haut la main, comme ils disent, que j'en suis progressivement venu à Je crois que je m'en suis remarquablement bien acquitté. Mais les juges étaient les hommes qui devaient prendre la vraie décision, et ils accordaient si peu d'importance à mes efforts que j'étais placé dernier sur la liste – même le neutre, pratiquement sans livraison, m'avait battu. Plus tard, il est venu me voir et m'a dit qu'il ne s'attendait jamais à prendre la deuxième place. Le "Camélite" grossier, au papier banal, mais à la voix merveilleuse, l'a emporté et a été déclaré vainqueur du prix. Mon chagrin et ma déception semblaient immenses pour le moment, et le fait qu'un certain nombre de "Camélites" soient venus me voir et m'aient dit que j'aurais dû recevoir le prix n'a pas eu pour effet d'atténuer le caractère poignant du chagrin que j'ai ressenti, mais j'ai réussi à le faire. me cacher jusqu'à ce que je sois bien entre les quatre murs de ma chambre. Là, je me suis juré de ne plus jamais, plus jamais, soumettre un de mes essais aux caprices de trois hommes qui, à mon avis, étaient tellement stupides qu'ils se laissaient emporter par une simple voix. "Ils n'ont jamais arrêté de réfléchir au sujet de nos essais", ai-je lancé en trombe, et pendant des jours, j'ai été un jeune homme très maussade à la maison. Les "Wash B's" ont essayé de me consoler en promettant de m'élire essayiste pour le grand concours de l'opéra à l'automne, mais même si j'ai daigné me réconcilier avec ma défaite, la vérité était que je ruminais très sérieusement cet échec capital alors que ça me semblait. J'ai évité mes anciens compagnons de route et j'ai été très peu vu sur le campus. La défaite avait rongé mon âme bien plus profondément que ce que j'avais imaginé au départ, et au fil des jours, un complot en profondeur pour un voyage en fuite a commencé à prendre forme et substance. Dès que j'ai réalisé ce qui se passait, j'ai lutté avec acharnement pour chasser le plan de ma tête, mais alors que je pleurais mon échec en tant qu'essayiste et particulièrement en tant qu'essayiste "Wash B", le plan subtil et sournois s'était vermifugé. son chemin jusque dans mon subconscient, et avant de m'en rendre compte, je divertissais le tentateur d'une manière non inhospitalière. Après tout, c'était une consolation de savoir qu'à la rigueur, je pouvais abandonner tout le programme universitaire, si nécessaire, et vamos tranquillement et, peut-être, recommencer dans une autre institution où mes productions littéraires grossières, mais à mes yeux très appréciées, recevraient un traitement plus équitable. J'avais le sentiment qu'un voyage en fuite marquerait la fin de ma carrière universitaire, et certaines influences avaient du mal à me retenir ; Je me suis souvent demandé ce qu'aurait été ma vie ultérieure s'ils avaient prévalu. Jamais auparavant je n'avais été aussi proche d'une victoire complète sur *Die Ferne* , et jamais auparavant je ne m'étais senti le citoyen responsable dans la communauté que ma vie universitaire et mes capacités d'autonomie avaient contribué à faire de moi. Et puis, mon bon ami et conseiller, l'avocat, était un homme qui m'avait fait une très grande impression – ce qui n'était pas facile en ces temps de rébellion et d'indépendance volontaire. Je connaissais le dur combat qu'il avait mené dans la vie avant que je me rende chez lui. Il était venu souvent chez nous et j'avais été très impressionné par son visage posé et net. Certains auraient qualifié cela de difficile s'ils ne connaissaient pas l'homme et ce qu'il avait vécu. Je l'ai étudié avec un intérêt particulier, car je savais que de temps à autre, je luttais aussi durement pour faire le bien, et je me demandais si mon visage, après m'être complètement maîtrisé, si jamais cela devait arriver, prendrait un jour le terrible regard de détermination et de victoire qui était si souvent présent chez celui de l'avocat.

Je ne peux pas rendre compte de toutes ses victoires, car il a dû y en avoir beaucoup, très nombreuses, de caractère mineur, pour lesquelles il a dû travailler chaque jour de sa vie. Mais celui qui l'a sorti du caniveau et qui lui a donné la force d'abandonner à la fois l'abus d'alcool et l'habitude du tabac, c'est *celui* qui m'a saisi, même si je savais à peine quel whisky J'avais le même goût que moi et je ne consommais du tabac que par intermittence. Le fait que cet homme avait surmonté ces habitudes par la seule force de sa volonté, « sans avoir recours à la religion », comme on me l'avait souvent dit, était ce qui s'emparait de mon émerveillement. Tant chez moi que chez l'avocat, en ce qui concerne sa bonne épouse, on m'avait appris à croire, ou, en tout cas, j'en étais venu à croire partiellement, que toutes les victoires morales, et même toutes les conquêtes sur le moi rebelle, devait venir par la prière et l'assistance divine, ou pas du tout. Je n'avais jamais entièrement accepté cette doctrine, même si elle avait probablement une emprise sur moi plus forte que je ne le pensais. Mais l'avocat... ah, ha ! c'était enfin un témoignage vivant et respirant du fait que la prière et l'aide divine n'étaient pas indispensables pour se rassembler, mettre de côté les mauvaises habitudes et constituer quelque chose dans le monde. Je n'ai rien dit de la découverte que j'avais faite ; mais j'étudiais mon héros de près et je chérissais hautement tous les faits et toutes les imaginations que suscitait un contact plutôt intime avec lui et qui étayaient le fait originel et primordial, *c'est-à-dire* que la force de la volonté et non la « conversion » avait fait de lui l'un des personnages les plus remarquables. citoyens de sa communauté et l'un des éminents avocats de son État.

Je ne sais pas s'il savait ou non dans quel grand respect je le tenais. Ce qui est certain cependant ; il ne me regardait presque jamais ni ne me parlait sévèrement, et il faisait constamment quelque chose de gentil ou d'utile. J'aurais aimé maintenant avoir été assez vieux pour avoir une conversation franche avec lui sur la volonté et l'aide divine. Ce n'était pas un homme très communicatif, et il est possible qu'il n'ait pas consenti à un tel entretien, pensant peut-être que j'étais trop jeune pour discuter de telles questions de son point de vue. J'ai donc continué à vivre, le prenant invariablement en exemple lorsqu'il fallait serrer les dents et vaincre une légère tentation. Sa femme, qui était en réalité une seconde mère pour moi, veillait à ce que j'aille à l'église et étudie ma Bible. Les autorités du collège exigeaient que j'aille à l'église et, le lundi, elles convoquaient tous ceux qui étaient ou non présents à l'église. la veille – mais d'une manière ou d'une autre, elle n'a jamais eu sur moi l'influence de son fidèle mari aux cheveux blancs et rasé de près. C'était sa prière constante et son espoir que « Gill », comme elle l'appelait, obtiendrait éventuellement la religion et serait assuré de la paix céleste. Il allait fréquemment à l'église avec elle, et ses efforts étaient certainement aussi exemplaires que ceux du président du collège, mais j'ai entendu dire que, s'il croyait en une quelconque théologie, c'était en cette misérable et stupide doctrine - une création stupide d'esprits faibles. — qu'un certain nombre d'âmes sont de toute façon prédestinées à la damnation, et que la sienne en faisait partie à cause de la vie sauvage qu'il avait menée dans sa jeunesse. Cette « histoire » de mon héros m'a également saisi très sensiblement, et j'avais souvent l'habitude de regarder subrepticement le beau visage de cet homme et de me demander ce qui pouvait se passer dans un esprit résigné au châtiment éternel. Je ne pouvais pas le suivre aussi loin dans sa philosophie, mais je suis arrivé depuis longtemps à la conclusion que cet homme était trop sensé pour entretenir une telle théorie, et que « l'histoire » n'était qu'un simple patchwork d'un certain nombre de suppositions folles et peu judicieuses. suppositions de la part de ses proches et de son épouse adorable, mais pas toujours prudente.

Un jour, un de mes parents, connu sous le nom de « Le Diacre », est venu en ville à la demande de mon hôtesse et a tenu des réunions de réveil, ou, peut-être, on les appelait des réunions de consécration. "Le Diacre", bien qu'il soit un méthodiste ardent, je crois, et un luttant déterminé pour le salut des âmes des hommes, n'était pas l'un des revivalistes turbulents conventionnels que nous avons tous vu et entendu. Il était calme et réservé dans ses manières, et semblait s'appuyer sur le doux caractère raisonnable de la Bible et son interprétation pour convaincre les hommes de la nécessité du salut, plutôt que sur des exhortations bruyantes et des chants encore plus forts. Il était très sourd, et quand je l'appelais pour le petit-déjeuner, le matin, je devais aller dans sa chambre et le secouer, quand il mettait sa trompette à son oreille et demandait « ce qui se passait ». Je lui disais qu'il était temps pour lui de se lever, et il me remerciait de cette étrange voix métallique qu'ont ou acquièrent tant de sourds.

Il passait une grande partie de son temps à discuter avec son hôtesse et, un matin, de manière assez peu judicieuse, je pense, il lui a parlé d'un de ses amis, "juste de la taille, du poids et de l'âge de votre propre mari", qui était soudainement tombé mort à Chicago. . Cet incident a touché la bonne femme d'une manière malheureuse, et quand je l'ai vue, elle pleurait et se lamentait sur le fait que son "Gill" pourrait aussi tomber soudainement avant d'avoir la religion. Je ne pouvais rien dire à part qu'il me paraissait assez bon pour s'arrêter à tout moment ; mais cela ne consolait pas sa femme. "Gill doit s'abandonner à Dieu", a-t-elle insisté, et je me suis retiré, me sentant moi-même plutôt coupable de ces lignes, car je n'étais pas du tout sûr de m'être abandonné à Dieu, ou de pouvoir le faire un jour. Il était pour moi un tel mythe que j'ai trouvé bien plus pratique d'étudier le caractère et les manières de l'avocat que je connaissais comme un être vivant visible et tangible.

Il se peut que mon adoration pour mon bienfaiteur — je crois vraiment que cela revenait à cela — n'ait pas été la meilleure influence qu'on pût exercer sur mon esprit ; par exemple, on m'a suggéré plus tard que c'est probablement à cette époque que j'ai jeté les bases de cette ferme croyance dans la volonté qui, pour le meilleur ou pour le pire, a été à peu près tout ce que j'ai cru. sérieusement en tant que dynamique morale depuis plusieurs années. Quoi qu'il en soit, pendant des années après avoir quitté l'université et la maison de l'avocat, mon souvenir de lui, de son courageux combat pour faire le bien et de l'intérêt amical qu'il portait à moi, a contribué plus d'une fois à m'aider à surmonter une période difficile. quand *Die Ferne* faisait tout son possible pour me persuader de tout laisser tomber et de lui courir bêtement après.

Maintenant que cet homme honnête est parti, je regrette plus que jamais d'avoir laissé ce misérable concours de rédaction me déchaîner comme il l'a fait. Le premier départ du collège et du domicile de l'avocat fut un échec. Je me suis arrêté bêtement une journée entière dans une ville non loin du collège, et l'avocat, soupçonnant que je pourrais faire cela, a envoyé deux de mes amis du collège – plus âgés que moi – pour faire des recherches et essayer de me localiser. Ils ont réussi leur mission – l'un d'eux était le célèbre « Wash B », qui avait tant essayé de m'apprendre à lire un essai. Ils ont fait tout leur possible pour me persuader de revenir, mais j'étais obstiné et ils sont repartis sans moi. Au bout d'une heure ou deux, l'avocat lui-même est apparu sur les lieux, puis j'ai dû y retourner et je l'ai su. Il ne me dit pas grand-chose, sinon me demanda de lui donner les fonds que je possédais. Dans l'après-midi, il rendit visite à un confrère avocat qui, d'après ce que j'ai pu en juger d'après la conversation, se trouvait en grande difficulté juridique. Quand nous étions de nouveau dans la rue, mon ravisseur a dit : « Josias, il y a un homme qui va au pénitencier. Il parlait très lentement et de manière impressionnante, mais ne proposait pas de me dire pourquoi l'homme allait être enfermé ni quand, et j'étais assez raisonnable pour ne pas le demander.

De retour chez nous, l'avocat n'a fait aucune allusion à mon départ non conventionnel et a apparemment considéré l'affaire close. Il fut décidé, pour le bien de mes sentiments, que je ne retournerais pas immédiatement à l'université, et je serrai ma chambre le plus possible, soucieux de rester hors de vue de mes camarades de classe, qui, j'en étais sûr, savaient tout sur mon escapade. Là, j'ai repensé à mes piètres succès en tant qu'essayiste, à mon manque de volonté de supporter la défaite, et j'ai aussi essayé de planifier une autre évasion de ce qui me semblait une terrible honte. Un après-midi, alors que j'étais particulièrement sombre, le gros et joyeux président du collège a frappé à ma porte. Il était venu pour avoir une conversation à cœur ouvert avec moi, appris-je, et je me trouvai bientôt sur la défensive. Il s'est moqué de ma pudeur à l'idée de retourner à l'université, a ridiculisé mon affirmation selon laquelle je n'étais « de toute façon pas bon et que je ferais mieux de me laisser partir », et en général a fait tout son possible pour me remonter le moral et faire en sorte que je « revienne » à l'université. mes cours, comme il l'a dit, aussi simples et faciles que possible. Mais, brave homme, il a travaillé avec moi en vain. Le lendemain, quelques fonds étant arrivés, je repartis, pour de bon. Le président bien intentionné est depuis longtemps parti pour son dernier repos. Le lendemain matin, j'étais à Chicago et très peu de temps après chez ma grand-mère. *Die Ferne* n'était qu'indirectement responsable de ce voyage, car je me suis dirigé vers le seul domicile que j'avais dès que j'ai quitté l'université, refusant de me laisser entraîner dans des sentiers détournés. *Die Ferne* n'était coupable que dans la mesure où elle avait initialement suggéré l'abandon de mes études, sans aucune suggestion à laquelle j'ai prêté attention concernant un objectif. Moi, pauvre et faible mortel, étais terriblement responsable d'avoir gâché, après deux ans de vie consécutive, la chance qui m'était offerte de terminer mes études universitaires et, plus tard, de devenir avocat. Et pourtant, en mettant en balance ce qui était considéré comme une opportunité en or à l'époque, la dure école d'expérience que j'ai dû traverser depuis, et ce que l'enseignement que j'ai reçu signifie pour moi maintenant, j'avoue être en faveur des coups durs, des épreuves et des tribulations de la route comme étant pour moi le programme d'études le plus approfondi à l'époque de ma vie où ils ont été endurés, que ne l'auraient été les cours universitaires et le bardeau d'avocat. Il est bien sûr difficile de prendre une décision dans de telles questions, mais d'une manière ou d'une autre, je pense que le monde compte aujourd'hui pour moi, à tous égards, plus que ce qu'il aurait pu signifier sur un plateau universitaire, malgré tout ce dont je me suis retiré. et lignes professionnelles.

Le séjour dans mon village natal n'a pas été prolongé, mais suffisamment long pour réfléchir au changement dans ma vie que j'avais si autoritairement provoqué – il était hors de question de retourner à l'université et l'avocat ne voulait pas Je reviens. Mes caprices avaient épuisé sa patience, et il dit franchement qu'il s'était lavé les mains de « l'affaire ». Rester dans son village natal était également hors de question, selon ma tante. C'est là que j'avais montré pour la première fois mes penchants casse-cou et, à son avis, il valait mieux m'éloigner le plus possible des anciennes associations villageoises. En outre, il n'a pas été jugé judicieux de me confier à ma grand-mère vieillissante, qui ne pouvait me suivre qu'accessoirement.

Je me suis demandé ce qu'il valait mieux faire, sans me soucier d'un autre voyage en fuite tout de suite, et en regrettant temporairement beaucoup d'avoir été si stupide à propos de cet essai picayune. Il n'y avait rien à quoi je pouvais penser qui semblait réalisable, et c'était aussi bien que je ne perde pas la tête à cause d'un projet que je chéris personnellement, car ma tante ingénieuse m'avait déjà trouvé un asile. C'était une ferme dans l'ouest de la Pennsylvanie, appartenant à des parents éloignés. Ici, je devais aider à prendre soin des récoltes et du bétail, et voir ce que vivre en plein air ferait pour ma tête trop imaginative. Je devais recevoir ma pension et vingt-cinq dollars pour le travail de la saison, une somme énorme qui me parut lorsqu'on en parla pour la première fois, car je n'avais jamais possédé une telle richesse en espèces. Je me suis mis au travail avec zèle et détermination pour apprendre tout ce que je pouvais sur l'agriculture. En fait, pendant plusieurs semaines, tout s'est bien passé, jusqu'à ce que je fasse une excursion avec un ami plus âgé et sa fiancée, ainsi qu'une fille, qui était la première, je crois, que je pensais vraiment aimer. Je n'ai jamais dit son nom à ma famille, à part l'appeler « Jeminy Jowles », qui était autant un vrai nom que le mien. Pour une raison quelconque, pendant des années après cet attachement temporaire, qui de ma part, du moins, était authentique et spontané, je n'ai jamais voulu que ma famille sache que j'étais intéressé par une jeune femme en particulier, et comme je l'ai dit plus haut, j'ai feint l'indifférence. à presque toutes les filles plutôt que de passer pour « technophile » avec admiration pour une ou deux. Après notre retour de notre excursion, "Jeminy" est retournée au lac pour aider à s'occuper d'une des villas là-bas, comme un certain nombre de filles l'ont fait à cette époque et le font maintenant, je n'en doute pas. Le départ de

« Jeminy » a rendu le village très ennuyeux pour moi et la ferme absolument déplaisante. Alors, un jour, j'ai demandé à mon cousin de me donner ce qu'il pensait être mon dû, sur les vingt-cinq dollars promis. Je lui ai dit que j'allais dans l'État de New York pour voir si je pouvais gagner plus d'argent. Il savait que « Jeminy » était là, et comme il pensait que quelque chose de rentable pourrait découler de notre amitié, on m'a donné mon argent puis je me suis enfui dans les stations balnéaires de New York et « Jeminy ». Cette dernière devait travailler si dur toute la journée et jusque tard dans la soirée que je la voyais très peu, mais je me souviens avoir rêvé et pensé à elle, quand je devais me promener seul. J'ai passé très peu de temps à chercher un emploi en raison de mon déménagement et, peu de temps après, j'ai décidé de chercher du travail ailleurs. Quel ne fut pas mon chagrin, en revenant le jour où l'infidèle "Jeminy" s'apprêtait à repartir pour sa maison, de la voir descendre du quai du bateau avec un ancien admirateur, vêtu de beaux vêtements, que j'avais évincé " Les affections de Jeminy dans le petit village agricole de Pennsylvanie. J'ai supposé qu'il possédait une grosse somme d'argent, à en juger par son indépendance et sa manière de s'approprier "Jeminy" pour son propre compte, et par son regard très distant et critique, que mon des vêtements un peu usés mérités sans doute. Ce fut la fin de ma première et dernière véritable histoire d'amour. Abandonné, fonds très faibles et aucun emploi en vue, voilà une situation digne du meilleur courage de n'importe quel garçon. Peut-être que l'abandon m'a fait encore plus mal pour le moment, mais la nécessité de reconstituer mes fonds m'a aidé à l'oublier quelque peu. J'aurais dû en droit retourner en Pennsylvanie et retourner travailler dans la ferme de mon parent. Mais là, j'aurais dû voir l'infidèle « Jeminy », peut-être aussi son ancien admirateur, et je n'étais pas d'humeur à de telles rencontres. Non! Je n'allais pas permettre au village de se moquer de moi, même si je mourais de faim ailleurs. D'ailleurs, quelle chance auraient mes vieux vêtements dans une compétition avec ceux de mon rival ? Évidemment très mince. Le destin était temporairement contre moi dans cette direction, j'en étais sûr, et je tournai mon regard vers le nord – probablement parce que « Jeminy » et la ferme signifiaient le sud. L'Ouest ne m'attirait pas à ce moment-là, et l'Est – New York constituait pour moi la plus grande partie de l'Est à l'époque – me paraissait trop compliqué et trop peuplé.

Une nuit, j'ai « sauté » dans un train de marchandises à destination de Buffalo et je me suis isolé parmi les barils de la Standard Oil Company dans un wagon couvert. Dans un accident, j'aurais probablement dû tomber au milieu de tout ce pétrole, mais aucun accident n'était prévu pour ce trajet. Mes biens se composaient de ce que j'avais sur le dos et de quelques pièces de cinq cents dans ma poche. De cette façon, j'espérais impressionner le puissant Nord. Ce vieux rêve de disparaître de la vue de mes amis, de faire mon chemin seul au monde, puis de revenir indépendant, prospère et aisé, m'a soutenu, même lorsque l'abandon de "Jeminy" à mon égard était des plus alléchants.

Je me suis finalement endormi au sommet de la propriété du puissant Trust, pour rêver d'efforts honnêtes pour réussir, sinon de merveilleux triomphes. Au fond, je désirais que la réalisation de mon rêve de prospérité et de renommée futures passe par un labeur et une lutte honorables. En effet, au cours de cette période de jeunesse, et même avant, je ne me souviens d'aucune disparition ou fugue de ma part qui ne présuppose un « accord franc » dans mon rapport avec le monde ; en théorie, en tout cas, l'honnêteté était un atout aussi précieux pour moi que pour les garçons qui restaient à la maison et étaient réguliers. Que s'asseoir sur les tonneaux du puissant Trust et « faire un tour » dans une voiture qui avait été affrété et payée par d'autres n'était pas une « affaire honnête » ne m'est pas venu à l'esprit. Et pour me délivrer une fois pour toutes d'un aveu à ce sujet, je peux dire que je n'ai jamais eu de graves problèmes de conscience à ce sujet. Il n'y a aucune défense à opposer à une telle stupidité, pas plus qu'il n'y en avait pour mon usage de billets à demi-tarif, lorsque j'avais les moyens de les acheter, jusqu'à l'âge de dix-sept ans. Je rapporte simplement ce fait comme symptomatique de tous les passagers, bons, mauvais et indifférents, qui « se frayent un chemin » sur nos chemins de fer. J'ai entendu parler d'un "monstre" qui avait informé une compagnie de chemin de fer qu'il avait volé un certain nombre de trajets à bord de ses trains, estimant le coût probable des billets pour le kilométrage calculé et joignant un ordre postal pour une petite somme du prix. la totalité de la somme, à titre de paiement préalable pour la réparation. Peut-être que cet homme a réellement existé, mais il est plus probable qu'improbable qu'il soit une invention d'un journaliste ou, s'il est réel, qu'il ait simplement séduit la compagnie ferroviaire avec une déclaration de sa dette, en omettant de joindre le mandat de poste. Aucun rassemblement de clochards ne croirait jamais à une telle histoire – pas même à propos d'un « chat gay ».

Mon train de marchandises s'est arrêté très tôt le matin dans la gare de triage d'East Buffalo, et j'en suis descendu. Trébuchant sur les voies et évitant les moteurs de manœuvre, je me suis dirigé vers ce qui s'est avéré être le quartier général du chef de triage ; son bureau se trouvait à l'étage dans le bâtiment en bois sombre, tandis qu'en dessous se trouvait une pièce chaude où les aiguilleurs pouvaient se reposer. C'était une froide matinée de septembre, le soleil n'était pas encore levé et cette pièce chaude semblait très attrayante . J'ai finalement eu le courage d'entrer et je me suis retrouvé tout seul. Les aiguilleurs sont arrivés plus tard, mais ils m'ont à peine remarqué jusqu'à ce que j'excuse mon entrée audacieuse et avouais franchement que je cherchais du travail. Mes vêtements – ils n'étaient pas assez bons pour faire la cour à « Jeminy », mais tant pis ! Ils ont sauvé la situation dans ce bidonville. Il était clair pour les aiguilleurs que je n'étais pas un vagabond, et mes manières sobres faisaient évidemment aussi bonne impression. Plus tard, le chef de chantier de nuit, un Allemand jovial, est arrivé et a appris mon sort. Il m'a examiné attentivement, m'a interrogé assez minutieusement sur mon dernier travail et mes voyages, et m'a finalement dit de m'installer confortablement près du feu jusqu'à l'heure de la fin, lorsqu'il a promis de me parler à nouveau. Cette seconde conversation fut le début d'une série d'incidents qui, si le bon maître de triage les avait prévus, l'auraient certainement fait hésiter avant de m'assurer la position que son influence lui permettait d'occuper. Les mésaventures seront décrites plus loin, mais je dois y faire référence ici à cause de cette seconde entrevue avec l'Allemand. Quoi que nous puissions ou non nous demander dans la vie, il m'a toujours semblé intéressant de spéculer sur ce qui aurait pu nous arriver de manière capitale si certaines circonstances très triviales et insignifiantes de notre vie antérieure avaient seulement été différentes. Combien d'hommes et de femmes, par exemple, en repensant à leur vie, découvrent de petits événements survenus au début de leur carrière et réalisent, de longues années après, combien ces événements étaient importants, après tout. L'autre jour seulement, j'ai fait la connaissance d'un homme, maintenant résident d'Hawaï, qui explique son succès actuel et sa résidence permanente là-bas par une éruption très médiatisée d'un volcan local. Il était opérateur télégraphique mal payé dans l'Oregon au moment de l'éruption, qui s'est produite au moment même où il réfléchissait à ce qu'il allait faire de ses vacances. Il a finalement décidé de visiter le volcan, même si cela lui a coûté toutes ses économies, et il est parti pour Hawaï et y est resté. Occasion après opportunité se présentait à lui, et il avait réussi. Pourquoi? L'homme dit : "À cause de ce foutu vieux bec." *Qui l' est ?*

Que serait-il arrivé plus tard si ce chef de chantier ne m'avait pas consulté à nouveau et ne m'avait pas posé une autre série de questions, je ne peux bien sûr pas le dire. Mais il est facilement possible que quelque chose de très différent de ce dont je dois parler dans la deuxième partie se soit produit. Le résultat immédiat de ce deuxième entretien avec le chef de triage fut qu'il me promit un poste de "journaliste des wagons de triage" et m'emmena dans sa propre maison au tarif très bas de 15,00 $ par mois pour la nourriture et le logement, il ne me restait plus qu'à économiser ou dépenser, comme je l'entendais, 20,00 $ sur les 35,00 $ qui constituaient mon salaire mensuel - une somme princière que je pensais, à l'époque, ne dépasser dans son merveilleux effet de salaire, que des années plus tard, lorsque 300,00 $ par semaine, pour deux mois environ, m'a encore une fois donné plus ou moins le même sentiment de joie exagéré que les 35,00 $ par mois avaient également pu procurer auparavant.

sur les wagons se sont révélés plus difficiles pour moi que ce que le chef de triage avait prévu. Tout d'abord, j'ai dû apprendre les noms et l'emplacement de toutes les différentes voies ferrées dans les gares de triage d'East Buffalo. Je les étudiais principalement la nuit, car c'était à ce moment-là que j'étais de service. Il convient de préciser immédiatement que je n'ai jamais maîtrisé leur géographie ou leur nomenclature de manière satisfaisante et que mes rapports sur le nombre et la propriété des voitures étaient très erronés. En me rappelant ces rapports aujourd'hui, je crains d'avoir officiellement envoyé de nombreuses voitures hors des chantiers restés chez moi, et d'avoir involontairement signalé comme étant en sécurité au port un nombre égal de voitures qui, pour autant que je sache, pourraient journée à errer sans but dans les prairies. Cependant, je ne devais pas occuper ce poste longtemps, donc j'espère qu'il n'y a pas eu de gros dégâts.

Écrire sur mes premières années et leur dire au revoir ici sous forme imprimée a été une tâche plus difficile que ce à quoi je m'attendais. Leur dire au revoir formellement et physiquement il y a des années n'était pas difficile. Atteindre vingt et un ans, puis trente, puis – j'ai toujours considéré trente ans comme un objectif satisfaisant, tant les années semblaient passer si lentement. Puis aussi, j'ai réalisé, d'une certaine manière, que ma jeunesse était considérée comme un fiasco et que je voulais m'éloigner le plus possible de l'échec et du désastre. Maintenant… eh bien, il vaut peut-être mieux que je garde mes pensées pour moi. Je dirai cependant que la rétrospection peut entraîner certaines des heures les plus tristes dans lesquelles l'esprit doit se vautrer.

CHAPITRE V

MON PREMIER EMPRISE

Un ami, après avoir appris que ce livre était en cours d'écriture et qu'il était conçu comme une conclusion, du moins pour le moment, de mes reportages sur Under World, m'a écrit ce qui suit :

« Quoi que vous fassiez ou ne fassiez pas, n'oubliez pas d'ajouter un peu de romantisme à l'histoire. Je veux dire que vous devriez essayer d'introduire un peu de poésie – oh, oui, je veux dire de la poésie – dans votre récit de vous-même. une série de dates et de faits ne fonctionnera pas. »

Peut-être le lecteur pourra-t-il trouver quelques morceaux épars de « poésie » prévue dans cette deuxième partie, mais en l'examinant moi-même, les « morceaux », s'ils existent, sont si largement dispersés que je ne peux pas les localiser. Pourtant, j'ai dû écrire cette partie du livre pour la rendre cohérente et connectée, « poésie » ou pas de « poésie ».

Mon reportage automobile à East Buffalo n'a duré qu'une semaine. Puis mon bienfaiteur, le chef de chantier de nuit, et moi sommes allés un jour à Buffalo proprement dit. Le chef de triage a vite trouvé d'autres amis et, me disant de m'amuser, m'a laissé à moi-même. Peut-être que si nous étions restés ensemble, cette deuxième partie de mon livre raconterait une histoire très différente, peut-être... Mais quelque chose en moi dit : "A quoi ça sert de "peut-être" à cette heure tardive ? Vas-y et laisse échapper la vérité." Je ne suis pas sûr que le mot « peut-être » soit très utile, mais d'une manière ou d'une autre, il me semble impossible de me débarrasser de cette habitude. Parfois, il est si fort que je me suis surpris à retourner trois fois à mon logement pour m'assurer qu'aucun charbon n'était tombé de la grille, alors qu'il n'y avait pas plus de probabilité que cela se produise à la troisième inspection qu'à la première. . "Et pourtant", ai-je raisonné, " *peut-être qu'un* charbon ardent serait tombé et aurait brûlé toute la maison si je n'avais pas jeté un dernier coup d'oeil et m'en être assuré."

C'est ainsi qu'en repensant à cette journée passée seule à Buffalo, l'inévitable me vient *peut-être* à l'esprit, et je me demande ce qui se serait passé si j'étais simplement resté avec le chef de triage, ce que j'aurais été le bienvenu si j'avais eu cet esprit.

Ce que j'ai fait pendant la matinée et en début d'après-midi, je ne m'en souviens pas maintenant ; probablement j'ai simplement erré dans les rues et admiré les paysages qui m'attiraient. J'en suis cependant certain : il n'y avait pas de grande *envie de voyager* dans mes intentions. Mon travail aux chemins de fer ne m'intéressait pas peu, et j'avais déjà commencé à calculer le montant des économies que je devrais avoir à la fin de l'année. Au fur et à mesure que la journée avançait, je me souviens avoir mesuré le temps dont j'aurais besoin pour retourner au dîner et au travail, et jusqu'au milieu de l'après-midi, j'étais fermement déterminé à me présenter au travail tôt. Alors… ah oui, alors ! J'ai vu un cheval et une poussette inactifs dans l'une des artères principales. Qu'est- ce qui m'a poussé à monter dans le buggy et à avancer aveuglément, je ne peux pas le dire, même maintenant. Comme je l'ai fait remarquer, mon travail était satisfaisant, j'étais mon propre « patron » pendant la journée, le cheval et le buggy ne représentaient pas plus pour moi une richesse personnelle à l'époque que l'un des magasins, et il n'y avait aucune excuse raisonnable pour un voyage errant. Mais quelque chose, diraient les gens d'église stricts, c'est le diable, qui m'a poussé à abandonner mon travail, à courir le risque d'être envoyé en prison comme voleur de chevaux et à partir avec un buggy et un cheval pour des régions inconnues. Je ne souhaite nullement pallier ce crime ; Je veux simplement savoir pourquoi je l'ai commis. Au moment de repartir, il ne me vint pas plus à l'esprit de transformer ma tenue en or que de rebrousser chemin. J'ai continué pendant une bonne heure, sans égard à la direction et à la police. Puis, peu à peu, j'ai commencé à prendre conscience de la gravité de mon offense. Que dois-je faire? Au début, j'ai envisagé de confier le cheval à un agriculteur, pensant que son propriétaire finirait par le localiser. Mais j'ai abandonné ce plan. Il était trop tard pour se présenter au travail et l'obscurité grandissante provoqua une légère crise d' *envie d'errer* . "Pourquoi ne pas avancer le plus loin possible sous le couvert de la nuit", raisonnai-je, "et *ensuite* laisser la plate-forme quelque part entre de bonnes mains ?" J'avais enfin trouvé une voie dans la direction que je souhaitais suivre à ce moment-là, si je devais abandonner le travail de rapporteur automobile, et mon esprit était à peu près définitivement fixé sur ce point, bien qu'une semaine de salaire m'était due.

Minuit m'a trouvé sur encore une autre route et dans une nouvelle direction, mon esprit ayant changé pendant le trajet. J'ai mis le cheval dans une écurie, je l'ai nourri, puis nous nous sommes endormis tous les deux. Tôt le matin, nous nous sommes retrouvés *en route* et aucune police en vue. A cette époque, le désir d'échapper à la capture était très fort, et le plus étonnant est que j'ai réussi avec des détectives par demi-douzaine battant les buissons dans diverses directions. Le troisième jour de sortie, j'ai atteint ma destination en Pennsylvanie, la maison d'une connaissance qui vendait des chevaux et me connaissait bien. Ma possession d'un cheval si précieux et d'une voiture Phaeton à la mode a été expliquée de manière satisfaisante ; ils étaient achetés aux enchères, déclarai-je hardiment, et représentaient le résultat de mes économies pendant l'été. Pour faire court, je dirai simplement que le cheval et la voiture furent remis à mon ami contre une somme d'argent, tout à fait satisfaisante pour moi, mais bien au-dessous de la valeur de l'équipement. C'est peut-être encore là que je m'en suis séparé, en ce qui concerne les « détectives » astucieux. Il a été volontairement restitué au propriétaire peu de temps après. Plusieurs semaines plus tard, un autre cheval et un buggy sous ma garde sont arrivés chez mon ami, et encore une fois l'histoire fragile d'une « bonne affaire » et d'une incapacité à y résister a été racontée. C'était la « bonne affaire » la plus stupide que j'ai jamais conclue. Ayant assisté à une foire dans une ville voisine, à moins de dix miles de là, et ayant perdu mon train pour rentrer chez moi, je me suis hardiment approprié un « camion » et suis rentré chez moi de la manière la plus indifférente possible. Mon crédule ami m'a complimenté sur ma chance d'acheter des chevaux et m'aurait sans aucun doute acheté cette deuxième tenue si quelque chose ne s'était produit.

Vers minuit, on entendit un coup menaçant à la porte extérieure de mon ami. Comme je le pensais, cela annonçait l'arrivée des agents : le cheval avait été vu et localisé ! Il y avait une faible chance de m'échapper, mais si je regarde la situation maintenant, il est probable que je n'aurais pas dû m'éloigner très loin avant d'être capturé. Certains villageois, qui avaient également été excités, étaient très furieux de mon arrestation et de mon départ forcé, déclarant qu'"aucun garçon sensé ne volerait intentionnellement un cheval aussi près de chez lui. Il doit y avoir une erreur. Le garçon s'était probablement trompé sur le sujet." gréement pour celui qu'on lui avait dit d'acquérir, etc., etc. Mais leurs arguments n'ont servi à rien et j'ai été emmené. Le magistrat chargé de l'exécution s'est empressé d'analyser mon histoire au cachot, et bientôt j'ai été incarcéré dans la prison du comté – mon deuxième emprisonnement en dix-huit ans environ. (J'en avais peut-être l'air quinze.)

Die Ferne, tout ce qui, en fait, m'avait toujours vraiment tenu à cœur, semblait irrémédiablement perdu. Pourtant, aucune larme ne m'est venue aux yeux et je suis entré dans le misérable « hall » de la prison en disant « Bonjour ! aux autres prisonniers, comme si un tel endroit et des compagnons étaient ce à quoi j'avais toujours été habitué. Cette capacité, si je peux l'appeler ainsi, à s'entendre avec presque tout le monde et, pendant un temps raisonnable, à supporter pratiquement n'importe quel type d'accommodement m'a été d'un grand service. Je remarque cependant que, ces dernières années, le « confort de la maison » devient de plus en plus une nécessité. Ma constitution semble exiger une *contrepartie* – et veut un traitement équitable après avoir patiemment enduré tant de coups durs.

Ce premier *véritable* emprisonnement et la prison méritent une description minutieuse.

Il y a quelques années, j'ai contribué au *Forum* dans un article intitulé « Le criminel au grand jour ». La principale thèse défendue dans cet article était que les criminologues étudiaient auparavant le criminel dans des limites trop étroites : la cellule de prison ; et que pour bien connaître leur homme, ils doivent faire sa connaissance de manière libre et naturelle. En général, je reste fidèle à cette conviction ; mais en repensant à ma première expérience en prison, je suis plus que jamais convaincu qu'en tant que peuple, peuple pratique aussi, nous négligeons terriblement notre devoir de maintenir le système carcéral actuel du comté avec tous les maux qui l'accompagnent ; et qu'il appartient clairement au criminologue et au pénalologue d'œuvrer en faveur de changements radicaux dans le système actuel.

Ma propre expérience dans cette ancienne prison dans laquelle j'ai été interné, en attendant mon procès, est typique de ce qui arrive au prisonnier moyen dans la plupart de nos prisons. Le bâtiment de la prison était inhabituellement vieux, mais les règles qui s'y appliquaient étaient à peu près les mêmes que celles que l'on trouve dans toutes les prisons *de campagne* ; dans les villes, les règles sont plus sévères et plus exigeantes.

Peu de temps après être entré dans le couloir de la prison, ou hall, comme je l'ai appelé, un prisonnier après l'autre - ils étaient libres de se déplacer à leur guise dans le couloir jusqu'à l'heure du coucher - m'a abordé et, directement ou indirectement, a essayé de découvrir ce que j'avais été. "envoyé pour." Je leur ai parlé assez librement de l'accusation portée contre moi et j'ai appris en retour pour quelles accusations ils avaient été incarcérés. Il n'y avait pas de meurtriers ou de délinquants violents dans la prison à ce moment-là, mais lorsqu'ils sont trouvés dans les prisons, ces détenus circulent tout aussi librement parmi les peut-être innocents que les prisonniers plus âgés de ma prison associés aux jeunes garçons. Quelques prisonniers purgeaient des peines de prison pour des délits mineurs, mais la majorité, comme moi, attendaient leur procès. Il y avait des cambrioleurs, des pickpockets, des voleurs sournois, des escrocs, des garçons en fuite et des hommes à moitié fous qui attendaient d'être transportés vers des institutions appropriées. Le jour, de sept heures du matin jusqu'à huit ou neuf heures du soir, nous étions tous jetés ensemble, pour le meilleur ou pour le pire, chacun pour tenter sa chance, dans le couloir du rez-de-chaussée. Ici, j'ai passé de nombreuses heures lamentables au cours des six semaines où j'ai dû attendre ma sentence. La nuit, nous étions enfermés dans nos cellules situées aux gradins au-dessus du couloir, deux et trois hommes étant logés dans une seule cellule. Il n'est cependant que juste d'affirmer que les cellules étaient si inhabituellement grandes et si spacieuses que même quatre hommes auraient pu être confortablement logés dans une seule cellule. Nous étions tous censés rester silencieux après que le shérif nous ait enfermés pour la nuit, mais pendant la journée, nous étions libres de jouer à des jeux, de rire et de nous amuser en général. Nous préparions notre propre nourriture. Une fois par semaine, une élection avait lieu et un nouveau cuisinier était installé ; ceux qui ne connaissaient rien à la cuisine devaient aider à faire la vaisselle et à garder le couloir propre. Il n'y avait pas de travail à faire au-delà de ces simples tâches. Il nous fallait donc faire de l'exercice à la marche, à la « gymnastique au manche à balai », comme nous appelions nos ébats avec cet instrument, et à monter et descendre les escaliers. Une provision généreuse de tabac nous était fournie chaque matin, et nous recevions également un ou deux journaux quotidiens. Notre nourriture était simple, mais plus ou moins satisfaisante : Pain, mélasse et café au petit-déjeuner ; viande, pommes de terre et pain à midi ; du pain, de la mélasse et du thé pour le dîner. Ceux qui avaient de l'argent étaient autorisés à envoyer acheter des produits de luxe comme du beurre, du sucre et du lait. Dans l'ensemble, c'était probablement l'une des prisons les plus « faciles », si le prisonnier se comportait bien, de tous les États-Unis, et je n'ai rien à critiquer dans le traitement humanitaire que nous a réservé le shérif ; la prison elle-même, cependant, était une horreur – insalubre au dernier degré et pathétiquement incertaine s'il y avait eu des cambrioleurs experts en notre compagnie.

C'est l'absence totale de classification des prisonniers, et le mélange qui en résulte entre criminels endurcis et jeunes garçons, qui est principalement retenu ici. Du matin au soir, les « anciens » du crime échangeaient des récits de leurs exploits, tandis que les plus jeunes prisonniers étaient assis autour d'eux, la bouche ouverte et les yeux émerveillés, captant avidement chaque syllabe. J'ai écouté aussi attentivement que n'importe qui et j'ai été extrêmement impressionné par ce que j'ai entendu et vu. La gravité de mon délit m'a quelque peu avancé par rapport aux jeunes prisonniers, et parfois j'ai été autorisé à participer à une conférence « privée », censée être réservée aux délinquants longuement initiés et minutieusement jugés. Ce privilège et le ton général de « dureté » qui régnait dans toute la prison ont eu leur effet sur moi, je suis désolé de le dire, et j'ai commencé à fanfaronner et à bluffer avec les autres. En fait, j'étais si déterminé à être « la vraie chose » ou rien du tout – presque entièrement le résultat de ma fréquentation des hommes plus âgés – que je n'étais pas disposé au début à ce que mon avocat essaie de m'obtenir une peine de prison. "Si je dois être condamné", ai-je ordonné, "que ce soit la prison proprement dite. Je ne veux pas fréquenter beaucoup d'enfants." Heureusement, mon avocat n'a pas suivi ma suggestion.

Pendant ce temps, le jour de la peine, ce moment capital que tous les prisonniers attendent avec une douloureuse incertitude, approchait. Les procès, bien sûr, devaient avoir lieu en premier, mais pratiquement tous les prisonniers du tribunal savaient qu'ils avaient été arrêtés « avec les marchandises » et que le jour de la sentence le prendrait comme proie. Mon procès fut bientôt terminé. Mon avocat avait "travaillé" très adroitement et j'ai été immédiatement condamné *à l'école de réforme jusqu'à ce que je m'améliore*. Je me souviens m'être senti très penaud lorsque j'ai été ramené en prison ; une telle phrase était destinée à un bébé, pensais-je, et que penseraient les «

vieux » ? Ils sont venus en masse à la porte lorsque j'ai été ramené, exigeant en chœur : « Combien, Kid ?

"Un an", ai-je romancé, signifiant, bien sûr, au pénitencier, et simulant le sourire et la nonchalance d'un ancien. Plus tard, on leur a dit la vérité, puis ils ont commencé un cours d'instruction sur la façon de « battre l'arbitre », de s'échapper, auquel j'ai prêté une attention particulière.

Quelques jours plus tard, les autres procès étaient terminés et le jour du jugement était définitivement annoncé. Les condamnés se sont mis « sous leurs plus beaux atours » pour l'occasion, ceux qui disposaient d'un surplus de cravates et de chemises les partageaient aimablement avec ceux qui manquaient de ces décorations. Un sort difficile les frappait tous en face, et chacun voulait, d'une manière ou d'une autre, aider son prochain. Ils étaient un groupe d'hommes aussi nerveux en attendant le shérif qu'on en trouve lors d'un voyage sur la lune. Ils s'attendaient tous à quelque chose, mais c'était l'ampleur de ce quelque chose, la sévérité que leur montrerait le « vieux » le juge, qui les rendait nerveux. C'était une scène entièrement nouvelle pour moi et j'observais attentivement le visage de chaque prisonnier. Mon médicament avait été reçu ; Je savais exactement ce qui m'attendait et je n'ai pas souffert du sentiment d'incertitude qui troublait les autres. Finalement, le shérif est arrivé. "Tout est prêt, les garçons", a-t-il dit, et les hommes condamnés ont été menottés par paires et conduits vers le palais de justice. Au bout d'une demi-heure, ils étaient revenus, un remarquable soulagement sur tous leurs visages. Certains d'entre eux ont été condamnés à des peines sévères, mais, comme l'a dit un homme : « Dieu merci, je sais de toute façon quelle est ma tâche » ; le terrible suspense et l'attente étaient terminés.

Le lendemain, nous devions être conduits vers nos différentes destinations, asile d'aliénés et workhouse pour les uns, "Ref" et "Pen" pour d'autres. Le petit-déjeuner était notre dernier repas ensemble et la femme du shérif nous a envoyé des petites friandises pour nous rendre plus heureux. Le repas terminé, nos rares affaires furent emballées, chaque homme et chaque garçon revêtit son meilleur costume, une fois de plus, les derniers adieux furent dits à ceux qui restaient sur place, et la marche vers nos nouvelles maisons commença. Certains sont peut-être encore en train de se réfugier dans de nouveaux lieux d'isolement à la demande et à la demande de l'État, d'autres ont très probablement « réglé le problème » et sont désormais stationnaires et de bons citoyens, tandis que d'autres encore ont peut-être « tiré profit » d'ici-bas et sont passés à autre chose. l'esprit vers des mondes où les jours de tentation et de châtiment ne sont plus. Depuis le jour où nous avons quitté la vieille prison moisie, je n'ai jamais croisé aucun de mes compagnons de prison.

— 57 —

CHAPITRE VI

DANS UNE ÉCOLE RÉFORMÉE

Si seulement quelqu'un pouvait nous dire exactement ce qui devrait et ne devrait pas être fait dans une école de réforme, un grand progrès serait réalisé en pénologie, qui est à l'heure actuelle à peu près autant une science que l'est la sociologie. Tous deux - et la criminologie peut aussi être ajoutée - m'ont toujours fait penser à un chat après une bonne boisson - ils sont tout aussi sérieux à se débarrasser de ce qui ne leur convient pas, ou de ce qu'ils pensent ne leur convient pas, que le chat est-il en train de se sécher ; mais encore une fois, comme le chat, les secousses semblent souvent leur donner un aspect plus déguenillé que jamais.

Tout ce que je peux tenter de faire ici est de décrire l'école réformée que j'ai appris à connaître en Pennsylvanie et de dire ce qu'elle a accompli et échoué dans mon cas.

Le surintendant était le frère de l'un des hommes politiques et fonctionnaires les plus avisés que ce pays ait jamais produits. Il occupa son poste en grande partie grâce à l'influence de son frère, et aurait tout aussi bien pu se voir confier n'importe quel autre « travail », dans la mesure où son aptitude particulière à une fonction publique était concernée. Malgré tout cela, cependant, il était un homme assez bon et juste, et il agissait probablement bien selon sa lumière et sa direction.

L'institution hébergeait environ trois cents garçons et filles, ces dernières étant officiellement séparées des garçons ; Les « sécurités », cependant, les garçons qui dirigeaient la ferme, n'en voyaient pas un petit nombre. L'endroit était aménagé selon le plan d'un cottage : les garçons d'une certaine taille étaient emmenés dans un certain cottage. Par exemple, j'ai été placé avec des gars beaucoup plus jeunes et beaucoup moins expérimentés que moi simplement parce que j'étais de leur taille. J'ai été frappé à l'époque – et je suis encore plus impressionné aujourd'hui – qu'il s'agissait d'une manière très particulière de classer les prisonniers, en particulier les garçons. Bien plus importante, me semble-t-il, est une classification basée sur l'âge, la formation, l'expérience, la disposition et le tempérament. Mais le grand État qui m'avait pris en charge a pratiquement négligé toutes ces questions en nous plaçant, nous, les garçons, dans les différents foyers. Je ne peux pas le dire qui est responsable de cela, mais on pourrait penser que le surintendant aurait pensé à quelque chose de mieux que le système dans lequel nous devions vivre. C'est précisément là que réside le problème dans tant d'établissements pénitentiaires et de maison de correction : ce que d'autres surintendants et directeurs ont trouvé « assez bien », leur dernier successeur le trouve également « assez bien » ; les rouages et les rouages ont continué à fonctionner sur les anciennes bases, et le nouveau venu a peur de "singer" avec eux pendant son mandat. De nombreuses prisons dans ce pays méritent une bonne refonte, et même si la révélation d'un abus de fonds publics est à l'ordre du jour et si du sang neuf est demandé dans de nombreux domaines, ce n'est peut-être pas une mauvaise idée d'examiner attentivement cette question . la gestion de nos pénitenciers, de nos workhouses, de nos écoles de réforme et de nos prisons.

Il n'y avait pas de mur autour de l'école dans laquelle j'avais été interné, ce que j'ai constaté dès mon arrivée. Au lieu d'un mur, et comme prétendue protection contre les évasions, le surintendant avait un sifflet hurlant pour le jour et la nuit, et une énorme lampe à gaz naturel flamboyante, plus particulièrement pour la nuit, bien que la chose lamentable, à mon avis, soit brûlé pendant vingt-quatre heures. Il y avait cinq divisions, ou cottages, pour les garçons, y compris le bâtiment principal, qu'on pouvait difficilement appeler un cottage. À moins que ma mémoire ne me trompe, j'étais dans la Division G, à côté de celle des "plus grands", pourtant j'étais considérablement plus âgé et certainement plus voyagé et "scolarisé" que beaucoup de ces derniers. Théoriquement, chaque détenu devait rester à l'école jusqu'à vingt et un ans, à moins que des parents ou des amis ne l'emmènent après qu'il ait obtenu le nombre requis de notes de bonne conduite. Dix était le nombre quotidien maximum, et cinq mille étaient nécessaires avant que la bonne conduite ne soit considérée comme établie et qu'une libération soit autorisée. La journée était à peu près également divisée entre les études et le travail, mais étant surclassé pour les études dans la division G, j'étais autorisé à travailler toute la journée à l'usine de brosses. La punition était mesurée en fonction de l'infraction, parfois aussi en fonction du nombre de marques que portait le garçon et de la proximité de sa libération. Mais en général, ces règles prévalaient : pour les délits mineurs, « faire la queue » – une peine impliquant la perte du privilège de jouer et la nécessité de suivre les autres victimes pendant les récréations ; pour les délits graves, un nombre prescrit de coups de fouet avec une lanière de cuir, une réduction des marques du garçon et l'emprisonnement dans une cellule avec du pain et de l'eau. Certains garçons avaient depuis longtemps gagné leurs cinq mille marks et avaient théoriquement – il y a tant de choses théoriques dans les institutions *de l'État* – droit à la liberté. Mais aucun parent, ami ou employeur ne se portant garant de leur sécurité « à l'extérieur », ils furent obligés de rester jusqu'à ce que quelqu'un vienne à leur secours.

Le mot « dehors » caractérisait une grande partie de la vie à l'école. Utilisé à l'origine exclusivement dans les pénitenciers, les garçons s'étaient également approprié le mot pour leur propre usage, bien qu'il n'y ait pas de mur et que « l'extérieur » soit aussi clairement visible que « l'intérieur ». Nous l'étions certainement sous contrainte et maintenus dans des limites, mais il était considéré comme intelligent et « sage » d'utiliser l'expression de prison. Par conséquent, chaque garçon un peu courageux réfléchissait continuellement à ce qu'il ferait une fois libre, lorsque le grand « extérieur » serait à nouveau un territoire ouvert.

Nous avions également un jargon institutionnel, ou argot, calqué autant que possible sur le dialecte utilisé par « les vrais », les escrocs du « Pen ». Les gardes sont devenus des « vis », du pain et de l'eau des « puddings au vent », des détectives des « coudes », etc. Lorsque nous imitions entre nous, au magasin, à l'école ou au jeu, « les vrais », les escrocs et leurs manières, ou ce que nous considérions comme tels – et presque tous les garçons avaient eu des expériences préliminaires en prison et avaient fréquenté des escrocs – c'était un amusement constant pour tous, et avec beaucoup d'études sérieuses. Cette pose était l'une des pires choses enseignées et apprises à l'école. Initialement destiné à être très humanitaire et moderne dans son objectif et son organisation, à être un foyer disciplinaire plutôt qu'un simple lieu d'incarcération - en témoigne l'absence de mur et le système de logement en cottage - les garçons eux-mêmes déjouaient ces objectifs avec leurs conversations en prison. , des choses qu'ils avaient apprises aux dépens des contribuables dans diverses prisons du comté.

D'une manière générale, les garçons étaient divisés en deux groupes ou cercles : les « stand-patters » et les « softies ». Les premiers étaient des garçons pleins d'esprit et d'aventure, les principaux gagnants dans leurs classes ainsi que dans la cour de récréation ; ces derniers étaient les porte-parole, les bavards – « lungers » était aussi un bon nom pour eux – qui se divisaient sur les « stand-patters » lorsque « lungers » promettait de gagner des faveurs pour eux. Quoi que j'aie fait ou n'ai pas fait pendant que j'étais à l'école, je me suis battu très timidement face à tous les officiers qui essayaient de me faire « pêcher » mes compagnons. Ce n'était peut-être pas une vertu, mais cela m'a assuré une bonne réputation parmi les garçons spirituels et entreprenants, et je pense que tout garçon souhaitant une compagnie agréable dans un tel endroit se tournerait naturellement vers les « stand-patters ». Bien sûr, ma sélection de copains était surveillée par les officiers et notait mentalement qu'ils seraient utilisés plus tard, soit pour ou contre mon dossier, car cela convenait aux objectifs du surveillant observateur, comme l'étaient beaucoup d'autres choses que j'ai faites ou n'a pas réussi à le faire. En général, les officiers étaient justes et raisonnables, mais en y réfléchissant maintenant, à l'exception d'un ou deux, ils n'étaient pas particulièrement adaptés au travail dans les écoles de réforme ; c'étaient pour la plupart des hommes qui étaient entrés dans la vie par accident et s'y étaient accrochés faute de mieux à faire. Ils ont été jugés par les garçons en fonction de leurs différentes capacités à manier la sangle. Certains étaient forts et lourds et étaient appelés « sockdologers » ; d'autres, moins efficaces physiquement, étaient surnommés

« poids légers ». La nuit, nous dormions dans des dortoirs, laissant tous nos vêtements sauf nos chemises au sous-sol, une disposition qui rendait les évasions nocturnes difficiles. Dans l'ensemble, la vie dans les dortoirs était propre et correcte, en fait beaucoup plus propre que la vie en cellule dans nombre de nos prisons et prisons. Le programme quotidien, si je me souviens bien, commençait à cinq heures trente du matin en été et à six heures en hiver. Le grand coup de sifflet a commencé la journée, et nous avons tous dû sauter de nos lits, les faire, puis marcher en file indienne jusqu'au sous-sol, où nous nous sommes lavés et habillés. Peu de temps après, nous avons pris le petit-déjeuner à base de mélasse et de thé, après quoi nous avons passé environ une demi-heure sur le terrain de jeu. La récréation terminée, nous avons été répartis en deux équipes, l'une pour la salle de classe et l'autre pour l'usine. Il y avait aussi des garçons de « détail », des détenus de longue date auxquels on pouvait faire confiance comme messagers, dans la boulangerie, dans l'atelier de plomberie et dans différentes professions dans les chaumières et à la ferme. J'ai fait une offre audacieuse et précoce pour un travail de « détail », mais sans succès. Le surintendant m'a dit que seuls les garçons dont il était sûr obtenaient de tels postes , et je me suis retiré en sachant qu'il n'était pas sûr de moi et avec la détermination de le faire continuer à deviner indéfiniment sur moi. A midi pile, arrivait le dîner, suivi d'une autre demi-heure de récréation, lorsque l'école et l'usine reprenaient. À six heures, nous étions tous au souper et à neuf heures au lit, le temps intermédiaire étant passé dans la cour de récréation et dans la salle de classe.

Un jour, il y eut une révolution dans l'usine. L'un des garçons les plus âgés avait jeté une clé à molette sur un garde qui le frappait au front et avait été sévèrement battu pour sa désobéissance – battu et frappé avec le poing de l'homme, a affirmé le garçon. A la récréation, il y eut une consultation précipitée parmi les « stand-patters ».

"Allons au bureau du surintendant et plaignons-nous", suggéra quelqu'un, et avant que nous ayons à moitié réfléchi à ce que nous faisions, nous nous précipitâmes vers le bureau du surintendant dans le bâtiment principal, l'officier dont on se plaignait nous suivait tranquillement après nous. . C'était un cas de folie collective aussi évident que j'en ai jamais vu ; le visage meurtri et ensanglanté de notre compagnon nous a tellement irrités que les règles et les règlements ont été jetés aux vents. En effet, si nous avions tous continué à avancer, nos pieds étant aussi légers, la moitié aurait probablement pu s'enfuir pour de bon sur-le-champ. Mais l'évasion n'était pas dans nos pensées. Nous voulions et allions exiger, si possible, le renvoi de la garde autoritaire. Au début, comme c'est le cas dans presque toutes les foules, les différents garçons voulaient parler en même temps, et le commissaire a eu beaucoup de mal à comprendre notre version de l'histoire. On nous a alors ordonné de nous rendre dans la salle de classe de notre division, le surintendant désirant interroger seul le garde. Le résultat de cette affaire fut que le gardien démissionna et que chaque garçon reçut quinze coups de fouet. Le commissaire a personnellement assisté à la raclée. Notre premier officier, un homme aux manières douces, avec de nombreuses moustaches, qui m'avait toujours traité avec beaucoup de considération, fut le premier à brandir la sangle. Nous, les garçons, étions assis sur nos sièges, les bras croisés, attendant notre tour. Finalement le mien est arrivé. L'officier m'a regardé avec déception ; il ne semblait pas vouloir me punir. Il devait cependant obéir aux ordres, tout comme nous, les garçons, et j'ai reçu mes quinze coups de fouet. Lors de chaque « chasse à la baleine », les autres victimes regardaient attentivement, comme des enfants sur le point de s'asseoir pour un dîner de Thanksgiving ; ils voulaient voir si la « baleine » « couinerait ». À l'exception d'un garçon plus ou moins idiot, qui avait couru avec nous pour la seule raison qu'il « nous voyait partir et pensait que nous jouions à suivre le leader », aucun de nous n'a gémi. Le premier officier abandonna complètement après que dix garçons eurent été punis et un remplaçant, le charpentier de l'école, prit sa place. Je me souviens combien j'étais heureux que mon tour soit arrivé sous le régime du premier officier et qu'il ait commencé à vaciller.

Bien que le garde d'usine tant détesté ait disparu, la révolte et la « chasse à la baleine » ont fait naître dans l'esprit de quatre garçons des idées d'évasion à un rythme très accéléré. De telles pensées sont toujours au premier plan, pour ainsi dire, partout où les êtres humains sont enfermés, même dans les hôpitaux ; mais les quatre gars – j'étais l'un d'eux – se rassemblèrent et complotèrent comme jamais auparavant. Un combat, suivi d'un ordre de faire « la queue », a fait monter mon désir de liberté à un niveau inhabituellement élevé. L'un des "softies" et moi nous étions affrontés pour une raison ou une autre, et une "chasse à la baleine" de nuit, en plus de "faire la queue", nous regardait en face. Tout au long de l'après-midi, j'ai réfléchi aux voies et moyens d'atteindre le grand « extérieur », en prenant dans mes confidences quatre « stand-patters » de confiance ; ils voulaient aussi y aller. Pour différentes raisons, une punition quelconque nous attendait tous, et comme j'étais presque sûr d'être battu pour avoir combattu, j'ai conclu que, s'il était attrapé, je pourrais tout aussi bien lui faire faire son devoir pour avoir tenté de s'échapper également. Tous les garçons ont très bien calculé sur de telles lignes.

Il a finalement été décidé que le plan le plus pratique était de sauter par la fenêtre de la salle de classe, alors que nous marchions en ligne vers le sous-sol, pour nous déshabiller pour la nuit. La distance jusqu'au sol était peut-être de vingt pieds, mais pendant l'après-midi nous avons étudié très attentivement l'endroit probable où nous devions atterrir, et tous se sentaient égaux à l'aventure. Nous aurions dû nous enfuir pieds nus et sans manteau, mais nous avons décidé que nous ne voulions de toute façon pas de vestes révélatrices et que nous pensions pouvoir introduire clandestinement nos chaussettes et nos casquettes dans la salle de classe sans être détectés.

Cette dernière soirée dans la salle de classe fut très nerveuse, pour au moins quatre garçons. De temps en temps, lorsque l'officier ne regardait pas, nous échangeions des regards significatifs pour nous assurer qu'il n'y avait pas eu de défection dans nos rangs. Nos casquettes et chaussettes étaient cachées dans nos vêtements. Enfin, le coup de sifflet retentit, les livres furent rangés et l'ordre de former la file fut donné. Ma décision était fermement prise. Même si les autres garçons s'affaiblissaient, je passais par la fenêtre ouverte et me dirigeais vers « l'extérieur ». Pour une raison quelconque, j'avais l'impression que le succès m'attendait, et à moins d'une chute par la fenêtre et d'une éventuelle capture immédiate, je craignais très peu. J'ai été le premier à prendre le relais. Soudain, je suis tombé hors de la ligne, j'ai grimpé par-dessus le rebord et je suis tombé dans l'obscurité. Je ne sais si les trois autres ont suivi mon exemple ou non ; probablement pas, car ma disparition a poussé l'officier à brandir son revolver d'un air menaçant, comme j'ai pu le constater en franchissant le seuil. Une fois à terre, je n'ai attendu personne, mais j'ai parcouru la pelouse, pieds nus et tête nue, en direction de la voie ferrée au pied de la pente. Là, je me suis caché sous une clôture, et en un instant le grand sifflet a annoncé à la campagne environnante, avec de longs coups, qu'un garçon "Ref" s'était échappé, tandis que la lumière flamboyante illuminait la pelouse et aidait les officiers dans leur recherche. Très vite, j'ai entendu leurs voix et leurs pas précipités tout autour de moi, mais ils ne se sont jamais approchés assez près pour découvrir ma cachette. J'ai dû rester sous la clôture deux bonnes heures avant d'oser continuer. C'était à peu près le temps conventionnel accordé à une recherche, et je restai silencieux comme la tombe jusqu'à ce que tout soit calme. Puis, rampant plutôt que marchant, je me dirigeai vers le pont ferroviaire, le traversai comme un chat et me dirigeai hardiment vers les collines boisées en face de l'école – les collines que j'avais si souvent regardées avec envie et me demandais si je devais le faire. jamais pouvoir traverser sans être capturé. Les broussailles et les brindilles et branches tombées ont dû me faire mal aux pieds, mais les égratignures et les contusions ont été à peine remarquées dans l'excitation de m'enfuir. Et même si la nuit était devenue assez fraîche et que je n'avais rien d'autre qu'une chemise et un pantalon pour me couvrir, j'étais littéralement en sueur violente lorsque j'atteignis le sommet de la première colline et que je regardais l'école et la lumière flamboyante.

"Au revoir, fabrique de brosses et sangle", murmurai-je. " Puissions-nous ne plus jamais nous revoir . "

Tôt le matin, je me trouvai épuisé, les pieds et les mains déchirés, près d'une route menant, comme je le vis, à des champs ouverts où se trouvaient des maisons et des granges. Il me semblait que pendant la nuit j'avais parcouru facilement vingt milles, mais en réalité je n'en avais parcouru que quatre. Le soleil n'était pas encore levé et je restai tranquille pendant un moment, réfléchissant à la meilleure façon de passer la journée et soignant mes pieds endoloris. Peu à peu, un appétit et une soif invincibles m'envahirent, accentués par la fumée qui sortait des cheminées des fermes. C'était un signe certain que les feux du petit-déjeuner avaient été allumés, et je me souvenais avec délectation du maigre repas que les garçons de l'école allaient bientôt manger. Pourtant, j'étais libre ! Aucun garde n'était là pour me diriger et je pouvais m'attarder ou continuer, comme je le souhaitais. Mais cet appétit ! Finalement, en désespoir de cause, j'ai décidé de risquer ma liberté et de demander quelque chose à manger à la ferme la plus proche. Il était impossible de continuer sans nourriture et j'avais absolument besoin d'un nouvel ensemble vestimentaire, tant pour la sécurité que pour l'apparence.

Mon accueil à la ferme fut d'abord déroutant. Le bon fermier et sa femme m'ont donné un copieux repas, mais le premier m'a regardé avec méfiance et a remarqué qu'il avait entendu le sifflet de l'école la veille au soir. Sa bonne épouse, cependant, était très compatissante et sympathique. Il y avait un fils adulte, qui semblait aussi être de mon côté. La mère et le fils gagneraient-ils, me demandais-je. Le repas terminé, le fermier me dit franchement qu'il savait, à mes vêtements, que j'étais un écolier, et qu'il ne croyait pas du tout à l'histoire que je lui avais racontée en guise d'explication. Il s'agissait de fuir pour sauver sa vie ou de demander grâce. J'ai décidé de faire confiance à mes pouvoirs de persuasion et, pendant une bonne heure, j'ai supplié ce fermier de ne pas me reprendre. Il savait, et je savais, qu'il recevrait quinze dollars de récompense pour mon retour, et comme c'était dimanche et qu'il se rendait à l'église, le détour jusqu'à l'école ne lui coûterait pas grand-chose.

"Mais il est illégal pour moi de vous aider à vous enfuir", a soutenu le fermier. "Je peux être condamné à une amende pour cela."

"Donnez-moi juste de vieux vêtements et de vieilles chaussures," répondis-je , "et personne ne saura jamais que vous m'avez vu. En plus, j'irai seulement au diable dans cette école. Cela ne m'a servi à rien."

Le fermier parut hésiter et je me tournai vers le fils, lui demandant d'intercéder pour moi, lui parlant un peu, très peu de moi. Il a souri. "Pop ne va pas te reprendre, ne t'inquiète pas", m'a-t-il consolé, et c'était comme si une grosse pierre avait été soulevée de mon dos. Très peu de fois dans ma vie j'ai connu la même paix et la même gratitude qui étaient les miennes après que le fils eut parlé. Bientôt, il m'apporta de vieilles bottes, un manteau et une autre casquette, contre laquelle j'échangeai volontiers celle de l'école. Lorsque mes poches furent remplies de sandwichs et de beignets et que le fermier eut enfin fini de me mettre en garde contre la prudence, je dis au revoir à ces braves gens. S'ils voient un jour ces lignes, je souhaite qu'ils reçoivent une fois de plus mes sincères remerciements pour leur hospitalité et qu'ils sachent que leur gentillesse n'était pas tout à fait déplacée.

Tout ce dimanche-là, je suis resté caché dans des bois, reprenant de nuit mon voyage vers la frontière de l'État de Virginie-Occidentale. Après cinq jours de voyage, j'ai franchi la frontière imaginaire — c'était pour moi un être vivant — et j'étais enfin hors de la juridiction du surintendant et de ses officiers. Alors a commencé ce long voyage de huit mois, au cours duquel j'ai finalement repris mes esprits et j'ai dit *Adios* à *Die Ferne* pour toujours - *Adios* dans le sens où plus jamais elle n'a pu m'empêtrer dans un filet de difficultés ni m'éloigner de la tâche qui m'a été confiée. Elle a pensé maintes et maintes fois par la suite, lorsque l'appel de la Route était fort et tentant, qu'elle m'avait de nouveau dans ses bras. Mais des voyages de vacances respectables ou de *véritables* enquêtes dans le monde des clochards suffisaient à satisfaire mon *envie de voyager*. Sans aucun doute, ces excursions et recherches étaient, dans un certain sens, un compromis avec la Route ; le tempérament du vagabond m'a persisté pendant des années. Mais *Die Ferne* a été battu pour toujours.

C'est aussi à la vie scolaire et au séjour de huit mois qui a suivi au Hoboland que l'on doit aussi la disparition de mon penchant au vol. Quand, comment, pourquoi ou où cela s'est passé, sont des questions auxquelles je ne peux répondre qu'imparfaitement aujourd'hui. Il s'est glissé hors de ma vie aussi silencieusement et secrètement qu'il s'y était glissé, et tout ce dont je me souviens avec certitude maintenant sous la forme d'un « au revoir », de ma part, c'est d'un réveil soudain, un matin la route, puis, de temps à autre, résolu de laisser tranquilles les biens d'autrui. Je n'y ai pas réfléchi longtemps, j'ai simplement abandonné sur-le-champ ; et quand j'ai su que j'avais abandonné, que j'étais déterminé à vivre de ce qui m'appartenait ou de rien, le reste de l'expérience Road a été une tâche relativement facile.

J'ai dit que j'avais dit au fermier qui m'avait encouragé à m'échapper de l'école, que je ne devrais aller au diable que si j'y étais ramené. Il est impossible de dire aujourd'hui si cela se serait produit ou non. Mais il est injuste, alors que je pense que l'affaire est aujourd'hui terminée, de ne pas admettre que, malgré tous ses échecs et ses inconvénients, la vie scolaire m'a aidé à reprendre mes esprits . Cela m'a amené à réfléchir, comme jamais auparavant, à la misérable injure de mes manières, et cela m'a montré d'une manière sans équivoque où *Die Ferne* finirait par me conduire, à moins que je ne rompe avec elle. Le long et fastidieux voyage de vagabondage qui suivit fit tout ce qu'il fallait pour me montrer que s'en prendre au bien, comme je le faisais depuis si longtemps, n'était ni rentable ni viril.

À un moment de ma vie, j'ai sérieusement envisagé de prendre un poste d'officier dans une école de réforme, dans l'espoir de pouvoir être utile à cet égard. La politique – elle est omniprésente dans notre pays, semble-t-il – et les doutes quant à mon aptitude à un tel travail m'ont finalement décidé à ne pas le tenter. Mais je tiens à dire ici que pour les jeunes hommes intéressés par le travail institutionnel et prêts à faire un certain nombre de sacrifices, je ne connais pas de meilleur domaine pour faire le bien que dans une école de réforme. Plus un candidat à un tel poste a étudié, voyagé et observé, mieux *c'est*. En Allemagne, il existe une école ou un séminaire où les candidats à des postes dans des établissements correctionnels et, je pense, également dans des établissements pénitentiaires, suivent un programme de formation et d'études déterminé avant d'être acceptés. Quelque chose de similaire, sans tenir compte des notions allemandes rigides sur l'infaillibilité de leurs « systèmes » et de leurs « panacées », pourrait être tenté pour tirer profit de ce pays. Le travail à accomplir mérite le plus grand intérêt de la part des hommes formés au niveau collégial et universitaire et qui se sentent attirés par de telles activités.

CHAPITRE VII

PREMIÈRES EXPÉRIENCES DE TRAMPING

Hoboland – Gay-Cat Country – The Road – quels souvenirs ces noms évoquent ! Il y a des années, ils représentaient plus qu'aujourd'hui. Il n'y avait pas autant de *véritables chômeurs* ou de vagabonds qu'à l'heure actuelle, et les termes décrivaient des territoires et des frontières distincts. Aujourd'hui, les lieux de rencontre sont surpeuplés d'« hommes de pieu » errants, et le vrai clochard, le « raide soufflé dans le verre », a le plus souvent abandonné les anciens repaires et s'en est construit de nouveaux, cachés. loin dans les buissons ou caché dans les bois. Je pense aussi que le véritable article, tel qu'il existait à mon époque, cède de plus en plus la place à l'armée des travailleurs occasionnels et des journaliers ambulants. Qu'il ait « réglé le problème » et mène une vie respectable, ou s'il soit de nouveau entré dans les rangs criminels et qu'il tente une fois de plus d'atteindre le grand « enjeu » final qui est de le rendre indépendant et confortable, je ne peux pas le dire. Cela fait maintenant plusieurs années que je n'ai pas parcouru la vraie route, aux États-Unis, et je ne retrouve que rarement de vieilles connaissances dans les villes, où beaucoup d'entre elles sont à l'arrêt toute l'année. Cependant, j'ai appris à connaître la Route d'il y a vingt ans au cours de ces huit mois de voyage, comme probablement peu de garçons de mon âge et de mon éducation l'ont jamais connu – ou le connaîtront. Le mot route était utilisé comme terme générique pour désigner les chemins de fer, les autoroutes, les voies et les sentiers que tous les vagabonds, professionnels et semi-amateurs, suivaient à des fins de voyage, de « greffe » et de divertissement en général. Hoboland était cette partie de la route sur laquelle les « raides soufflés dans le verre » étaient censés errer – les autoroutes et les routes où se trouvaient les hommes qui ne voulaient pas travailler et vivaient de mendicité seuls. Le Gay-Cat Country, aussi indéfini au sens géographique que l'était Hoboland, car il s'étendait sur tous les États-Unis, était la maison et le refuge de ces vagabonds qui *travaillaient* à l'occasion - lorsque l'hiver arrivait, par exemple, et que les wagons couverts est devenu trop froid et triste. Au printemps, comme les bûchers modernes, ils abandonnèrent leur travail et reprirent joyeusement leur chemin, la Route étant redevenue hospitalière. Hoboland et Gay-Cat Country se rejoignaient d'une manière ou d'une autre – un « lieu de rencontre », par exemple, devait souvent servir les deux groupes de vagabonds – mais l'intersection était presque entièrement physique. Les mêmes chemins de fer et autoroutes étaient aussi ouverts aux Gay-Cats, à condition qu'ils soient assez forts pour faire valoir leurs droits, que pour les vagabonds – les « repaires » aussi parfois ; mais ici l'association s'est arrêtée. Le clochard se considérait, et était réellement, plus une personne que le Gay-Cat, et il le faisait savoir à ce dernier. Par conséquent, bien que les deux hommes aient souvent parcouru au cours d'une année à peu près le même territoire, chacun appelait ce territoire par un nom différent et se tenait assez à l'écart de l'autre - le vagabond, pour des raisons de fierté et de caste, le Gay - Cat parce qu'il savait qu'il n'était pas le bienvenu dans le cercle du « verre soufflé ». Aujourd'hui, je ne doute pas que la Route soit parcourue par une centaine d'espèces différentes de vagabonds, chacune ayant son nom particulier et peut-être même son territoire. Le monde connaît des changements et des changements parmi les exclus ainsi que dans le domaine des aristocrates, et j'entends maintenant parler d'étranges clans de vagabonds qui n'étaient pas encore organisés lorsque j'ai commencé à vagabonder. Il en va de même pour tout, et j'aurais probablement du mal maintenant à retrouver les anciens panneaux et « lieux de rencontre » que je connaissais si bien autrefois.

Ma première apparition sur la Route proprement dite, après avoir quitté si sans cérémonie l'usine de brosses et la salle de classe, eut lieu, une nuit, dans des fours à coke près de la frontière de l'État vers laquelle je me dirigeais. Mes bottes avaient été échangées contre des chaussures, la vieille casquette avait cédé la place à une meilleure et le manteau en lambeaux avait été rapiécé. De cette façon, je suis monté au sommet des fours et j'ai dit "Bonjour !" à des hommes qui préparaient leur café dans une boîte de conserve de tomates au-dessus d'une des ouvertures du four. Je ne me souviens plus s'ils étaient des Gay-Cats ou des vagabonds, mais ils étaient en tout cas très hospitaliers, ce qui doit être dit des deux classes d'hommes lorsqu'ils sont séparés. Mis ensemble, ils risquent de perdre leur dignité, en particulier les clochards.

On me donna du café, du pain et de la viande, et on me montra comment fixer quelques planches sur le bord du four pour pouvoir dormir. Mon inexpérience n'est devenue que trop évidente lorsque j'ai dit aux hommes que je venais de « battre l'arbitre ». Le regard qu'ils se sont lancés après cette confession a été pour moi une révélation à l'époque et reste encore dans ma mémoire comme l'un des premiers traits typiques du clochard que j'ai remarqué. Ce que cela signifiait pour moi à l'heure actuelle n'est plus clair ; J'en ai probablement simplement pris note et j'ai décidé d'en savoir plus plus tard. En y réfléchissant bien, il me semble qu'il résume d'un seul coup d'œil tout le clan secret et les tendances « à remuer les oreilles » que les voyageurs de la Route possèdent en si grande et si abondante mesure. Le fait de "bouger les oreilles" - l'écoute - était évident lorsque les hommes ont arrêté de parler eux-mêmes et ont prêté attention à moi, pratiquement un enfant ; le secret, quand l'un d'eux m'a gentiment conseillé de ne pas répandre trop confusément la nouvelle de mon évasion ; et le caractère clanique de donner à un camarade roadster de tels conseils pratiques.

Cette nuit-là dans les fours à coke s'est déroulée sans incident, sauf que nous avons tous dû faire attention à ne pas rouler de nos perchoirs dans les feux brûlants au-dessous de nous, ce qui me rappelle une expérience que j'ai vécue plus tard dans un hangar de chemin de fer dans l'Ohio. . Le sable était juste confortablement chaud quand je me suis couché, mais j'ai oublié que le feu pouvait s'allumer pendant la nuit et je me suis allongé près du poêle. Quelle ne fut pas ma consternation le matin, en effleurant le sable, de constater que le fond de mon plus beau pantalon avait été brûlé pendant la nuit. Heureusement, j'avais deux paires, sinon ma situation n'aurait pas été ridicule.

Une fois la frontière franchie, je me dirigeai vers Wheeling. Il n'y avait aucune raison particulière de se rendre dans cette ville, mais dans la vie de vagabond, il n'y a aucune raison particulière d'aller quelque part. À maintes reprises, j'ai commencé vers le nord ou le sud avec un itinéraire bien tracé et des plans fixés et définis. Un roadster est arrivé avec un itinéraire plus intéressant à suivre, ou ce qui semblait être tel, et mon itinéraire, ou le sien, a été abandonné en un instant. Il en fut toujours ainsi pendant les huit mois ; un jour, Chicago pourrait être mon objectif, et je croyais savoir exactement ce qu'il fallait y faire. Dans une centaine de kilomètres, probablement, quelque chose de bien plus important, à mon avis, requérait mon attention à la Nouvelle-Orléans. *Die Ferne* a rarement vu ses appels sauvages plus attentivement écoutés par moi qu'ils ne l'étaient à cette époque. Il n'y avait aucune maison où j'osais aller, le monde était littéralement mon huître, et tout ce que j'avais à faire, ou que je savais faire, pour le moment, c'était errer. Les roadsters, qui ont voyagé sur les chemins de fer avec autant de persévérance que moi, s'arrêtant rarement plus d'un jour ou deux, tout au plus un week-end en un seul endroit, sont appelés victimes de la « fièvre des chemins de fer ».

En Virginie occidentale, j'ai entendu parler d'une région située entre la frontière de l'État et Wheeling, où il était facile de « se nourrir », et où, en fait, les voyageurs sur la route, à l'heure du repas, étaient invités dans les cabanes par les alpinistes pour avoir un repas. une morsure. Ces localités sont appelées par les vagabonds des « lieux d'engraissement ». Avec la nervosité provoquée par l'évasion et les voyages difficiles qui ont suivi, j'étais devenu assez maigre et épuisé, et la campagne dans les collines s'est emparée de mon imagination. Il n'y a rien de particulièrement intéressant dans la localité ou dans mon séjour là-bas qui appelle ici un commentaire particulier, si ce n'est que les alpinistes étaient si amicaux et hospitaliers que j'ai pu développer considérablement mes forces pour la lutte pour l'existence dans des endroits inhospitaliers plus loin. . C'était aussi une cachette capitale jusqu'à ce que l'excitation suscitée par mon départ de l'école, s'il y en avait eu, se calme.

Dans mes autres écrits, j'ai raconté assez minutieusement ce que j'avais appris sur la vie de clochard au cours de ce voyage de huit mois ainsi que lors d'excursions ultérieures. Il n'y a donc plus grand chose à raconter sur ces lignes sinon d'un caractère assez personnel et qui touche au déroulement général de cette autobiographie. Je devrai donc sauter précipitamment de district en district pour raconter les incidents qui illustrent ma position et mon expérience dans le Hoboland, et pour estimer ce que cet étrange pays a accompli pour moi et avec moi.

Durant le premier mois de mes pérégrinations, j'étais sans lit et souvent sans toit. En effet, lorsque j'ai finalement réussi à me reposer ou à essayer de le faire, dans un lit, l'expérience était si étrange que je dormais très peu. Un wagon couvert, une meule de foin, une traverse de chemin de fer rapprochée d'un feu, tels furent mes principaux lieux d'hébergement pendant les huit mois entiers. Cela a peut-être été une sortie difficile, mais elle m'a endurci et m'a habitué à des désagréments qui me sembleraient certainement très indésirables maintenant. D'une certaine manière, ils n'étaient alors pas souhaitables. Je ris toujours quand un clochard me dit qu'il est plus heureux dans un wagon couvert que dans un lit. Il s'imagine simplement qu'il l'est, et je ne voudrais certainement pas risquer de lui offrir mon lit en échange de son wagon couvert. Pourtant, à l'époque en question, je dormais exceptionnellement bien dans un wagon couvert ou dans une meule de foin, et, sauf lorsque je voyageais la nuit, huit heures de bon repos constituaient ma ration habituelle. En général, j'ai noté les noms des différents États et des grandes villes que j'ai visités, mais, lorsqu'on me demande aujourd'hui si j'ai été dans telle ville, je suis souvent sans réponse ; Je ne sais tout simplement pas si j'y suis allé ou non. D'un autre côté, certains "arrêts" dans des endroits relativement insignifiants sont restés gravés dans ma mémoire alors que des endroits beaucoup plus vastes que j'ai dû voir sont sombres et brumeux. Au total, j'ai voyagé dans la grande majorité des États à part entière de cette période et visité de nombreuses grandes villes.

Lors d'un de ces « arrêts » mineurs dans le Michigan, j'ai probablement eu l'occasion de réaliser ce rêve alléchant des années précédentes : l'idée que pour arriver à quelque chose, je devais aller secrètement quelque part, me frayer un chemin vers une profession, puis J'ai gravi les échelons jusqu'à ce que je puisse retourner auprès des miens et dire : « Eh bien, malgré toutes mes injures, j'ai réussi à avancer.

La ville possédait l'académie conventionnelle et d'autres établissements d'enseignement que mon rêve avait toujours inclus dans la carrière que j'avais en tête, et il y avait une hospitalité envers les gens qui promettait toutes sortes de choses. J'ai dîné chez une veuve aisée qui m'a très judicieusement fait travailler pour cela, couper du bois, tâche que j'ai pris soin d'accomplir derrière la maison pour que mes compagnons, de vrais vagabonds, chacun d'entre eux , ne devrait pas me voir enfreindre une de leurs règles cardinales. Le travail terminé, je fus invité dans la salle à manger pour mon repas, au cours duquel la bonne hôtesse m'interrogea assez minutieusement sur ma vie. Pour une raison quelconque, j'étais d'humeur « self-made man » à l'époque et j'ai fait part à la femme de mon désir de poursuivre des études et, plus tard, de faire carrière professionnelle. Elle s'est approchée de moi, a examiné mon crâne, puis, se tournant vers sa fille — une petite dame — elle m'a dit : « La tête n'est pas mal formée du tout. Il est *peut-* être brillant.

« Espérons-le, du moins pour lui », fut le commentaire plutôt douteux de la fille. Avant de partir, la mère a plutôt insisté pour que je sois appelé au cabinet d'un avocat local qui se disait « très intéressé par les jeunes hommes et leur bien-être ». J'ai promis de le rechercher, mais d'une manière ou d'une autre, son époque et la mienne n'étaient pas d'accord – il n'était pas à son bureau – et peut-être ai-je perdu une autre chance d'être un juriste. Au fil des semaines et des mois, le rêve du « self-madeness », comme j'ai entendu un jour un clochard le décrire, est devenu de moins en moins oppressant ; en tout cas, j'ai remarqué que le simple fait qu'une ville ou un village abritait une académie et un collège, et éventuellement un avocat philanthropique, ne suffisait pas pour me faire sortir du wagon couvert qui parcourait la localité. Rien d'autre en particulier n'était venu le remplacer , si je me souviens bien. Mais il est certain que le wagon couvert, par une journée claire et ensoleillée, roulait, tintement, cliquetis, gros morceau, possédait des attraits temporaires que l'auto- réalisation rêveuse ne pouvait offrir. Cette période particulière de mes pérégrinations a probablement vu en moi le comble de la fièvre ferroviaire. Il semblait presque parfois qu'il brûlait et grésillait, et le sifflement lointain d'un « fret » venant dans ma direction, ou dans n'importe quelle direction, d'ailleurs, devenait un son aussi doux que l'était toujours l'appel du dîner ou la cloche de la récréation. Aujourd'hui, je peux rire de tout cela, mais c'était alors une affaire très sérieuse ; À moins de parcourir un certain nombre de kilomètres chaque jour ou chaque semaine et de voir autant d'États, de villes, de rivières et de types de personnes différents, j'étais déçu : Hoboland ne me donnait pas ma part de son abondante réserve de divertissement et de changement. Bien sûr, j'étais traité de « fou des chemins de fer » par les roadsters plus silencieux chez qui la fièvre, en tant que telle, était apaisée depuis longtemps, mais cela ne me dérangeait pas. Plus loin, plus loin, *plus loin* ! C'est ce sur quoi j'ai insisté et j'ai obtenu. En fin de compte, j'en avais vu beaucoup, bien sûr, mais surtout trop superficiellement. Des voyages ultérieurs, entrepris dans un but sérieux et limités à des limites plus étroites, m'ont apporté des informations et un amusement beaucoup plus durables.

En ce qui concerne les accidents survenus au cours de mes voyages tourbillonnants, je suis heureux de pouvoir dire qu'il y a très peu de choses à signaler. Pendant que d'autres hommes et garçons se cassaient les jambes, se faisaient écraser sous les roues et tombaient entre les voitures, j'ai continué mon chemin sereinement, indemne. Il y a maintenant pour moi un monde de signification dans les mots : « Homme inconnu parmi les morts », si souvent imprimés à propos des épaves de trains de marchandises. Ils signifient généralement qu'un clochard ou un Gay-Cat supplémentaire a «

encaissé » et est « parti ». Peut-être ai-je été aussi près d'un grave accident dans l'ouest de la Pennsylvanie que partout ailleurs. Je voyageais avec un roadster grand et élancé, appelé Slim, sur le chemin de fer « Lake Shore ». Nous avions pris le train la plus grande partie de la nuit dans l'espoir d'atteindre Érié avant le jour. Le « fret », cependant, avait rencontré un certain nombre de retards, et l'aube nous trouva encore à douze milles d'Erie. Nous roulions « dehors », sur les pare-chocs et sur le toit des voitures. Lorsque le train s'est arrêté pour prendre de l'eau, nous nous sommes cachés prudemment dans les hautes herbes près de la voie ferrée, afin que les agents du train ne nous découvrent pas. Bientôt, le coup de sifflet retentit et le train repartit. « Slim », mon compagnon, fut le premier à gravir l'échelle et je le suivis bientôt. À ce moment-là, la voiture dans laquelle nous nous trouvions avait atteint le point d'arrosage, où le pompier avait négligemment laissé le bras oscillant pointé vers le train. Il y avait suffisamment d'espace pour que le train puisse passer sans le toucher, mais tout en grimpant à l'échelle, j'ai laissé mon corps se balancer en arrière sur une certaine distance pour voir si l'équipage du fourgon de queue nous surveillait. "Slim" était déjà au top. Soudain, le bras de l'abreuvoir m'a attrapé par la hanche et j'ai basculé complètement dessus, tombant heureusement sur le dos, les mains et les pieds au sol en dessous, mais avec ma main gauche à environ trois pouces du rail et des roues. J'avais tellement peur qu'au moins deux voitures sont passées devant moi avant que j'ose bouger. Puis je me suis faufilé vers l'herbe pour voir à quel point j'avais été blessé. Il n'y avait pas une ecchymose ni une égratignure sur moi. En un instant, j'étais de retour dans le train, à la recherche de « Slim ».

"Tu es un brave garçon !" Lui dis-je avec un ton de dégoût non équivoque. "Je ne pouvais même pas regarder en arrière pour voir où j'étais tombé, hein ?"

"J'ai regardé en arrière", répondit-il d'un ton lésé. " J'ai vu toute l'affaire. A quoi ça servait de partir quand j'ai vu que tu allais bien ? En plus, je veux préparer Erie pour le petit-déjeuner. "

Tels sont les « raides soufflés dans le verre ». Lorsqu'ils sont pressés et qu'un repas est en vue, même les nations peuvent s'affronter et tomber sans influencer d'un iota l'itinéraire d'un clochard. Même si ma main avait été écrasée sous les roues, il est douteux que « Slim » serait descendu du train. Une fois Erie arrivé, et un bon petit déjeuner ajouté à ses atouts, il se serait sans doute remué en ma faveur. On apprend à ne pas se plaindre de ces bagatelles dans le Hoboland. J'ai également été coupable de voir des compagnons en danger, avec un œil calme et une lèvre ferme.

Mon premier « baptême du feu », lorsque le « Song of The Bullet » fut entendu dans toute son intégralité, eut lieu dans l'Iowa, ou dans l'ouest de l'Illinois, je ne sais plus lequel, cet oubli étant un autre témoignage de l'indifférence froide de la Route. et ses voyageurs quant à l'heure, au lieu et à la météo. Cinq d'entre nous étaient très impatients de « faire » Chicago (« Chi ») tôt le matin du lendemain. D'ordinaire, nous avions tout le temps nécessaire, mais nous n'avons pas pris en compte le chemin de fer sur lequel nous nous trouvions – le C. B. et le Q., ou le « Q », comme on l'appelle plus familièrement. Quelques années auparavant, la grande grève des « Q » avait eu lieu, offrant aux soi-disant « scabs » venus de l'Est, introduits très libéralement sur le territoire des « Q », l'occasion de gérer les choses pour un temps. Leur sort n'était pas facile, et le fait d'être traité de « scabs » ne les exaspérait pas peu.

Nous avons décidé de prendre un « fret » l'après-midi au moins assez loin pour atterrir quelque part à l'heure du dîner. Je me souviens certainement d'avoir pris le train dans l'Iowa, mais je ne sais pas si le "Song of the Bullet" a été chanté là-bas ou du côté Illinois du Mississippi. D'un côté ou de l'autre, l'équipage nous découvrait et insistait pour que nous « touchions le gravier », descendions du train. Nous avons hésité.

"Descendez, sales clochards", ordonna le conducteur.

Nous n'étions pas particulièrement sales, et même si nous pouvions être traités de clochards et être à la hauteur de notre « vocation », nous pensions que même en tant que tels, nous étions plus élevés dans l'échelle sociale que ne l'étaient les « scabs ». L'équipage était au nombre de quatre. Comme je l'ai dit, nous étions cinq. Finalement, perdant notre sang-froid et notre jugement, nous avons dit au conducteur que nous monterions non seulement dans son train, mais aussi dans son fourgon de queue, et nous nous sommes précipités pour trouver des places sur le quai. Il a d'abord essayé de nous donner des coups de pied, mais la peur de notre nombre l'a vite envahi et, avec un juron, il a couru dans le fourgon de queue en criant : « Je verrai bientôt qui conduit ce train. Nous ne savions que trop bien ce que signifiaient ses actions et nous avons abandonné. Une minute plus tard, il est apparu sur la plate-forme arrière avec un revolver et s'est ouvert sur nous. Heureusement, son train avançait à un rythme raisonnable et il n'était pas un bon tireur. Si je me souviens bien de l'incident, aucun d'entre nous n'a été particulièrement effrayé, et il n'y avait pas de « Pingh-h » dans le « Chant de la balle » comme j'ai si souvent entendu le décrire. Le "Pingh-h" en effet je n'ai jamais entendu nulle part. Les balles que le conducteur nous envoyait passaient au-dessus de nos têtes et autour de nous, avec un sifflement sifflant. Comme le suggère Bret Harte dans ses vers, c'était comme si la déception de ne pas nous atteindre était extrêmement aiguë. Depuis cette expérience, d'autres balles ont sifflé et gémi autour de moi – pas beaucoup, merci ! – et il m'a semblé parfois qu'elles allaient en ronronnant pendant leur fuite, puis à nouveau en gémissant. Peut-être que les balles ronronnantes ont trouvé un logement mou après m'avoir dépassé, mais j'espère que non si la marque était un être humain.

Une expérience que j'ai vécue dans un hangar ferroviaire du Wisconsin illustre la détermination avec laquelle le clochard doit fréquemment faire valoir ses droits. Un homme, appelé « Scotchy » par certains, « Rhuderick » par d'autres, était mon compagnon à l'époque. Nous étions les premiers arrivés à la maison de sable et ignorions totalement l'existence d'une collection de rovers du Wisconsin, surnommés « The Kickers ». Ces Kickers, semble-t-il, avaient pris l'habitude d'organiser tous les « arrêts » (endroits pour dormir) disponibles pour satisfaire leurs propres absurdités, et si leurs soi-disant « emplacements » à n'importe quel « arrêt » étaient trouvés appropriés par d'autres sur leur À leur arrivée, peu importe l'heure, ils chassaient les intrus présumés, s'ils se sentaient assez forts. C'étaient des vagabonds en quelque sorte, mais ils prenaient soin de voyager *incognito* lorsqu'ils étaient seuls. "Scotchy" et moi avons, sans le vouloir, pris trois des places des Kickers dans la maison de sable en question, et nous dormions confortablement lorsque les Kickers sont apparus.

"Vous avez du culot", dit l'une des grosses brutes à "Scotchy", en lui chatouillant les côtes avec le bout de l'orteil, sans trop de douceur. "Sortez de là et donnez à vos supérieurs leurs droits." La voix rauque et le bruit des allumettes me réveillèrent aussi. D'une manière ou d'une autre, c'était peut-être un instinct de vagabond, car la Route développe certainement de telles choses, je me suis senti poussé à l'instant à saisir et à capturer le tisonnier, et "Scotchy" a sécurisé le seau de sable.

" Moi , c'est mieux, hein ? " » s'écria « Scotchy », en balançant son seau d'un air menaçant. " Ceci pour vous ", et il approcha dangereusement le seau de l'une des têtes des Kickers. Des allumettes éclataient de tous côtés, et ce n'était pas difficile à voir. Les Kickers se sont rapprochés pour leur attaque. Ils ont oublié ou ne connaissaient pas mon poker. Très vite, une autre allumette fut frappée. Les Kickers avaient des broches d'accouplement et avaient l'air formidables. J'étais dans l'ombre. Ils consolidèrent leurs forces contre le « Scotchy ». Son seau, cependant, a étiré un Kicker à plat avant qu'il n'ait eu le temps de se défendre. L'obscurité totale et le silence ont suivi. Puis un Kicker a osé un autre match. C'était ma chance. Le long tisonnier jaillit, et la pointe dut frapper fort dans la tempe ; Quoi qu'il en soit, Kicker, blessé, s'assit. Le Kicker restant risquait encore une lumière de plus, mais en voyant ses copains handicapés, il se dirigea vers la porte. Trop tard! D'autres vagabonds, pas des Kickers, étaient arrivés, des lumières « dope » étaient sécurisées et l'histoire était racontée. Les pauvres Kickers ont été « expulsés » de cette maison de sable comme jamais auparavant ni depuis, j'en suis sûr.

De telles agrégations de clochards se rencontrent dans tout le Hoboland, et il y a des affrontements constants entre eux et les roadsters itinérants traversant les quartiers des gangs. La seule chose à faire est de se battre avec eux lorsqu'on est seul, et s'il est en force, de les combattre ; sinon, ils deviennent si arrogants et despotiques que personne, pas même le simple intrus à courte distance, n'est laissé indifférent.

Malgré toutes les chances de se blesser, tant au niveau émotionnel que physique, qu'offre Hoboland à tous, je dois répéter que j'ai pu explorer ses autoroutes et ses chemins avec très peu d'égratignures à mon actif ou à mon discrédit. Une ou deux petites cicatrices et quelques figures de tatouage constituent toutes les marques corporelles de l'expérience que je porte aujourd'hui. Il y avait d'innombrables occasions de coups de poing, mais, comme je l'ai déclaré, j'avais depuis longtemps rejoint le mouvement pacifiste et je me battais régulièrement pour les éviter.

Une peine de trente jours de prison, à la fin d'un voyage de huit mois, m'a fait plus de mal et de tentation que n'importe quel accident de chemin de fer ou dispute avec des tyrans. C'est malheureusement arrivé en juin, le mois préféré des clochards. Dormir dans un wagon couvert la nuit était mon crime. J'ai décrit l'arrestation et l'expérience générale dans l'un de mes livres de clochard, mais je ne peux m'empêcher de dire quelques mots sur le juge qui m'a condamné. À l'époque, en 1889 je crois, il était juge de police à Utica, dans l'État de New York, où, en compagnie d'un ami, j'ai été arrêté. Le groupe de prisonniers de la nuit lui fut amené en même temps : des ivrognes, des voleurs, des garçons en fuite, des sauteurs de train, *de véritables* vagabonds et des Gay-Cats. La salle d'audience était un petit endroit sombre avec des bancs pour les prisonniers et les officiers, et une estrade surélevée avec un bureau pour le juge. Je n'oublierai jamais à quoi ressemblait ce dernier – « impeccable » au dernier degré en apparence extérieure, mais il y avait sur son visage une expression du jour au lendemain qui ne nous présageait rien de bon, je le craignais. "Juste s'il sortait d'un bain turc", murmura un malheureux trouvé endormi dans la rue. Le juge n'a certainement pas accordé assez d'attention à nos affaires pour qu'elles viennent de quelque part, mais un bain turc aurait dû le rendre plus miséricordieux. Nous avons tous été punis selon les caprices *du juge* et les limites de la loi, le regard nocturne de notre persécuteur, tandis que nous le considérions, s'approfondissant, semblait-il, à chaque phrase. Mon sort de « trente jours » sortit aussi facilement de ses lèvres que les déclarations de cinq et dix jours pour les « alcooliques » ; il ne semblait pas faire de différence entre eux. Peut-être, dans les années qui ont suivi, a-t-il été éclairé sur ce point. Je l'espère, pour lui, du moins.

Oliver Atherton Willard. Le père de Josiah Flynt.

La condamnation terminée, nous, prisonniers, avons été emmenés vers nos différentes destinations, la mienne étant la prison de Rome, la prison d'Utica étant bondée. Il n'y a pas grand-chose à ajouter ici à ce que j'ai depuis longtemps raconté sous forme imprimée sur mon séjour là-bas ; mais peut-être n'ai-je jamais suffisamment souligné le dégoût du vagabond d'avoir à « faire du temps » en juin. De mai à novembre, c'est sa période naturelle d'itinérance, ses vacances en wagon couvert ; en hiver, la prison, et même l'atelier, sont souvent plus une aubaine qu'autrement. La prison de Rome hébergeait donc des invités bien contre leur gré, les quelques vagabonds qui y étaient hébergés. Cependant, même trente jours d'été, aussi précieux soient-ils « à l'extérieur », passent plus tôt qu'on ne s'y attendait au premier abord, et vient alors ce moment glorieux – le tonnerre, les éclairs, même une pluie battante ne peut les gâcher – où le celui qui est libéré est à nouveau son propre maître. Il peut y avoir d'autres expériences dans la vie plus extatiques que celle-ci, mais je les échangerais volontiers temporairement contre ce premier souffle en plein air et ce pas sans entrave sur le sol, dont profite le prisonnier libéré.

De mon statut de vagabond dans le tissu social général du Hoboland, on en dit peut-être assez quand je rapporte qu'avant de quitter la Route, j'aurais pu à tout moment revendiquer et obtenir le respect dû au "soufflé dans le verre". vagabond. Pourtant, je me sentais tout aussi à l'aise dans un « lieu de rencontre » des Gay-Cats que parmi les clochards. Mendier de l'argent était une activité à laquelle je me livrais le moins possible ; au début, il m'était impossible de demander une « pièce ». Cependant, mes repas, mon logement et mes vêtements furent trouvés par moi dans la même abondance que ceux du vieux. Il me fallait de telles choses, et comme les demander était la manière conventionnelle de les obtenir, je les demandais avec insistance, régulièrement et avec assez de succès.

Il n'y a rien à dire pour défendre cette pratique. C'est tout autant une « greffe » que le vol ; en effet, le vol est considéré dans le monde souterrain comme une entreprise sans doute la plus aristocratique. Mais voler à Hoboland n'est pas une activité ou un passe-temps favori. Hoboland est le foyer du criminel découragé qui n'a pas d'autre refuge. Son esprit criminel, s'il en avait, n'a pas donné de bons résultats, et il a recours à la mendicité et au transport ferroviaire clandestin comme deuxième meilleur moyen de tuer le temps. La punition l'a fatigué, l'a effrayé, et la Route se profile devant lui, spacieuse et amicale.

On m'a souvent demandé sérieusement si la Route pouvait être considérée comme une école de discipline nécessaire pour certaines natures ; si, par exemple, en tant que mère anxieuse d'un garçon capricieux, elle m'a un jour posé la question : « Y a-t-il assez de choses qui en valent la peine, si on les cherche, pour contrebalancer ce qui n'en vaut pas la peine ? Cela dépend à la fois du garçon et du traitement qu'il donne à ses amis. En général, la Route n'est pas à recommander – ni pour des raisons de moralité, de confort, de propreté ou de « respectabilité ». Il s'agit d'une partie isolée de notre civilisation ; c'est plein de paludisme et d'autres choses marécageuses. Pourtant, malgré tous ses miasmes, ce quartier perdu a renvoyé de nombreux hommes bons sur la route principale, que nous essayons tous de parcourir. Dans mon propre cas, je peux certainement dire que de nombreuses vérités souhaitables m'ont été révélées pendant mon séjour au Hoboland et qu'il me semblait impossible de comprendre avant d'avoir fait l'expérience du Hoboland.

Mais pour parler sérieusement de la Route comme d'un lieu de récupération pour les mœurs détériorées, ou comme d'un revigorant pour les natures faibles, je peux seulement dire : en général, n'essayez pas. Il y a trop de fermes de « construction » et de sanatoriums « de renforcement nerveux » pour qu'il soit nécessaire aujourd'hui que quiconque doive recourir à Hoboland pour se rétablir. Pourtant, la Route sera probablement avec nous, pour le meilleur ou pour le pire, une fois que les fermes apaisantes et les sanatoriums disciplinaires auront disparu ; Je veux dire ceux qui pourraient être fréquentés, disons, dans les mille prochaines années environ. Il y avait des clochards il y a des milliers d'années, et je crains qu'ils ne soient sur terre, si la terre existe alors, dans des milliers d'années. Ils changent un peu de tenue vestimentaire, de coutumes et de régime alimentaire au fil des années, tout comme les autres personnes changent. Mais, à toutes fins pratiques, je devrais m'attendre à trouver l'ancien clochard égyptien, par exemple, s'il pouvait prendre vie et était naturel, à peu près le même genre de roadster que nous connaissons dans notre type américain actuel. La paresse, la flânerie, *l'envie de voyager* et la mendicité sont aujourd'hui ce qu'elles ont toujours été : des qualités et des habitudes qui se transmettent de génération en génération, pratiquement intactes.

Mon plus long voyage *Wanderlust* s'est terminé dans la ville très décriée de Hoboken, dans le New Jersey. Un travail effectué pour un agriculteur, près de Castleton, sur la rivière Hudson, m'a rapporté quelques dollars et, une nuit de septembre, en compagnie d'un vieil Irlandais, J'ai dérivé sur le fleuve jusqu'à la grande ville sur un bateau fluvial. L'Irlandais s'est retrouvé séparé de moi dans les rues bondées de New York, et j'ai dérivé seul jusqu'à Hoboken, déterminé à faire une course importante, mais doutant de son issue. Je ne me rendais pas alors compte de la tâche difficile qui m'attendait et de l'ampleur du changement dans ma vie, une fois la tâche accomplie.

CHAPITRE VIII

MON VOYAGE EN EUROPE

Il y a vingt ans, et probablement plus tôt encore, le voyageur à destination de l'Europe sur n'importe quel navire partant d'Hoboken aurait pu voir, s'il avait été assez curieux pour regarder autour de lui, une étrange collection d'hommes de tous âges, tailles et maquillages, blottis ensemble les nuits dans une cave moisie à seulement quelques pas des quais du Lloyd's d'Allemagne du Nord. Et s'il avait parlé avec cette compagnie grossière, il aurait beaucoup appris sur les voies et moyens nécessaires pour faire aller et venir les grands navires dans leurs voyages océaniques.

Il y a un peu moins de vingt ans, disons dix-huit ans, une pancarte en papier gras était punaise sur la porte de la cave à l'intention de ceux qui pourraient chercher le trou crasseux. On y lisait : « Internashnul Bankrupp Klubb – Bienvenue ! Les mots et les lettres étaient l'œuvre d'un garçon italien, qui avait la faculté de voir l'humour dans les choses qui faisait pleurer et soupirer les autres. Au cours des années qui ont passé, l'enseigne a été balayée, et un barbier présente aujourd'hui l'endroit où logeaient autrefois les « Bankrupps ». Le magasin situé au-dessus, un établissement d'ameublement général pour les émigrés et les immigrants, a également cédé la place à un salon, je crois, et l'entreprise de pourvoirie d'autrefois s'est développée, entre les mains des fils du vieux propriétaire, en une affaire générale de banque et de change. à proximité au coin de la rue. Le vieux propriétaire est depuis longtemps réuni chez ses pères, m'a-t-on dit ; mais les garçons possèdent une grande partie de son sens des affaires et de ses propensions à gagner de l'argent et se portent bien, préférant cependant manipuler les devises des différentes nations plutôt que de vendre des casseroles, des poêles, des matelas et des vêtements de mauvaise qualité, comme le faisait le vieil homme.

Leur père était un Hébreu, qui avait peut-être ou non une histoire très intéressante avant que je le rencontre, mais au moment de notre connaissance, il avait l'air si gros et à l'aise et l'argent était si clairement son ami et bienfaiteur qu'il était plutôt prosaïque. représentatif de sa race. J'avais entendu parler de lui à New York, après avoir tenté en vain, là-bas et à Brooklyn, d'obtenir une place de gardien sur un transport de bétail à destination de l'Europe.

Huit mois de dur labeur sur la route avaient entraîné de nombreux changements dans mon tempérament, ma façon de calculer et mon apparence générale. Je n'étais plus le jeune qui avait sauté par la fenêtre du deuxième étage et s'était dirigé vers des régions inconnues. Si cela avait été nécessaire, mon physique était devenu si dur et endurci qu'en arrivant à Hoboken, j'aurais pu me faire honneur, je pense, de sortir par une fenêtre du troisième étage. J'étais maigre et maigre, certes, mais de telles caractéristiques sont très trompeuses pour l'observateur qui ne connaît pas la vie de vagabond. Ils peuvent signifier maladie, bien sûr, mais le plus souvent bonne santé, et dans mon cas, c'était décidément la dernière. Quoi que le clochard ait fait ou échoué pour moi, il avait renforcé mes muscles, renforcé mes nerfs et poussé mon autonomie à un état de fonctionnement optimal. De nombreuses vacances au cours des dernières années, en ce qui concerne la simple santé, auraient pu être passées avec profit sur la route. Mais il y a dix-huit ans, c'était une autre affaire. *Die Ferne* en tant que telle était, au moins temporairement, sous contrôle ; J'en avais assez de simplement dériver, et que je trouve ou non un foyer à l'étranger, les perspectives ne pourraient guère être plus sombres sur les mers que dans mon propre pays. J'avais quelques connaissances en langues étrangères et je savais qu'à la rigueur, je pourrais me retirer en Angleterre ou dans l'une de ses colonies, si l'Allemagne se révélait inhospitalière. Comment faire passer le message était le principal problème. Les navires à bestiaux étaient, semble-t-il, surchargés, et les chances de succès en tant que passager clandestin étaient jugées mauvaises.

J'ai enfin entendu parler de l'hébreu corpulent et du club "Bankrupps" à Hoboken. Un marin allemand m'a parlé de l'endroit, décrivant la cave comme un refuge pour les Européens « gebustés », prêts à retourner travailler vers leurs anciennes maisons de campagne comme passeurs de charbon. Le marin a déclaré que toute personne, européenne ou non, était la bienvenue au club, à condition qu'elle paraisse capable de supporter le voyage. L'Hébreu recevait deux dollars des compagnies de navigation à vapeur pour chaque homme qu'il réussissait à expédier.

Ma première entrevue avec cet homme, comment il m'a dominé et comment je lui ai répondu, ces choses me sont aussi vives aujourd'hui qu'elles l'étaient il y a des années. "Du bist zu schwach" (tu es trop faible), m'a-t-il dit en apprenant mon désir d'avoir une place de tailleur de charbon. "Les hommes-cochons sont nécessaires pour ce travail", et ses grands yeux orientaux parcouraient avec dédain mon apparence minable.

"Peu importe à quel point je suis *schwach* ", *lui ai-je assuré;* "C'est ma surveillance. Regarde ici ! Je te donnerai deux dollars en plus de ce que la compagnie te donne, si tu me trouves une place."

De nouveau, les yeux de l'Oriental roulèrent et se fermèrent. "Vell," répondit enfin l'homme, "tu peux dormir en bas, mais je pense que tu es *zu schwach* ."

La semaine passée « en bas » est peut-être une semaine aussi mémorable que n'importe quelle autre de mon existence. Jour après jour, les "hommes-cochons" par douzaines quittaient la cave pour prendre position, de grands navires sifflaient et se dirigeaient vers le puissant courant vers l'extérieur, ma petite réserve de pièces de dix sous et de cinq cents devenait de plus en plus petite - et j'étais toujours "en bas", attendant ma chance (sans espoir, semblait-il) avec les autres incapables que les médecins du bord avaient refusé de laisser passer. Le garçon italien, avec sa douce voix de ténor et son tempérament ensoleillé, contribuait à égayer la vie pendant la journée et en début de soirée, mais les heures sombres de la nuit, pleines de gémissements et de soupirs des vieillards cherchant une place, étaient lugubres. assez. Presque toutes les nationalités étaient représentées dans la cave pendant la semaine que j'y ai passée, mais les Allemands prédominaient. Quelles histoires de malheur et de détresse ces hommes avaient à raconter ! Ils ont tous été « gebusted », chacun d'entre eux. Un prêteur sur gages n'aurait probablement pas donné cinq dollars pour les biens de tout l'équipage.

"Amerika" était le délinquant dans chaque cas d'échec signalé — les hommes eux-mêmes étaient sûrs de ne pas être particulièrement responsables de leur défaite et de leur faillite. "Je n'aurais jamais dû venir dans ce pays maudit", affirmaient pratiquement tous les pensionnaires de la cave, à l'exception du petit Italien. Il aimait *Neuvo Yorko, malto una citt bellissima* — mais il voulait revoir sa mère et *Itallia* . Puis il reviendrait à *Neuvo Yorko* pour en être maire, peut-être un jour. L'espoir qui est chez les Américains était aussi en lui. Il y croyait, en lui et en sa mère ; pourquoi ne deviendrait-il pas un bon Américain ? Pourquoi pas, en effet ?

Mais ces pauvres vieillards de Norvège ! Leur sort était le plus triste. "Les boogs" (insectes), m'a dit l'un d'eux, une créature ancienne aux yeux et aux tempes enfoncés, "ils dévorent toute ma ferme, tout. Ils arrivent en un jour. L'argent de mon hypothèque est dû. Ils prennent mes récoltes, tout ce que je veux. J'avais. Non ! L'Amérique ne me servait à rien. Je retourne voir ma fille pour mieux. Je me demande où est ce pauvre vieux, s'il est encore sur terre. Navire après navire sortait, mais il n'y avait pas de place pour son corps desséché, et après chaque défaite, il retombait en soupirant, dans son coin de la cave, image de déception et de chagrin comme je n'en ai jamais vu ailleurs, ni j'ai envie de le contempler à nouveau.

Nos lits n'étaient que des journaux, certains jaunes, d'autres à moitié jaunes, et d'autres assez calmes, je n'en doute pas. Cependant, nous avons dormi sans nous soucier des politiques et des éditoriaux des journaux. Chercher nos repas et nous demander quand nos couchettes sur les bateaux à vapeur seraient prêtes constituait notre travail de la journée et nous laissait la nuit, trop fatigués pour savoir ou nous soucier vraiment de savoir si nous étions allongés sur des plumes ou du fer. Depuis, j'ai passé de nombreuses nuits reposantes à Hoboken, et pour m'endormir, même avec les moustiques comme compagnons de lit, il n'a rien fallu de plus que de me remémorer ces nuits de journaux dans le refuge souterrain des Hébreux. J'espère qu'il se repose bien quelque part.

"Lève-toi, *hop* ! On y va tous, *hop* !" Il était cinq heures, par une fraîche matinée d'octobre, et mon ami, le petit Italien, tirait sur ma veste. "Lève-toi, *fratello* ", a-t-il insisté. "Beaucoup de bonnes nouvelles." La lumière pénétrait difficilement à travers les fenêtres et les portes recouvertes de toiles d'araignées, et le Norvégien soupirait à nouveau. Je me suis assis, je me suis frotté les yeux et j'ai regardé l'Italien avec étonnement.

"Où est ta bonne nouvelle ?" J'ai bâillé et j'ai enfilé ma veste.

« Beaucoup… beaucoup », a-t-il poursuivi. "Policier, il est mort. Dix-huit pompiers et passants lui ont mis une hachette dans la tête juste devant ici. Du sang sur le trottoir. Les pompiers et les passants sont pincés. Le navire - elle appelle l' *Elbe* - il part à neuf heures. Le vieux juif, il a été attrapé. pour nous expédier . Pas le temps de regarder autour de moi, c'est une bonne nouvelle, quoi ?

Je fus le premier à raconter aux Hébreux ce qui s'était passé pendant la nuit, en soulignant la nécessité de trouver immédiatement des passeurs de charbon et le fait que nous étions les matériaux les plus pratiques. Quel changement s'est produit sur le visage de l'homme ! Les rides endormies, les yeux indolents, les mains ornées de bijoux, la panse saillante s'animèrent merveilleusement.

"Vous êtes sûr?" » demanda-t-il avec impatience.

"Absolument. Les hommes sont tous arrêtés."

"Ah, ah !" et les mains ornées de bijoux se frottaient avec appréciation. "Très bien ! Maintenant arrive votre *Gelegenhei* , c'est bien. Je m'occupe des choses rapidement", et il se dandinait jusqu'aux quais nord-allemands de la Lloyd pour s'assurer que la nouvelle était exacte, que l'Italien n'avait pas commis d'erreur à cause de en utilisant des romans à dix sous comme oreiller la veille. Trente-six dollars lui appartiendraient s'il parvenait à trouver le nombre d'hommes requis – un bon salaire pour son temps et son travail.

"Ouais, ouais", rigola-t-il une demi-heure plus tard, quand je le revis. "Cette fois, vas-y, *ganz sicher* . Tu es un garçon très chanceux. Dis aux autres de rester dans la cave ; je ne dois pas les perdre."

A huit heures, il apparut parmi nous pour sélectionner les hommes les plus utiles. Une fois de plus, le pauvre vieux Norvégien fut exclu : « *zu schwach* », tonna l'hébreu en réponse aux supplications de l'homme d'être accueilli, et une fois de plus il se faufila dans son coin en pleurant. Il y en avait encore d'autres qui ne parvenaient pas à atteindre le niveau de condition physique de l'Hébreu, mais aucun cas n'était aussi pitoyable que celui du Norvégien.

Dix-huit hommes, certains pompiers experts trouvés ailleurs, et le reste des passeurs de charbon vert comme moi, furent finalement choisis, alignés dans la rue, comptés pour la vingtième fois, semblait-il, par les fils mathématiques des Hébreux, puis marchèrent en file indienne. nous traversâmes la rue et descendîmes le quai jusqu'à la passerelle *de l'Elbe , où nous attendait le médecin du bord.* La réserve était si peu nombreuse que l'homme fut obligé de nous accepter tous, ce qu'il n'aurait certainement pas fait s'il y avait eu un plus grand nombre d'hommes parmi lesquels choisir. Il a souri significativement lorsqu'il m'a laissé passer, et cela m'a rappelé ce qu'un tenancier de salon m'avait dit plus tôt dans la matinée. J'étais allé chez lui pour le petit-déjeuner et il m'a demandé si je cherchais un travail. J'ai dit que je l'étais, expliquant combien de temps nous avions tous attendu des opportunités d'expédition.

"Tu y vas en passeur ?" il s'est excalmé. "Eh bien, mon garçon, ils t'enterreront en mer, bien sûr. Tu ne supportes pas le travail. Attends et vois", prévint-il, comme si attendre, voir et enterrer en mer étaient nécessaires pour étayer ses paroles.

« Reste ici avec moi, poursuivit-il, et je te donnerai un travail.

"Faire quoi?"

"Oh, nettoyer et apprendre le métier."

Je l'ai remercié pour sa gentillesse, mais j'ai insisté sur le fait que j'allais expédier.

"Eh bien, quand ils vous jettent par-dessus bord, ne me blâmez pas", a-t-il demandé, remplissant mon assiette comme si c'était le dernier "remplissage" que j'aurais jamais dû avoir à terre. Alors que nous faisions tous la queue et marchions vers le navire, il m'a fait un *signe d'adieu* avec une serviette à bière depuis sa porte et m'a rappelé de ne pas oublier ce qu'il avait dit.

Comme autrefois, lorsque j'étais à l'université et que je vivais dans la maison d'un avocat, la carrière d'un avocat avait été impitoyablement mise de côté, j'étais peut-être en train de gâcher une merveilleuse chance de devenir tenancier de salon, voire même un grand brasseur de graisse, qui sait ? C'est ainsi que les opportunités vont et viennent. Je vis peut-être désormais dans l'aisance et le luxe dans un palais sans moustiques sur les hauteurs d'Hoboken. Dans l'état actuel des choses, je suis encore un piètre combattant — mais pour le moment, je ne suis pas inquiété par les moustiques, Dieu merci. À maintes reprises, après que notre bon navire eut pris la mer et que nous eussions tous été initiés à notre travail, je me souvins de mon ami, le gardien du salon, et regrettai temporairement de ne pas m'être rangé à son inquiétude. Maintenant, je sais que c'était pour le mieux que le métier de passeur de charbon ait été préféré. L'autre jour encore, j'ai appris avec regret que le patron du saloon était devenu fou peu de temps après que je l'ai connu, sa monomanie étant les trottoirs. On dit qu'il était tellement malade qu'il pensait que le plafond de son salon était un trottoir, et c'est lorsqu'il a essayé d'utiliser le plafond comme trottoir pour ses fûts de bière vides qu'il a été déclaré incurablement hors d'usage.

Une fois affectés à nos différentes couchettes sur l' *Elbe* , un des chefs des pompiers nous a indiqué nos différents quarts. Un officier, passant à ce moment-là, a fait remarquer que le chef des pompiers avait « beaucoup de rhum » à manipuler.

"Ach Gott!" ce dernier revint jovialement. "La chaleur les fera transpirer pour les remettre en forme. Je connais le genre."

Il l'a sans doute fait, mais je me souviens néanmoins de certains hommes que la chaleur ne leur permettait pas de se mettre en forme ou de se transformer en quoi que ce soit d'autre qui en valait la peine. Ils sont nés à la traîne et furtifs, confiant tout le travail qu'ils pouvaient éviter à d'autres qui essayaient honnêtement de faire de leur mieux. Il est assez banal de dire que de tels êtres humains se trouvent partout, mais ils devraient certainement être exclus de la salle d'incendie d'un paquebot.

Mes « veilles », d'une durée de quatre heures, commençaient à huit heures du matin et à quatre heures de l'après-midi ; le reste du temps, j'étais libre, sauf quand c'était mon tour de porter de l'eau et d'aider à nettoyer le réfectoire.

La première descente dans la salle du feu est inoubliable. Bien que l'enfer en tant que domicile ait été abandonné depuis longtemps par moi comme un simple dispositif théologique, utile pour laisser les gens dans l'incertitude, mais autrement une imposition à l'intelligence d'une personne sensée et ne valant pas la peine d'être prise en compte dans l'ordre général des choses, en parcourant cette série de Des échelles dans les entrailles du vieil *Elbe* , la chaleur qui semblait sauter de dix degrés par échelle, ont donné à ma disposition sûre de l'enfer une violente secousse. J'ai pensé à la remarque souvent citée du général Sherman sur la guerre et je me suis demandé s'il avait déjà testé sa foi en cette question par des enquêtes ultérieures dans la salle de stockage d'un paquebot. En effet, je pensais à tout ce qui, semblait-il, signifiait des choses infernales.

Enfin, la dernière échelle fut atteinte, et nous étions au bas – le bas de tout était la pensée de plus d'un esprit cet après-midi. Le pompier en chef de notre quart a immédiatement attiré mon attention sur un tisonnier, mesurant facilement un pouce et demi d'épaisseur et vingt à trente pieds de long. "Le vôtre!" il a crié. "Le vôtre!" et il ouvrit une des portes en cendres d'un fourneau, mimant ce que je devais faire avec le tisonnier. J'ai plongé vers lui comme un fou, je l'ai à peine soulevé du sol et je l'ai mis en cendres, puis je n'en ai pas laissé tomber trop proprement dessus. "Dépêche-toi, espèce de truie", a crié le pompier, et je me suis encore débattu avec le terrible tisonnier, parvenant enfin à ratisser les cendres. Puis vint le « soulèvement de cendres », l' *Elbe* ayant l'ancien système de godets pour le travail. De grands seaux métalliques nous étaient descendus d'en haut grâce à un ventilateur. Les seaux remplis, ils étaient de nouveau remontés, déversés puis renvoyés pour un autre remplissage. Un jour, un seau s'est détaché de la chaîne et s'est écrasé contre le ventilateur sous lequel je prenais l'air. Pour une raison quelconque, je n'ai pas entendu le seau et le pompier a à peine eu le temps de me mettre hors de danger que le seau est tombé au sol avec un bruit sourd écœurant. Si nous nous étions déjà rencontrés, mais à quoi sert « si » plutôt que « peut-être » ? Il s'agissait simplement d'un cas évident d'« encaissement » différé.

Les cendres étaient sorties et levées, nous, les pareurs, étions divisés en pelleteurs et en porteurs. Parfois, j'étais transporteur et je devais transporter des paniers de charbon jusqu'aux pompiers : « tailler » le charbon consiste, autant que je l'ai appris, à simplement jeter les paniers à la manière commode pour les pompiers ; et parfois j'étais pelleteur, mes fonctions consistant alors à remplir les paniers des passants. Chaque instant, passer et pelleter, était un travail honnête et dur. Shirking fut sévèrement réprimandé, mais, comme je l'ai dit, il y en avait quelques-uns qui faisaient aussi peu qu'ils pouvaient, bien qu'ils fussent bien mieux préparés à ce travail que moi, par exemple. Une fois, notre « patron » a décidé que j'avançais trop lentement. Il m'a trouvé aux prises avec un panier plein, dans l'allée entre les chaudières chaudes. « Encore avec les charbons », s'écria-t-il ; "plus loin!" accompagnant le commandement de ce qu'il a appelé un « coup » sur la tête avec son chiffon anti-transpiration. J'étais fatigué, mentalement et physiquement, j'avais la tête étourdie et mes jambes vacillaient. Pendant une très courte seconde, après que le pompier m'ait frappé, j'ai failli perdre le contrôle de moi-même et faire quelque chose de très imprudent. Ce « coup » de chiffon en sueur avait éveillé tout ce qui me restait de virilité, d'honneur et de fierté, et j'ai regardé le pompier dans les yeux avec un meurtre dans le mien. Il se retourna, et j'étais sur le point de prendre un gros morceau de charbon et de le lui donner, quand les vestiges de bon sens qui me restaient s'affirmèrent ; et je me souvenais du traitement réservé aux actes de mutinerie en haute mer. Sans aucun doute, j'aurais été mis aux fers, et d'autres ennuis auraient pu m'attendre en Allemagne. J'ai laissé tomber le morceau de charbon et j'ai continué mon chemin, lâche, semble-t-il, et je me sentais comme tel. Mais il valait mieux, pour le moment, supporter de tels sentiments, aussi exaspérants soient-ils, que d'être enfermé et jeté aux fers. Je dois reprocher à ma vie de vagabond, si le blâme est nécessaire dans les locaux, d'avoir souvent empoché mon orgueil dans des occasions plus ou moins semblables, alors qu'une défaite écrasante me regardait en face si j'avais pris l'offensive.

Vers le milieu de chaque montre, des « rafraîchissements » étaient servis sous forme de gin. Une énorme bouteille, parfois un seau, circulait et chaque homme, pompier comme ouvrier, devait prendre sa part. Pendant ce court répit, il y eut un léger semblant de jovialité parmi les hommes. Des conversations brouillonnes se faisaient entendre, et parfois un rire – un rire rauque et vulgaire, évoquant la poussière de charbon, se distinguait du bruit général. Notre montre était composée d'un groupe d'hommes aussi brutaux que ceux avec lesquels j'ai jamais travaillé. Chaque mouvement qu'ils faisaient était accompagné d'une malédiction, et les pompiers, torse nu et la sueur qui coulait sur eux, ressemblaient parfois à d'horribles démons lorsqu'ils entretenaient leurs feux. Pourtant, lorsque la « garde » était terminée et que les hommes avaient fait le ménage, beaucoup d'entre eux montraient des traits de caractère plus doux qui rachetaient une grande partie de leur rudesse lorsqu'ils étaient en bas.

L'appel à monter les échelles a été le son le plus doux que j'ai entendu tout au long du voyage. Tout d'abord, les hommes pour nous relever arrivaient en grand bruit, et peu de temps après, nous étions libres de retourner à la lumière du jour et à l'air frais. Il y avait généralement des cris de joie en de telles occasions, les pompiers étant tout aussi heureux que les régleurs inexpérimentés. Mon petit ami italien chantait « Santa Lucia » à presque chaque montée vers le bain et vers les lits superposés. Un lavage nous attendait tous au sommet, et peu après un somptueux repas, en quantité et en salubrité certainement aussi bon que tout ce qui était offert aux passagers du salon. Le chef des pompiers a insisté pour que nous mangions autant que nous pouvions. Il voulait des pareurs en bonne santé et bien nourris dans son équipe, et moi, au moins, je devais souvent manger plus que je ne voulais ou que ce dont j'avais vraiment besoin.

Un jour, j'ai décidé d'essayer d'échapper à chaque montre. La nuit précédente, j'avais à peine dormi, mes yeux étaient terriblement douloureux à cause des cendres qui y pénétraient, et j'étais généralement assez épuisé. D'autres hommes avaient été relevés de leurs fonctions à des moments différents, et il me semblait que mon tour était dû. Je suis allé chez le docteur.

"Bien?" dit-il en anglais. Je m'attardais principalement sur mes yeux douloureux, lui racontant à quel point la chaleur les enflammait.

"Laissez-moi les voir", et il rabattit tour à tour les paupières, lavant chaque œil comme s'il s'agissait d'une table en marbre.

"Et eux maintenant ?" » demanda-t-il après avoir jeté le tissu noirci. Il aurait été payant de lui dire qu'ils étaient meilleurs, ne serait-ce que pour l'empêcher de s'en prendre à nouveau à eux.

"Oh, mais mon dos boiteux !" Répondis-je, heureux de détourner l'attention du médecin dans cette direction. Le pire qu'il puisse faire pour mon dos était de mettre un pansement dessus, pensai-je, et cela me soulagerait presque certainement d'une montre au moins.

"Ne vous baissez pas trop", c'était tout ce qu'il recommandait. "Quoi d'autre?"

"Eh bien, docteur", poursuivis-je, "je suis malade, malade partout. J'ai besoin d'au moins une montre pour me reposer."

Le brave homme devint facétieux.

"Eh bien, nous sommes tous malades", rit-il. "Le capitaine, le premier officier, le cuisinier, etc. Nous sommes terriblement en sous-effectif. Si vous ne faites pas attention à vos quarts, le navire ne partira tout simplement pas, et Dieu sait quand nous verrons Bremerhaven."

J'ai souri d'un sourire très maladif et je me suis retiré. Si le vieil *Elbe* était si en difficulté en termes de puissance de propulsion que mes faibles services étaient sans équivoque nécessaires, alors bien sûr, je devrais faire tout mon possible pour sauver, peut-être, la vie du précieux fret dans les cabines – mais, oh ! comme j'aurais aimé rester à Hoboken et devenir propriétaire de saloon, tout sauf passeur de charbon.

Le premier aperçu que nous avons eu de la terre a peut-être été un spectacle plus beau pour certains passagers de la cabine que pour nous, les trimmers, mais cela ne semble guère possible. Mes compagnons me disaient que les rochers et les falaises, à peine visibles, sur notre gauche, étaient l'Angleterre, la patrie de mes ancêtres, mais ce fait ne m'intéressait pas autant que le fait bien plus important qu'ils représentaient *la terre ferme* . J'avais envie de remettre les pieds sur terre, même en Turquie s'il le fallait. Le passage du charbon, la vie dans les soutes, les feux brûlants et le bruit des seaux à cendres m'avaient guéri pour le moment au moins de toutes les propensions à naviguer en mer à titre professionnel. Une offre flatteuse de commander un grand paquebot ne m'aurait guère tenté à ce moment-là. En effet, la vie de vagabond, avec tous ses inconvénients, semblait être un passe-temps d'été comparé à la vie dans un bunker.

Le douzième jour de sortie, je crois, nous avons « atteint » Bremerhaven, où le bon navire devait se reposer, et où les hommes qui avaient embarqué à Hoboken devaient être payés. Le long voyage était terminé, j'avais terminé mon dernier « quart » ci-dessous et j'étais libre de me mêler aux passagers de direction sur le pont et de contempler le nouveau pays pour lequel j'avais voyagé jusqu'ici. Mes vêtements étaient les mêmes que ceux avec lesquels j'étais monté à bord à Hoboken – une tenue assez respectable à l'époque, mais qui avait maintenant cruellement besoin d'être nettoyée et réparée. Mon visage et mes mains étaient sombres et sales, bien qu'ils aient été lavés à maintes reprises ; il était tout simplement impossible d'en extraire toute la poussière de charbon. En effet, il a fallu plusieurs jours avant que mes mains ne redeviennent normales.

Le chef des pompiers m'a vu sur le pont et s'est approché de moi. Son attitude avait complètement changé. Son devoir était terminé, le grand navire était au port et il pouvait se permettre de se déplier un peu.

"Pas encore habillé pour aller à terre ?" » dit-il amicalement, ses yeux parcourant précipitamment mes vêtements. "Nous allons bientôt accoster et tu veux être prêt."

"Ce sont tous les vêtements de rivage ou tout autre genre que j'ai", répondis-je, et pour ce que je pouvais voir à ce moment-là, c'était tout ce que j'allais avoir pendant un certain temps encore.

"Je suis trop gros, ou tu pourrais en avoir un peu", m'a assuré le pompier, la sincérité évidente de son offre me faisant oublier le "coup" qu'il m'avait donné dans la caserne des pompiers. Nous nous serrâmes la main, nous félicitâmes d'avoir fait sa part pour aider à ramener le navire au port, puis nous nous séparâmes, cinq minutes et la bienveillance du pompier ayant suffi à disperser à jamais, j'espère, tous les meurtriers. des pensées de vengeance que j'avais accumulées contre lui depuis une semaine et plus. Tel a été le sort de presque toutes mes intentions de vengeance dans la vie. Soit ils se sont consumés par leur chaleur intense, soit quelques mots de réconciliation les ont refroidis jusqu'à ce qu'ils soient devenus flasques et inutiles.

C'était une ligne très différente de passeurs de charbon qui marchaient de l' *Elbe* au *Seemann's Amt* à Bremerhaven pour se faire payer, de celle qui s'était formée devant le magasin des Hébreux à Hoboken. Notre tâche dure et misérable était derrière nous, l'argent était « en vue » et la majorité des hommes étaient de nouveau chez eux. Nous avons reçu dix-sept marks et cinquante pfennigs chacun pour le voyage, quatre dollars et une fraction en monnaie américaine. Nous nous sommes dit au revoir autour de quelques *krugs* de bière et, seuls ou en groupes, nous avons pris des chemins différents. J'ai salué une dernière *fois* l' *Elbe* et j'ai rejoint deux pompiers qui parlaient anglais et m'avaient proposé de m'accompagner vers Berlin, ma prochaine destination.

J'ai appris en leur compagnie quelque chose que la vie dans les quartiers et les maisons des marins a confirmé plus tard dans tous les détails : *c'est* -à-dire que les marins, lorsqu'ils se disent au revoir après un voyage ensemble, doivent chacun prendre des directions absolument différentes en se séparant, en évitant tout groupe. rassemblements et sociabilité « un dernier verre ». Mais autant prêcher la théosophie aux babouins, que tenter d'enseigner cette doctrine aux hommes qui « descendent à la mer sur des bateaux ». En effet, c'est une tâche ingrate que de tenter d'apprendre quoi que ce soit à ces derniers jusqu'à ce qu'ils aient dilapidé une partie de leur argent, trop souvent la totalité, pour un ivrogne. Il en était ainsi à Bremerhaven de mon temps, et je ne doute pas qu'il en soit de même aujourd'hui partout où il y a des ports et des marins rémunérés : à Calcutta, à Singapour, à Frisco, à New York, ou ailleurs. Et pourquoi pas? La vie du passeur de charbon doit-elle se dérouler entièrement dans les bunkers ? Quoi de plus naturel que, une fois à terre, qu'il s'efforce d'oublier certains coups durs, la sueur et la poussière de la chaufferie, d'une carrousel en plein air ? En effet, à quoi sert toute cette agitation, si ce n'est pour permettre une telle indulgence sur terre ? Le moraliste, l'économiste, le sabbatique ont sans aucun doute leurs réponses individuelles à ces questions. Tout ce que je sais des questions et de ma relation avec elles au moment de quitter l' *Elbe* à Bremerhaven, c'est que mon billet pour Berlin a été assuré et que deux billets de rechange ont été sournoisement cachés en cas d'urgence, la prudence, la tempérance et l'économie ont été complètement ignorées. J'ai chanté, ri et régalé avec mes amis jusqu'à la limite de mes capacités financières et physiques, et je ne me souviens pas avoir profité d'un « bon » moment plus juste avec un dollar et demi dans toute ma vie. Aussi, si dur que fût le voyage, je bénis l' *Elbe* pour le plaisir vers lequel elle m'avait guidé. Pauvre vieux bateau ! J'étais à Rome lorsqu'il a coulé en mer du Nord. Je lisais les "bulletins" devant la librairie anglaise de la Piazza di Spagne. Soudain, mes yeux aperçurent la dépêche sur l' *Elbe* . "Vers le bas!" J'ai marmonné à haute voix, et les gens qui se trouvaient à proximité me regardaient comme si j'avais peut-être perdu un ami dans cet accident. En effet, je l'avais fait. Dans une période désespérée, peut-être à *un* tournant de ma vie, un chemin menant je ne savais où, l'autre, comme cela s'est avéré et comme je l'espérais, vers un foyer et une vie décente - en pareille occasion - ce grinçant et fatigué notre navire m'a transporté sain et sauf jusqu'à un port d'accueil de l'autre côté de la mer. Si ce n'est pas de l'amitié, s'il est étrange que j'aie eu l'air solennel et évocateur devant ce tableau d'affichage, alors je ne sais pas ce que signifient les bonnes actions et le souvenir reconnaissant de celles-ci.

Le voyage à Berlin fut une triste entreprise. J'ai commencé par être fatigué, mon billet indiquait la quatrième classe, il y a eu plusieurs changements déroutants et, pendant la majeure partie du voyage, j'ai été coincé parmi une foule de Polonais costauds et parfumés. Habituellement, dans un train respectable et avec un billet de troisième classe, le trajet depuis Brême dure environ six heures. Dans mon train, cela prenait près de seize, voire dix-huit heures. On pouvait difficilement imaginer un retour à la maison plus humble, et je n'ai gaspillé aucun effort mental pour essayer d'augmenter l'humilité en imaginant n'importe quoi. A Celli, on s'amusait à attendre une heure ou deux et à écouter le bavardage d'un petit clochard juif en route pour Nuremberg. Il venait tout juste d'arriver d'Amérique, affirmait-il, via l'Angleterre, après avoir été poussé hors de ce pays et à travers la mer du Nord par une prétendue agence philanthropique, soucieuse apparemment de soulager la Grande-Bretagne de tout ce qui risquait d'augmenter l'impôt sur le revenu. Il voyageait à pied et était rempli de la liste habituelle d'histoires de fantômes et de « documents » sur les autoroutes à péage. Je lui ai raconté une partie de mon histoire pour expliquer pourquoi j'avais l'air si sale.

"Ils ne te laisseront pas entrer à Berlin", a-t-il déclaré, "en ressemblant à ça. Tu ne peux pas en nettoyer ?" J'ai essayé une fois de plus, à la pompe, de me débarrasser de la poussière et de la crasse du bateau à vapeur, mais cet effort n'a laissé aucune amélioration notable dans mon apparence. Bientôt l'heure de mon train approcha, et alors le petit vagabond se montra sous ses vraies couleurs.

« Vous n'êtes pas Américain, dit-il, moi aussi. Ne pouvez-vous pas m'aider un peu : cinq cents suffiront ?

Tout ce qui supplie et grince dans n'importe quelle nationalité que j'ai jamais connue était présent dans les manières et dans la voix de ce misérable garçon. Mais c'était un vagabond comme moi, et j'avais une pièce de vingt pfennig dont je pouvais à peine me passer. Il m'a vu fouiller dans ma poche et hésiter. "Pour le bien de l'Amérique", gémit-il, et en sentimental idiot que j'étais, je lui ai donné l'argent, même s'il en avait déjà plus que moi. Il a dit que les cinq cents étaient nécessaires pour compléter son fonds de soirée pour le dîner et l'hébergement. Je fais référence à ce garçon parce qu'il est typique de tant d'Américains potentiels en détresse, et à cause de son manque total de camaraderie routière pour me déranger - plus pauvre qu'il ne l'était - alors qu'une ville entière d'Allemands le regardait en face. . La Route *internationale* est honteusement déshonorée par ces vagabonds sans scrupules.

Mon arrivée à Berlin à une heure du matin, sale, les vêtements effilochés et déchirés, et mon budget si bas que je ne pouvais pas me permettre ne serait-ce qu'un « groschen » (deux centimes et demi) pour un trajet en tramway, était plus désolé, si cela était possible, que ne l'avait été le voyage depuis Brême. Une chose que j'avais cependant soigneusement conservée, c'était l'adresse de ma mère. En demandant et en tâtonnant, j'ai été moqué par les faucons et les ouvriers la nuit, et observé avec méfiance par les policiers, j'ai finalement trouvé la maison. Il était maintenant deux heures du matin.

Le *portier* a répondu à ma sonnerie à la porte de la rue. Je lui ai raconté une histoire comme il n'en avait probablement jamais entendu auparavant et n'en entendra jamais plus, mais mon succès était probablement dû davantage à ma nationalité étrangère évidente qu'à l'histoire. Il savait que mon peuple était des étrangers, et il savait si peu de choses d'autre, comme je l'ai appris plus tard, que, malgré mon apparence, il pensait sans doute que les Américains ont droit à toutes sortes d'excentricités et que j'étais ce que je prétends. Ce qu'il était censé être : un mécanicien de bord en courte permission à terre avec ses bagages perdus pendant le transport. Une « histoire de fantômes » boiteuse, au mieux, aussi bien livrée soit-elle, mais elle a gagné dans mon cas.

"Eh bien, je vais monter avec vous voir ce que dit madame", déclara-t-il finalement, et nous montâmes, le brave homme me regardant furtivement sous ses sourcils de temps en temps, se demandant visiblement s'il faisait ou non quelque chose. une terrible erreur. Ma mère a répondu à notre appel.

"Qui est là?" » demanda-t-elle en allemand, habituée aux appels nocturnes des messagers télégraphiques. J'ai oublié ma grammaire, mon apparence, tout en fait sauf que de l'autre côté de cette porte se trouvait un être humain très susceptible de me donner un logement pour la nuit et de me pardonner.

"C'est moi!" J'ai répondu en anglais. La porte s'est ouverte, le *portier* a reçu ses honoraires et je suis entré dans une maison qui, à côté de la vieille maison brune de notre Middle West, a fait plus pour donner l'impression qu'une maison vaut la peine que toute autre que j'ai connue.

CHAPITRE IX

SOUS LA DEN LINDEN

Le Berlin de la fin des années 80 était une ville très différente du Berlin d'aujourd'hui. Il n'y a probablement aucune autre ville continentale qui ait subi autant de changements au cours de la même période. Lorsque je me suis promené dans les environs, il y a près de vingt ans, il n'y avait pas de voitures électriques : les chevaux étaient encore la force motrice exclusive dans les rues commerçantes ; il n'y avait pas de sens de circulation rationnel – ce n'est pas le cas aujourd'hui dans certaines régions ; je ne me souviens pas avoir vu d'automobiles ; il n'y avait pas de grands magasins comme ceux qui rivalisent aujourd'hui avec ceux de New York ; il n'y avait pas d'éclairage public comme aujourd'hui ; et il n'y avait en aucun cas autant d'Allemands appuyés sur les rebords des fenêtres et dans les rues. Comme Moscou, l'endroit ressemblait plus à un grand village envahi par la végétation qu'à la capitale d'un grand pays. Les gens étaient provinciaux, les nouveaux militaires se comportaient souvent comme s'ils pensaient que la ville avait été construite et entretenue pour leur divertissement exclusif, et les étrangers, en particulier les Américains, qui osaient s'habiller comme ils le font à la maison - des robes blanches en été pour les dames. , par exemple, étaient regardés comme s'ils étaient une nouvelle espèce d'êtres humains. Mais sur un point particulier, la ville n'a pas changé et ne changera probablement jamais : en *ce qui concerne* le niveau de bruit, les Berlinois sont égalés lorsqu'ils sont lâchés dans les rues, à pied, dans les trains ou à *Drosckken* . S'il est vrai que le mot *allemand* , philologiquement disséqué, signifie un crieur au combat, alors le mot Berliner signifie deux crieurs parlant d'une bataille. Les ya-yaing et nein-neining incessants dans les rues, la conscience de soi transpirante et nerveuse qui envahit une population à forte ossature ont soudainement pris une signification *Welt-Stadt* , la conduite imprudente des chauffeurs de taxi, les cris des victimes des chauffeurs de taxi , tout cela contribue au caractère provincial actuel de la métropole, malgré les tramways modernes, les automobiles, les policiers à moitié londoniens et les taxis taxamétriques. En fait, ces mêmes attributs du cosmopolitisme, le chariot qui grince, par exemple, et l'« auto » soufflante, accentuent de manière très frappante l'accent excessif que la ville met sur les bruits et sont révélateurs de sa soif d'en savoir plus. Il y a vingt ans, les cris et le bourdonnement n'étaient pas si graves, mais la ville rattrape désormais les silences qui ont pu être observés à cette époque.

Une partie du rugissement et de la clameur des rues est due à la quantité inhabituelle de faible trafic dans les rues, aux milliers et aux milliers de taxis, de tricycles « commerciaux » et de brouettes, qui revendiquent tous le droit de jouer leur rôle dans le rugissement et la rumeur de la ville. agitation. Mais une cause bien plus frappante, sinon la principale, est le fait que Berlin a acquis, du jour au lendemain, pour ainsi dire, la prééminence du Welt-Stadt, et que les bons Berlinois ne se sont pas encore suffisamment démêlés pour maintenir un rythme ordonné sous le nouvel ordre des choses. Les deux tiers d'entre eux vivent encore sous l'ancien régime des hippomobiles, et lorsqu'ils arrivent dans les coins encombrés, où règnent le bruit des tramways et le « toff-toff » de l'automobile, ils contribuent très volontiers à accroître la confusion générale.

C'est du moins ainsi que la ville m'a impressionné il y a un an ou deux, comparée à la ville facile à vivre dans laquelle je suis entré pour la première fois en tant que passeur de charbon, avec des papiers de décharge honorables en poche, et très peu d'autres choses. Mais loin de moi l'idée de m'étendre sur ce sujet, car s'il est une ville au monde à laquelle je dois être reconnaissant, c'est bien Berlin. S'il plaît aux Berlinois de crier sur les toits leur distinction de Ville mondiale, comme s'ils craignaient qu'elle puisse autrement passer inaperçue, tant mieux ; le bruit a l'air drôle, c'est tout, surtout après Londres et New York.

J'ai commencé ma carrière en ville avec un prêt-à-porter très « hollandais », des chaussures à talons hauts qu'on pouvait enfiler d'un seul coup comme la pantoufle « Roméo », une cravate-mouches toute faite et un chapeau. dont le style peut être vu à son meilleur dans ce pays, dans le voisinage d'Ellis Island ; c'était en effet une couleur locale détestée. Pendant que je dormais sur le canapé de la bibliothèque de ma mère, compensant le manque de sommeil en mer, ma mère est sortie et a gentiment fait ces achats. Lavé, habillé et nourri, j'avais peut-être l'air « hollandais », mais j'étais au moins propre, et il n'y avait pas de pompier sombre sur le point de m'ordonner de me dépêcher « plus loin avec les charbons ».

Le médecin de famille, un homme qui a depuis accompli de grandes choses et qui est l'un des médecins les plus célèbres de Berlin, pour une raison qu'il connaît mieux, m'a examiné attentivement pour voir comment j'avais supporté le voyage. Tout ce qu'il put constater, c'était une activité cardiaque considérablement accélérée, ce qui ne l'inquiétait cependant pas beaucoup. A cette époque, ce brave homme commençait tout juste à apprendre l'anglais et, lors de notre première rencontre, il m'a fait écouter son interprétation de "Early to bed, early to lever", etc. Quelques semaines plus tard, lors d'une visite professionnelle dans un Jeune dame américaine, notre nouvelle voisine, il s'est enhardi à donner quelques conseils en anglais, à composer une phrase originale. Il voulait que la jeune femme fasse plus d'exercice, et c'est ainsi qu'il lui a dit d'en faire.

"Tragez une inspiration de teep, emmenez trois moutons à cochons sur le sol et dix expirent." Elle a magnifiquement surmonté sa maladie.

À cette époque, à la fin des années 80 et au début des années 90, la colonie américaine, comme on l'appelait, vivait principalement dans la partie ouest de la ville, dans le quartier du Jardin Zoologique. Le médecin, ou professeur, comme on l'appelle aujourd'hui, fut pendant des années le médecin de la colonie, et nombreux furent les regrets lorsqu'il renonça à nous rendre visite. Nous avions toujours le privilège de rendre visite à son bureau, mais le travail *à l'hôpital* et les patients impériaux l'empêchaient de nous rendre visite, bien qu'il rende gentiment visite aux voisins chez ma mère tant qu'il restait dans notre rue. Il est maintenant vieux et grisonnant, mais je l'ai trouvé aussi amical et hospitalier lors de ma dernière visite à Berlin, malgré sa belle villa, ses laquais et ses voitures, que lorsqu'il m'a examiné pour des fractures et des muscles tordus après le passage du charbon. expérience. Je lui ai dit que j'étais en route pour la Russie pour étudier la révolution très médiatisée. Son visage devint grave, comme autrefois lorsqu'il étudiait un cas. "Faites attention, mon fils", m'a-t-il prévenu; "Soyez très prudent en Pologne." L'avertissement paternel et l'intérêt amical m'ont rappelé des souvenirs du Berlin que j'avais connu et en quelque sorte aimé, la ville qui m'a accueilli et m'a vraiment donné une autre chance.

Presque toutes les colonies américaines à l'étranger ne sont guère plus que des camps. Les campeurs tardent un moment, pour une raison ou une autre – la culture est ce que la plupart d'entre eux prétendent rechercher – puis replient leurs tentes et s'en vont, ceux qui restent sur place devant se familiariser à nouveau avec le nouveau groupe de « culturistes » qui sont sûrs d'arriver à temps. Il existe à Venise un camp anglo-saxon qui revendique d'anciens privilèges et droits. En 1894-95, j'ai passé quatre mois inoubliables dans ce lieu et j'ai fait la connaissance de nombreux campeurs.

"Et depuis combien de temps es-tu ici ?" » était une de mes questions sur la rencontre avec un Anglais ou un compatriote, commençant déjà à me vanter de ma longue résidence.

"Dix-huit ans, merci !" » fut la réponse que j'ai reçue à plusieurs reprises. Mon séjour de quatre mois n'avait qu'une très faible signification par rapport au bilan des anciens résidents, mais malgré leur long séjour dans la ville, ils étaient après tout des campeurs. Par exemple, quand arrivaient les vacances de Noël, ils parlaient tous de rentrer « chez eux » en Angleterre. Venise n'était pas leur maison. C'était simplement un lieu de résidence souhaitable pour le moment.

Il en est ainsi partout où j'ai vécu sur le continent. À quelques exceptions près, les colons américains sont des résidents de passage que vous connaissez à peine avant de partir vers un nouveau terrain de tente. Que cette vie « colossale » soit avantageuse ou non pour l'éducation des enfants, c'est une question que chaque famille de camping décide pour elle-même. Dans le cas des jeunes hommes, étudiants par exemple, cela présente des avantages et des inconvénients. Dans mon cas, je pense que cela a bien fonctionné pendant un certain temps. Ce n'était pas obligatoire; J'aurais pu retourner en Amérique à tout moment. Et cela m'a donné l'occasion de voir à quel point je pouvais garder mon dossier propre dans une communauté qui n'était pas au courant de ma diabolique précédente. Il n'y avait aucune raison locale pour laquelle je ne devrais pas tenir la tête aussi haute que quiconque – un privilège qui, je crois, explique en grande partie la fierté que j'éprouvais à essayer de mériter un tel droit.

Il y a bien loin de la réserve d'un paquebot à une maison raffinée et à des possibilités d'éducation inégalées. Personne qui m'avait vu passer du charbon sur l' *Elbe* n'aurait imaginé me rencontrer quelques mois plus tard dans les salles de cours de l'Université de Berlin, étudiant à part entière à la « faculté de philosophie ». Et personne n'a été plus surpris d'une telle métamorphose que l'étudiant lui-même.

Cela s'est produit de cette manière : pendant environ quinze jours après mon arrivée à Berlin, je ne me sentais pas à la hauteur d'autre chose que de m'asseoir dans la bibliothèque de ma mère, de me reposer et de lire. La petite tenue « hollandaise » me rendait au moins présentable, et j'étais invité à passer autant de temps que je le souhaitais à parcourir les livres. Cela m'a semblé étrange pendant un moment de m'asseoir là confortablement et facilement, après le long voyage de vagabondage et le voyage sur l' *Elbe* , mais je me suis vite retrouvé à m'adapter au nouvel arrangement sans trop de difficulté. L'expérience du passage du charbon avait épuisé mes ressources physiques plus que je ne l'avais imaginé au début, et passer des jours allongés sur un salon était à peu près tout ce que je me sentais capable de faire. C'est à cette époque, je me souviens, que j'ai lu « Voyages en Afrique » de Livingstone, « Daniel Deronda » de George Eliot, certains « Économie politique » de John Stuart Mills et des chapitres de l'histoire allemande. Je semblais adopter cette sélection dans mes lectures aussi naturellement que je l'avais fait autrefois pour les voyages de vagabondage – témoignage, me semble-t-il, que deux ensembles de forces étaient toujours à l'œuvre en moi. En parcourant ces livres, La Route, *Die Ferne* et mes anciennes camaraderies semblaient aussi étrangères à ma nature qu'elles pouvaient l'être ; en effet, je me surprenais souvent à parcourir la bibliothèque, avec ses rendez-vous agréables, et à me demander si mes pérégrinations n'étaient pas, après tout, un simple cauchemar.

Des soins amicaux et une bonne nourriture me rendirent bientôt ma bonne santé habituelle, puis vinrent des promenades, des visites dans et autour de la ville, des expériences linguistiques sur des chauffeurs de taxi et des conducteurs de tramway qui souffraient depuis longtemps, et une agréable série d'excursions dans les environs. Mais rien n'avait encore été dit ni décidé quant à mon statut dans le nouveau foyer, ma mère souhaitant apparemment que je récupère d'abord, puis que je suggère moi-même quelque chose. Mon vingt et unième anniversaire approchait. Je n'étais plus un garçon sans responsabilités. Mon propre sentiment de bien-être des choses me disait qu'il était grand temps pour moi de me lever et de faire quelque chose, si je voulais être utile à moi-même et à ma famille. Pourtant, pour ma vie, je ne pouvais penser à rien de plus rémunérateur et de plus honorable comme métier que la vie de bûcheron dans la Forêt-Noire. Un des charbonniers de l' *Elbe* , un « bankrupp » que j'avais connu dans la cave d'Hoboken, m'avait parlé de ce travail dans le sud de l'Allemagne et j'avais décidé d'y aller au cas où Berlin se révélerait inhospitalier. Au mieux, c'était un travail de fortune, mais, pour le moment, c'était la meilleure perspective que j'avais – du moins c'est ce que je pensais. Ma mère, cependant, n'avait pas une bonne opinion de ce projet et me recommanda d'examiner l'ensemble de la question plus à fond.

J'ai finalement décidé qu'il fallait procéder à un autre test équitable de la vie marine, non pas dans les soutes ou dans la salle de stockage, mais sur le pont, ou partout où mes services pourraient être demandés. Pour une raison étrange, j'avais l'Égypte comme objectif, peut-être à cause de la lecture du livre de Livingstone. Il n'y avait rien de particulier dont je me souvienne aujourd'hui qui rende l'Égypte plus attractive que l'Italie. Mais le nom semblait me fasciner et j'ai dit à ma mère que si elle m'aidait à aller à Liverpool, je pensais que ma vocation légitime y apparaîtrait. Plusieurs jours furent consacrés à discuter de ce nouveau projet, mais je persistais à penser que Liverpool et l'Egypte me réservaient quelque chose de merveilleux. Le bon logement et la bonne nourriture avaient très probablement réveillé à nouveau mon *envie de voyager* , mais je sais que le voyage projeté n'était pas une simple errance dans l'obscurité ; Je croyais honnêtement que quelque chose de valable en résulterait. Cependant, en repensant à cette affaire aujourd'hui, je me rappelle que probablement le vieux désir de disparaître dans des régions inconnues et de revenir avec succès plus tard était probablement à l'œuvre en moi.

Il fut évidemment décidé que je devrais au moins m'essayer à Liverpool, et on me donna suffisamment d'argent pour le voyage et même davantage. J'ai quitté Berlin, pensant que je devrais revenir au moins comme amiral de la Flotte, ma mère ayant beaucoup d'espoir à mon égard, regrettant cependant de ne pas vouloir alors sonder un peu plus Berlin et voir si je ne pourrais pas m'intégrer. là.

Comme l'expérience de Liverpool ne m'a pas causé de préjudice particulier, il ne faut peut-être pas le regretter aujourd'hui, mais elle semblait avoir donné très peu de résultats à l'époque. J'ai logé au Sailor's Home et j'ai essayé d'agir et de parler comme un capitaine de navire, aussi longtemps que je disposais d'argent, mais c'était tout ce que je pouvais faire pour devenir amiral ou me diriger vers l'Égypte. La seule « couchette » qui m'a été proposée était dans une goélette norvégienne en tant que « compagnon de cuisine », ou quelque chose comme ça, peu importe ce que « ça » peut signifier. Cependant, Liverpool elle-même, ou plutôt les sections proches du Sailors' Home et de Lime Street, a été fidèlement explorée et étudiée. Une expérience que j'ai vécue peut en valoir la peine ou non, selon les différents points de vue qui sont permis ; mais je pensais, à l'époque, que c'était précieux.

Une fugueuse de Manchester, une jolie petite chose qui avait perdu la tête à cause du théâtre, du music-hall et du ballet, a croisé mon chemin. Elle m'a raconté son histoire, une affaire de pochoirs comme l'Angleterre en est pleine, et je lui ai raconté la mienne, également sur l'Égypte et ma détermination à devenir amiral, si possible. Elle a suggéré que nous combinions nos histoires et nos fonds et que nous devenions riches et célèbres ensemble. Elle était sûre qu'elle était destinée à être une grande actrice, et j'étais également sûr que quelque chose d'illustre m'attendait. « Alice » — c'était le nom de la belle — arrangea très soigneusement la combinaison des fonds ; Heureusement, la plupart des miens étaient en sécurité dans la maison du marin. La totalité de la somme, ou plutôt la somme que je lui ai laissée, a servi à cultiver sa voix et à « dormir » dans les salles de concert de Lime Street ; mais elle expliqua cet égoïsme en promettant de me financer lorsqu'elle réussirait et que je réussirais les examens finaux pour le poste d'amiral. Il n'est pas improbable que j'aurais encore du mal à obtenir de l'argent pour l'éducation musicale d'« Alice » si ses charmes avaient continué à me plaire, mais elle s'est évanouie ou a fait semblant de l'être dans mes bras, en public, un soir près de la maison, et le le sort a été rompu à ce moment-là. L'évanouissement s'est produit dans une ruelle par laquelle les gens passaient vers l'arrière du foyer puis dans une autre rue. Cela s'est produit de manière si inattendue que, malgré la forme élancée de la jeune fille, elle a failli me renverser en s'agrippant à moi. Certains vendeurs de journaux m'ont vu la soutenir et lui éventer le visage avec mon chapeau. Une escouade de policiers, en service de nuit, passait par là et ricanait.

"Je le ferais pour ce goil, je le ferais", a crié l'un des garçons, et les autres ont fait des remarques taquines similaires. "Alice" s'est progressivement rétablie et m'a attrapé le cou.

"Sauve-moi!" elle a pleuré. "Sauve-moi ! Je perds toutes mes notes aiguës."

Je l'ai "sauvée" en deux temps trois mouvements dans un taxi et je l'ai renvoyée chez elle pour chercher les notes aiguës. Je ne l'ai jamais revue, mais cinq ans plus tard, alors qu'un ami et moi parcourions l'Angleterre, je me suis renseigné sur elle dans les salles de concert de Lime Street et j'ai finalement trouvé une vieille connaissance qui se souvenait d'elle.

"Oh, cette fille !" s'exclama la connaissance. "Elle a sept jours. Elle est idiote. Elle pense qu'elle est une donneuse de base. Heureusement que vous et elle n'êtes jamais allés au ménage, n'est-ce pas ?"

Entre mon expérience avec le capricieux « Jeminy » d'autrefois et avec l'« Alice » hurlante, le ménage n'est pas vraiment entré dans ma vie. Je dois cependant remercier « Alice » de m'avoir montré la folie d'essayer de devenir amiral sur la base d'une simple expérience de passeur de charbon. Son ingéniosité et l'épuisement de mes fonds qui en a résulté ont également contribué à me guérir de la fièvre égyptienne. Le résultat de mon voyage en Angleterre a été un retour précipité en Allemagne pour essayer autre chose et célébrer ma majorité. Je voulais dire que cet événement devait marquer un changement distinct dans ma vie, et ce fut le cas à bien des égards.

CHAPITRE X

UNIVERSITÉ DE BERLIN

Au début des années 90, il était plus facile pour les étrangers d'entrer à l'Université de Berlin qu'aujourd'hui. Aujourd'hui, me dit-on, les certificats et diplômes d'autres établissements doivent être présentés avant que l'étudiant puisse s'inscrire. En 1890, mon année d'inscription, tout ce qui était nécessaire pour être inscrit comme étudiant en règle était d'avoir une pièce de vingt marks en poche pour payer les frais d'inscription, et peut-être cinquante marks de plus pour payer les cours du premier semestre. . Rien n'a été demandé sur vos études ou formation académique antérieures. L'université était ouverte à tous les hommes étrangers de plus de dix-sept ans. Les Allemands devaient présenter un certificat *du Gymnase* , mais les étrangers étaient acceptés à leur valeur nominale.

Je peux à peine réprimer un sourire en pensant à mon entrée dans cette célèbre université. Certes, je disposais de l'argent nécessaire et j'avais dépassé depuis longtemps la limite d'âge requise, mais je crains qu'un inventaire de mes autres qualifications ne m'aurait laissé dans une situation désastreuse si les autres qualifications n'avaient pas été prises en compte. accordé. Il est vrai que j'avais passé deux années dans une université américaine, et j'avais peut-être fait plus de lectures *générales* que l'étudiant allemand moyen. Mais qu'y avait-il d'autre pour me donner droit à l'immatriculation ? Rien, je le crains, à moins que ma mère ne le souhaite sincèrement.

À mon retour d'Angleterre, j'étais déterminé à la laisser suggérer ce qu'il y avait de mieux pour moi de faire, après avoir fait un tel fiasco de l'entreprise anglaise, une suggestion et une entreprise de ma part. L'université et ses professeurs occupaient une grande place aux yeux de ma mère. Si seulement elle pouvait me voir une fois commencée dans une telle carrière, dit-elle, elle pensait que sa coupe de bonheur serait effectivement pleine. Elle était déterminée à avoir au moins un enfant universitaire dans la famille, et ma présence à Berlin et ma volonté de bien me comporter lui ont renouvelé l'espoir que cette ambition se réaliserait. Heureusement, pour son ambition et ma sensibilité, les cérémonies d'obtention du diplôme étaient si simples. Mon allemand de l'époque avait été choisi principalement à partir du vocabulaire des étudiants qui passaient le charbon, mais je n'ai pas tardé à le réviser et, lorsque j'étais prêt à m'inscrire, je connaissais probablement autant la langue que l'étudiant américain moyen à sa première entrée à l'université. Après avoir reçu du recteur mon certificat d'études supérieures - un document très formidable, écrit en latin, que j'avais depuis longtemps oublié -, lui serrant la main et recevant l'accueil de la faculté dans l'institution, je demandai que mon mauvais allemand soit gracié.

"Certainement, Herr Studiosus, certainement", m'a assuré le recteur. "Vous êtes ici pour apprendre ; nous le sommes tous. Les excuses ne sont donc pas nécessaires."

C'était toute la formalité attachée à la cérémonie d'entrée. En cinq minutes, grâce au recteur, j'étais passé d'un ancien passeur de charbon à un futur docteur en philosophie dans la grande Friedrich Wilhelm Universitat, une institution royale. L'importance du protectorat royal sur l'université et les étudiants ne m'a jamais vraiment impressionné, jusqu'à ce qu'un de mes amis ait un différend verbeux avec l'un des fonctionnaires de la Bibliothèque royale. Mon ami était boiteux et devait utiliser des béquilles. Un jour, en entrant dans la pièce où l'on rend les livres empruntés, il se dirigea vers le bureau avec son chapeau sur la tête, ne pouvant l'enlever tant qu'il n'était pas libéré de sa brassée de livres. L'employé officieux a attiré son attention sur ce manquement excusable à l'étiquette dans un langage peu poli, ajoutant : « Vous devez vous rappeler que je suis un fonctionnaire impérial. "Et vous souvenez-vous", demanda mon vaillant ami grec, "que je suis un étudiant impérial."

Je n'ai jamais eu l'occasion d'attirer l'attention sur mon « impérialisme » lorsque j'étais à l'université, mais c'était une sorte de petite plaisanterie que je devais déjà jouer si l'occasion s'en présentait.

À mon époque, pour faire un doctorat à Berlin, il fallait au moins une étude majeure, ainsi que deux mineures. Six semestres étaient le temps nécessaire à la préparation avant de pouvoir *promouvoir le viren* , et une « thèse » acceptable était absolument nécessaire avant que l'examen ne soit autorisé. En règle générale, un homme ayant une thèse bien rédigée et une assez bonne maîtrise de son sujet *principal* réussissait à obtenir un diplôme. Il n'y avait pas d'examens jusqu'à ce que les candidats aux diplômes soient prêts à *promouvoir* , à tenter d'obtenir leur doctorat. Au bout de trois ans, six semestres, ces candidats étaient convoqués devant leurs professeurs et obligés de raconter ce qu'ils connaissaient tant dans leurs études *majeures* que *mineures* . L'examen était oral et semblait assez minutieux, mais un Japonais, titulaire d'un doctorat de l'Université Johns Hopkins et d'études préliminaires dans des institutions allemandes, m'a dit que, dans son cas, il aurait préféré passer ses chances dans un combat contre les examinateurs de Berlin.

La signification de ce titre ne m'était pas du tout claire lors de mon inscription à Berlin. D'une manière indéfinie, je savais que cela représentait certaines connaissances savantes, mais ce que cela signifiait m'a beaucoup intrigué à l'époque, et c'est toujours le cas. Parfois, un ecclésiastique en visite prêchait pour notre pasteur local dans l'église américaine, et j'ai remarqué que lorsqu'un doctorat faisait partie de son titre, on pensait qu'il était extrêmement judicieux d'accorder une attention particulière à son discours.

Je pense que cette attention supplémentaire était en partie due à l'importance que notre pasteur accordait à de telles décorations. Il mettait beaucoup l'accent sur les institutions savantes, leurs doctrines et leurs enseignements, et ses discours - du moins beaucoup d'entre eux - auraient pu être prononcés à l'université, dans la mesure où ils palliaient l' usure spirituelle de ses auditeurs. Il aimait beaucoup citer les professeurs de ses années d'université et, lors de ses cours du soir à domicile, il pouvait se rendre très intéressant à nous raconter l'Allemagne de sa jeunesse et de son premier âge d'homme. Un professeur dont il mentionnait continuellement le nom était Tollock, ou Toccoch, ou quelque chose de similaire. Je crois que ce monsieur avait été reconnu comme théologien, mais ce que j'admirais plus que toute autre chose, c'était d'entendre notre pasteur prononcer son nom. Sa prononciation me semblait incorporer toute la langue allemande dans une seule bouchée. Avec des mots, anglais ou allemands, se terminant par un « d », le pasteur avait du mal. Dans ses prières, par exemple, « Seigneur Dieu » est devenu « Lorn Gone », et je crains que certains d'entre nous aient appelé l'homme bon « Lorn Gone ». Il est resté avec nous vingt ans ou plus, je pense, et lui et sa femme ont fait beaucoup pour obtenir l'argent nécessaire à la construction de l'Église américaine actuelle. Il s'est très gentiment intéressé à ma sélection de cours à l'université. Je n'arrive absolument pas à me rappeler pourquoi lui ou moi avons choisi l'économie politique comme *spécialité* . C'était peut-être parce que mon père s'était beaucoup intéressé à ce sujet et possédait une belle bibliothèque sur les questions économiques. Cela peut aussi s'expliquer par mon regard rapide sur le livre de John Stuart Mill avant de partir pour Liverpool. Pourtant, encore une fois, il se peut qu'il s'agisse d'un de ces choix aléatoires auxquels on a recours dans des cas comme le mien ; le sujet était au moins sûr, et peut-être que le bon docteur pensait qu'étudier pourrait m'inculquer de bons principes d'économie personnelle. Quelle qu'en soit la cause, j'ai été inscrit à *la Faculté de philosophie* , en tant qu'étudiant sérieux en *théorie et en pratique économique nationale* . J'ai suivi deux cours *privés* de vingt points dans ma spécialité, chaque semestre que j'étais à l'université. Les professeurs Wagner et Schmoller étaient mes instructeurs dans ces cours. Je n'ai jamais vraiment connu le professeur Wagner, mais une entrevue que j'ai eue une fois avec le professeur Schmoller est toujours restée mémorable. J'avais consacré vingt marks semestre après semestre à ses cours et il ne me semblait pas que j'avançais très vite dans ma matière. Etant un de nos proches voisins, je résolus un jour de le rendre visite dans sa villa et de savoir si le malheur était de son côté ou du mien. J'avais d'autres utilisations pour le semestre à vingt marks, à moins qu'il n'en ait absolument besoin. Il m'a demandé directement quelle avait été ma préparation aux études universitaires avant de m'inscrire à Berlin et comment il s'était fait pour que l'économie politique ait été choisie comme spécialité. Je lui ai dit la vérité, recourant même à des anecdotes sur la conduite de wagons de marchandises, pour être clair. Il rit.

"Et qu'as-tu en tête comme sujet de thèse ?" il m'a demandé. J'avais passé quatre semestres à l'université et il était temps pour moi de commencer à réfléchir sérieusement à une thèse si j'avais l'intention de *promouvoir le viren* . Mes pensées étaient très dispersées sur ce point, mais je parvins finalement à dire au professeur que le vagabondage et la géographie semblaient avoir de nombreux points communs, et que j'envisageais une thèse qui consoliderait mon apprentissage sur ces sujets. Le professeur rit encore une fois. Il finit par exprimer ce dicton : « Le vagabondage et la géographie ne font pas bon ménage comme on en déduit dans aucune université allemande. La géographie et l'économie politique, cependant, font d'excellents amis et valent bien la peine d'étudier ensemble. Peut-être que cela vous sera plus facile . pour obtenir votre diplôme dans l'une des universités du sud de l'Allemagne.

La suggestion insinuante de la dernière fois m'a quelque peu piqué, mais j'ai continué à écouter le professeur Schmoller pendant encore un long semestre.

Mes mineurs, je me souviens à peine de ce qu'ils étaient. Il fallait une matière majeure et deux ou trois matières mineures, je crois, et l'une des matières mineures devait être l'histoire de la philosophie. Un semestre dans cette matière était généralement considéré comme suffisant. J'ai donc dû écouter des conférences sur ce sujet et je me souviens d'autres cours de littérature allemande. Mais je crains que mes professeurs de l'époque n'aient du mal, en parcourant aujourd'hui les cours choisis dans mon *Anmelde-Buch* , à comprendre où je voulais en venir. Mais malgré toute cette confusion et cette pataugeoire, j'étais après tout occupé à mes propres fins. Je n'ai peut-être pas appris grand-chose des conférences, mais j'ai été en contact avec des hommes tels que Virchow, le pathologiste ; Kiepert, le géographe ; Curtius, l'historien grec ; Pfleiderer, le théologien ; Helmholtz, le chimiste, et moi avons aperçu Mommsen. Il ne lisait pas à l'université pendant mon séjour à Berlin, mais il habitait non loin de la maison de ma mère et je le voyais dans les tramways. C'était un individu très ratatiné, et lorsqu'il était assis, il paraissait très petit. Il portait d'immenses lunettes qui donnaient à ses yeux un aspect de hibou ; Je l'ai mieux vu un après-midi où nous traversions seuls le Thiergarten en tramway. Il avait un virage à l'avant et j'en avais pris un à l'arrière. Je l'avais à peine remarqué au début et j'avais ouvert un livre pour lire, quand soudain le vieux monsieur commença à marmonner et à faire des gestes. "Ouais, ouais, c'est vrai ", je pouvais l'entendre dire. "So muss es sein", et il agita sa main droite comme s'il s'adressait à un groupe de sénateurs romains. Qu'est-ce qui était « ainsi » et pourquoi cela devait être « ainsi », je n'ai pas pu le découvrir. Peut-être discutait-il d'un sujet profondément polémique avec un adversaire imaginaire, ou peut-être avait-il simplement une petite dispute avec la police. Il était l'heureux père de douze enfants, plus ou moins, et aucun propriétaire berlinois, selon l'histoire, ne lui louerait un appartement. Il vivait donc à Charlottenburg, où, j'ai entendu dire, qu'il faisait part à la police de ce qu'il pensait d'elle et de ses règlements.

L'entretien le plus intéressant que j'ai eu avec l'un de mes professeurs a été celui de Virchow. Au moment de l'interview, je correspondais par intermittence pour un journal de New York et, un jour, le rédacteur en chef m'a annoncé qu'une « conversation » avec Virchow sur la situation politique serait « disponible ». (Ce mot disponible m'a beaucoup troublé autrefois lors de mes rencontres avec les éditeurs, mais j'ai fini par l'accepter. Lorsqu'un éditeur l'utilise, cela vaut la peine de consulter un bon dictionnaire et de voir combien d'applications différentes il a. Sa portée éditoriale est des plus élastiques.) Virchow m'a aimablement accordé une interview et m'a raconté des choses intéressantes sur sa lutte pour les idées libérales. Mais il était plus amusant lorsqu'il parlait de « science ». Notre conversation politique terminée, il m'a demandé si l'anthropologie m'intéressait, m'informant que la Société anthropologique locale devait se réunir le soir même et que je serais le bienvenu. Je lui ai dit que je m'intéressais à l'anthropologie dans la mesure où elle éclairait la criminologie. Le vieux monsieur a dû se tromper sur mon sens, ou je ne savais pas moi-même ce que j'essayais de dire, car ma réponse l'a fait sursauter dans ce qui m'a semblé une activité nerveuse inhabituelle. Au cours de la conversation politique, il s'est montré très calme et silencieux, parlant même de Bismarck d'une voix plutôt contenue. Mais quand je me suis aventuré à relier Anthropologie et Criminologie, en mentionnant à peine le nom de Lombroso, c'était comme si quelqu'un avait jeté une pierre par la fenêtre. Virchow sauta de sa chaise et s'écria : « Vous voilà sur un faux terrain. Laissez-moi vous donner une de mes brochures qui vous remettra en ordre. » Et il se précipita dans son bureau voisin pour chercher un article qui avait quelque chose à voir avec les cellules. , etc. Je pourrais le comprendre aujourd'hui, mais cela se lisait comme du sanscrit à l'époque. "Voilà", dit le petit homme en me tendant la brochure. "Cela vous donnera mes idées à ce sujet." Chez d'autres hommes, cette démarche aurait pu indiquer de la vanité. Avec Virchow, c'était simplement un désir amical de me redresser sur une question à laquelle il avait réfléchi un million de fois plus que je n'aurais pu le faire. Il semblait littéralement se sentir lésé que quiconque soit dans l'ignorance sur une question sur laquelle il avait tenté de faire la lumière.

Plus tard, en lui montrant une copie écrite de notre entretien politique, j'ai dû le chercher dans son fameux repaire, à l'Institut de Pathologie, je crois. La pièce était tellement remplie de crânes, d'os et d'objets « marinés » qu'on ne pouvait que faire pour ne pas renverser quelque chose en se déplaçant. J'ai dû lui laisser le manuscrit pour correction. Il me l'a envoyé quelques jours plus tard avec des notes marginales soigneusement écrites de sa propre écriture. De tous les hommes que j'ai rencontrés à l'université, il était incontestablement le plus célèbre et le plus affable.

Son célèbre antagoniste politique, Bismarck, un homme que Virchow semblait haïr, à en juger par ses manières de parler de lui, je ne l'ai vu qu'une seule fois. Peu de temps après, il fut démis de ses fonctions et il revenait du palais de l'empereur, où il était allé lui souhaiter son anniversaire. Je me trouvais devant le Café Bauer sur Unter den Linden au moment où la voiture de Bismarck passait. Je me souviendrai toujours de son visage fort et de ses grands yeux remarquables, mais c'est à peu près tout ce que j'ai vu. Une femme reconnut Bismarck comme moi et courut vers sa voiture en criant : « Oh, prince Bismarck ! Prince Bismarck ! Il y avait quelque chose dans son attitude qui faisait croire qu'elle voulait demander quelque faveur au grand homme et qu'elle attendait son apparition. La note triste dans sa voix aurait pu signifier n'importe quoi : un fils en prison, un mari soldat mourant, une simple demande de pain. Mais le conducteur des chevaux ne prenait aucun risque et le grand chancelier fut emmené vers la Wilhelm Strasse.

Le petit et modeste Virchow pouvait reconstruire nos conceptions de la pathologie et de la médecine tout en étant un grand libéral, mais il ne pouvait tolérer Bismarck. Le monstrueux chancelier pouvait réunifier l'Allemagne, dicter sa politique étrangère pendant des années et se maintenir, au Parlement et hors du Parlement, en tant que maître d'œuvre, mais il ne pouvait pas s'associer à Virchow. Deux grands Allemands, à la fois iconoclastes et bâtisseurs, tous deux habitants de la même ville, et tous deux très admirés et critiqués – mais ils avaient besoin de côtés de rue séparés lorsqu'ils étaient à l'étranger – un fait, d'ailleurs, qui contribue beaucoup à l'autre fait. démontrant la petitesse allemande *de Kleinlich Kelt* .

En fin de compte, je pense que le bien qu'il m'a fait s'est accompli principalement à la Bibliothèque Royale et au Thiergarten, un parc naturel au centre de la ville, où je pouvais inviter mon âme confortablement en hiver. , disons à dix degrés au-dessus de zéro, et en été à environ soixante-dix degrés de chaleur - tout cela - *à la* Fahrenheit, d'ailleurs, qui n'a pas de partisans en Allemagne, ni à zéro ni ailleurs. La bibliothèque m'a avancé dix livres par tirage au sort dans n'importe quelle langue pour laquelle je me sentais égal, et le Thiergarten m'a aidé à réfléchir sur ce que j'avais lu et que je ne comprenais pas. Certes, aucun professeur ne s'est jamais senti plus instruit que moi lorsque j'ai traversé le parc jusqu'à chez moi, avec les dix livres en bandoulière. Ma mère aimait me voir entrer de cette façon dans la maison, et même mon fox-terrier, Spicer, prenait un air savant qui lui était particulier lorsqu'elle daignait observer mes tendances studieuses. Nous reviendrons plus longuement sur cette petite créature presque humaine, mais je dois dire ici qu'à ses débuts, elle n'appréciait pas mes habitudes de « raccourcissement

». Elle croyait à la bière, à beaucoup de nourriture et à l'exercice, au pow-wow d'Uferlos.

Ce qui m'a fait passer, à la Bibliothèque ou à Thiergarten, de l'Économie politique à l'Afrique, Livingstone, Burton, Speke et Stanley, c'est un peu difficile à expliquer. En dernière analyse, je suppose que c'était simplement un tempérament. Au troisième semestre, j'en savais dix fois plus sur l'Afrique que sur mon propre pays, et un nombre insondable de fois plus que j'en saurai jamais sur l'économie politique. Burton était l'homme que j'ai particulièrement apprécié et, à ce jour, il reste au sommet de mon estime des hommes.

Ce genre de lecture ne m'a naturellement pas rapproché de mon doctorat. Mais cela m'a appris à me taire, à éviter *Die Ferne* et à m'intéresser à ce que d'autres hommes avaient fait, à me rappeler que tous les voyages dans le monde étaient des choses inutiles. je n'ai jamais eu l'intention de le faire. Bien sûr, je rêvais de devenir explorateur, mais c'étaient des efforts inoffensifs, sans inquiétude pour ma mère, et profitables dans la mesure où j'étudiais sérieusement la géographie. Peut -être que si une place dans une expédition d'exploration m'avait été offerte, j'aurais été tenté de la prendre ; mais aucune opportunité de ce genre ne s'est présentée.

Mes compagnons à l'université étaient presque tous *des Streber*, des jeunes hommes déterminés à *promouvoir le viren*. Une collection d'amis plus mixtes que je n'ai jamais eu. Mon "copain" le plus intime était un Japonais, les autres proches suivants étaient un Grec, un Germano-Américain, un Anglo-Américain, de *véritables* Teutons et mon chien Spicer - ce dernier étant à l'université par procuration, pour ainsi dire. . Au cours des premiers semestres, nous avons fait à peu près ce que font tous les étudiants des universités allemandes. Ici, aux États-Unis, il y a de minutieux observateurs de la morale universitaire qui auraient dit que nous étions tous liés par la protection du diable. Nous fréquentions *Kneipen*, passions nos dimanches à Gruhewald et *schwänzen* – omettions d'assister aux cours, lorsque cela nous convenait. Mais tous mes amis sauf un ont bien réussi. La malheureuse exception était probablement le *travail le plus pénible* de l'entreprise. Il a obtenu son diplôme avec toutes les voiles déployées pour une chaire promise dans son pays, est rentré chez lui, a été déçu par ce qu'on lui avait fait croire qu'il allait enseigner, est devenu découragé et découragé, et finalement s'est jeté devant un train. Pauvre "Zink" ! Il avait étudié l'Histoire et souhaitait donner des conférences sur ce sujet. Les administrateurs des collèges occidentaux, qui lui avaient promis une chaire d'histoire, insistaient pour qu'il enseigne également la grammaire, ou quelque autre matière à laquelle il n'avait prêté aucune attention depuis ses années à l'université, et son sens de l'adéquation des choses était révolté. Il s'était spécialisé honnêtement et sans peur et il désirait continuer en tant que spécialiste. Les administrateurs du collège voulaient une faculté complète composée d'un ou deux hommes, et "Zink" ne voulait pas se soumettre. Si quelqu'un méritait un traitement plus équitable, c'était bien ce vieil ami d'université.

Je crois que Spicer, mon fox-terrier, est le seul autre membre de la classe à avoir complètement abandonné le jeu. Elle est restée avec ma famille pendant neuf ans, sans jamais comprendre les Allemands en tant que peuple – elle était anglaise – et apparemment sans le vouloir. La bière Pilsner était le seul produit allemand auquel elle succomberait. Trois soucoupes après chaque vagabondage de l'après-midi constituaient sa portion. Comme elle n'a jamais chancelé et ne s'est jamais mal comportée sous l'influence de Pilsner, je pense que cela lui convenait. En disant qu'elle a succombé aux trois soucoupes, je veux simplement dire qu'elle savait quand elle en avait assez.

Si je pouvais dire ce que « Pizey », comme on l'appelait plus tard, signifiait pour ma famille d'une manière chère et affectueuse, et ce qu'elle représentait dans la « Colonie », un excellent livre sur les chiens en serait le résultat. Elle nous est arrivée dans un panier, après une sérieuse agitation dans la mer du Nord – une petite chose grosse et potelée, pleine de John Bullism et d'elle-même. Ma mère et ma sœur cadette l'ont amenée à Berlin, et ma mère me l'a présentée, dans le même langage qu'autrefois lorsqu'elle m'avait donné « Major » : « Josias, je t'ai amené un chien ! À vingt-deux ans, je me réjouissais autant d'un tel cadeau qu'au début de mon adolescence. Je ne pensais pas alors à ce que signifie éduquer un chiot dans un appartement berlinois. Avec "Pizey", je reprendrais volontiers toute cette affaire, mais c'est une tâche contre laquelle je sens que je dois sauver mes compatriotes. Même à Oskaloosa, des mois difficiles attendent celui qui élève un chiot à trois étages. (Les issues de secours n'aident pas du tout.)

Les principaux intérêts de "Pizey" étaient sa propre queue courte et ses chiots à longue queue. Alors que maman n'avait rien de mieux à offrir à ses invités comme divertissement, "Pizey" était réquisitionné, appelé au salon et obligé de poursuivre son bout de queue. Si ses invités cherchaient un autre divertissement, ils étaient déçus, mais "Pizey" ne l'était pas, et je pense que cette mère a apprécié le fracas. Elle a dit un jour au médecin de famille qu'en aucune circonstance, même si « Pizey » commettait *un lésé majesté* , elle ne détruirait « Pizey », parce qu'elle lui rappelait Josiah, « quand il était loin de chez lui ».

La distinction de « Pizey » en tant que membre de la « Colonie » résidait presque entièrement dans son mépris du rêve malthusien. Elle augmenta l' *entente anglo-allemande* d'au moins quarante-sept petits « Pizey ». Une partie de sa progéniture a trouvé son chemin dans les foyers américains et essaie de bien faire – peut-être une demi-douzaine. Les quarante et un restants sont *auf der Wanderschaft* .

La mort de « Pizey » était mystérieuse. J'avais quitté Berlin depuis longtemps et j'entendais rarement parler d'elle. Finalement, toute la famille s'éloigna et le chien fut laissé dans l'ancienne maison, mais sous un nouveau régime ; elle refusait catégoriquement d'émigrer. On dit qu'elle a été frappée d'asthme et qu'elle a dû être mise à l'écart. J'espère seulement qu'elle a été mise à l'écart dans le cadre d'un accord équitable. Les scientifiques allemands s'adonnent volontiers à la dissection de chiens comme "Pizey" alors qu'ils sont encore en vie. Si un scientifique allemand perpétrait un tel outrage à l'encontre de Spicer, j'espère que sa science s'effondrera – en particulier les parties basées sur les preuves de « Pizey ».

CHAPITRE XI

ERREURS EN ALLEMAGNE

Il y a des années et des années, lorsque Luther nous donnait, ou plutôt exigeait de nous, deux jambes fortes et un « non » obstiné alors que notre devoir était de dire « non », il y avait en Allemagne des milliers de jeunes gens qui avaient des brouettes, et , j'espère, les deux jambes fortes ; on les appelait *Handwerksburschen* , apprentis itinérants, nom qui reste intact chez leur homologue d'aujourd'hui. Les apprentis, en quittant honorablement leurs maîtres — je le crains, parfois avant que l'honneur ne devienne une partie définitive de leur bagage moral — mettaient leurs outils dans les brouettes, les maîtres leur donnaient un *glückauf* , et les jeunes hommes s'en allaient. Europe, étudiant leurs métiers dans différents pays et se familiarisant avec la vie des villes, des villages et des champs. Pour l'essentiel, ils étaient de sérieux chercheurs dans leur espèce, recherchant une sagesse comparative et une connaissance amicale avec la *Chaussée* .

Luther est parti depuis longtemps, et avec lui le *Handwerksbursch* de son temps. La *Chaussée* a cédé au wagon de quatrième classe, et la brouette et le nécessaire à outils à un sac à dos avare. Le *Handwerksbursch* a toujours deux pattes, en règle générale, mais il déteste s'en servir.

La bonne humeur et la camaraderie qui devaient prévaloir parmi les apprentis itinérants de Luther se retrouvaient également parmi les étudiants de l'époque. Ils montèrent sur la *Chaussée* , virent des hommes, des villes et des choses, et leurs vacances terminées, retournèrent à leurs conférences et à leurs livres. Mais comme le *Handwerksbursch* , ils ont trouvé leur compte avec le présent et sont aujourd'hui tout aussi à l'aise dans la voiture de quatrième classe que l'étaient leurs prédécesseurs sur la *Chaussée* .

Au fil du temps, ce fut à mon tour de faire l'une des tournées des étudiants en Allemagne. Le *semestre* était terminé, un sympathique compagnon était à portée de main et, pour une excursion *à Rundreise* , nous avions suffisamment d'argent en poche. C'était peut-être ou non une excuse pour *Die Ferne* que j'aie entrepris cette escapade, mais je pense maintenant que c'était simplement une sortie au bon moment pour que *Die Ferne* ne soit pas consciemment prise en compte. Ici encore, comme si souvent avant et depuis, le mérite doit être rendu à ma mère. Elle semblait connaître presque à l'heure près, l'heure à laquelle il me fallait sauter du harnais et reprendre la route.

Mon compagnon lors de cette première exploration de l'Allemagne était un gentleman considérablement plus âgé que moi. C'était un solide Norvégien, âgé d'environ quarante ans, avec une barbe blonde et épaisse, une grosse « touffe de cheveux », comme disent les vagabonds, et une croyance pugnace dans l'interdiction du trafic d'alcool. Physiquement, *le Mensch, le plus grossier des blondes de Nietzsche* , se trouvait en lui avec une subtilité. Quelques mois avant mon arrivée à Berlin, il s'est présenté un soir à la porte de ma mère et m'a dit d'une voix traînante et nasillarde : "Ravi de vous rencontrer. Il croyait aux principes de votre belle-sœur et j'ai pensé que je viendrais me voir pour l'appeler. ".

Ma mère ne voyait en lui au début qu'un prohibitionniste typique avec une longue répétition des raisons pour lesquelles, s'il le fallait, il fallait se sécher dans un quartier sans eau mais alcoolique. Il y eut une répétition partielle, puis le grand homme blond du « Minnesota » commença à parler de manière très intéressante de l'université, de la philosophie, de la religion, de la Norvège – et d'Ibsen. Il parlait aussi de sa langue maternelle, de la littérature en général et des hommes du « Minnesota » qui essayaient de créer une nouvelle littérature norvégienne.

On parlait beaucoup d'Ibsen à l'époque, et "Nora" était le sujet de conversation de la ville. C'était devenu presque une affaire d'État de savoir si Nora avait raison de quitter son domicile, et c'était définitivement une question d'étiquette de savoir si un mari devait ou non offrir un parapluie à sa femme disparue par une nuit pluvieuse. (La « maison de poupée », telle que je la voyais, supposait qu'il y avait une tempête dehors.) Ibsen vivait à Munich à cette époque.

Notre ami le Norvégien écrivit à Ibsen et lui demanda s'il accepterait de recevoir deux Américains désireux de lui présenter leurs respects. Il avait été décidé que le Norvégien et moi ferions *Rundreise* ensemble, et Munich était inclus dans notre itinéraire. Ibsen répondit à la lettre du Norvégien d'une écriture très soignée qu'il était habituellement chez lui, rue Maximilian, à onze heures, et que les appelants venaient généralement le voir à cette heure-là. Il n'y avait aucune étiquette conventionnelle concernant la note ; on ne nous a même pas dit que nous devrions être les bienvenus. La petite missive aurait pu être la « carte de pointage » d'un dentiste dans la mesure où elle exprimait un sentiment. Mais scrupuleusement, c'était certainement le cas. Plus tard, Ibsen nous raconta que tant de gens lui écrivirent qu'il avait été obligé de réduire au maximum sa correspondance.

Le voyage à Munich en compagnie du Norvégien était très semblable à celui de toutes les sorties d'étudiants et il n'est pas nécessaire de le décrire en détail ici. La conversation avec Ibsen, notre sobriété inouïe dans les restaurants et la peine que nous prenions pour tout voir sur la base d'un pourboire de cinq pfennigs étaient les seules particularités du voyage.

Madame Willard. La grand-mère de Josiah Flynt

En quittant Berlin, nous décidâmes d'aller aussi loin que nos moyens nous le permettraient, dans le Tyrol si possible, et nous pensâmes que notre kilométrage pourrait être prodigieusement augmenté si nous buvions de l'eau avec nos repas, et « détournâmes le regard » quand plus de cinq heures pfennigs était recherché sous le nom *de Trinkgeld* . Le Norvégien n'a jamais dévié un seul instant pour respecter ce programme, mais je suis parfois tombé en disgrâce. Les regards et les « visages » que nous recevions des guides, des laquais du palais et des serveurs étaient des spécimens qui, si nous les avions dessinés, constitueraient une galerie très intéressante à parcourir aujourd'hui. Mais hélas! aucun de nous ne pouvait dessiner, tout ce que nous avons maintenant, c'est le souvenir. Pendant les six semaines ou plus que nous avons parcourues, nous avons vu la déception, la méfiance, la haine et la combativité dans toutes les différentes nuances et couleurs auxquelles le visage allemand est égal. Le Norvégien a dit qu'il appréciait de telles vues, mais il y a eu des moments où je l'ai supplié et j'ai donné un pourboire comme bon me semblait. Cependant, pour le Norvégien, peu importe que le service rendu soit un accompagnement de deux heures dans un grand château ou une simple réponse à une question. Jusqu'à la fin, sa limite restait de cinq pfennigs sur la ligne de basculement, et je doute que l'ensemble de sa note sur ce point dépasse trois marks. Son régime sans alcool a failli nous attirer de sérieux ennuis à Nuremberg. Comme c'était notre habitude dans d'autres villes, nous avions choisi un restaurant modeste à midi et avions demandé le repas habituel. Bien que nous n'ayons pas commandé de bière, elle nous a été servie, mais elle n'a pas été touchée. Lorsque nous sommes venus payer notre compte, nous avons attiré l'attention du serveur sur la bière, en lui disant que nous ne la paierions pas car la bière n'avait pas été demandée. Je n'ai jamais vu un tel brouhaha et un tel pow-wow autour de deux verres de bière. Le patron est venu, les autres serveurs aussi, et même certains invités ont travaillé avec nous dans cette affaire.

"Mais c'est la coutume, *Meine Herren* ", répétait le propriétaire, ce à quoi le Norvégien répondait par un "non" déterminé. Cela pouvait ou non être la coutume, et que ce soit le cas ou non, cela ne faisait aucune différence ; il n'allait pas payer pour quelque chose qu'il n'avait ni voulu ni demandé.

Le résultat de cette dispute a été que nous avons repris nos esprits et commencé à partir. Le propriétaire costaud m'a arraché mon sac dans le couloir. Le Norvégien se jeta sur lui en jurant – le premier et le dernier que je lui ai jamais entendu prononcer.

"Allez au diable!" siffla-t-il entre ses dents. "Je vais briser tous les os de ton corps", et je pense qu'il aurait rempli le contrat si le propriétaire lui avait donné une chance. Ce dernier a déposé mon sac et s'est enfui dans le restaurant pour chercher des renforts. Mais, au moment où il fut de nouveau prêt à faire la guerre, nous étions dans la rue, et le propriétaire se contenta de nous traiter d'escrocs et de porcs. Je ne doute pas qu'il y ait eu plus tard une longue discussion à ce sujet dans le restaurant et que pendant plusieurs jours après, le *Starumgäste* , qui avait été témoin de l'affaire, a fait des conjectures glauques sur notre nationalité et notre éducation. Quelle qu'ait été leur décision finale, le Norvégien avait fait valoir son point de vue. Seul, je doute que mon indépendance aurait été aussi affirmée, mais j'étais heureux à l'époque d'avoir assisté à une révolte réussie contre le tyrannique *Getränkezwang allemand* .

Ce qu'Ibsen, que nous avons vu chez lui quelques jours plus tard, aurait dit de cet épisode est difficile à conjecturer. Il est fort possible qu'il nous ait dit que nous avions eu tort d'aller dans un tel endroit, que nous aurions dû chercher un restaurant végétarien, le refuge des abstinents, quand le *Bierzwang* est à éviter. Il nous a cependant dit très franchement ce qu'il pensait de la Prohibition comme panacée au problème du trafic d'alcool. Le Norvégien lui avait demandé son avis sur la question et il l'a obtenu. C'est à peu près ce qu'Ibsen a dit :

"On ne peut pas rendre les gens bons par la loi. Seul compte dans ce monde ce qu'un homme fait de son plein gré et parce qu'il sait que c'est la *bonne* chose à faire. Légiférer sur la morale n'est, au mieux, qu'un pitoyable pis-aller. Les hommes devront apprendre à légiférer eux-mêmes, sans aucune ingérence de l'État, avant que leur comportement ne soit fondé sur des bases justes. »

Cette délivrance d'Ibsen s'est accompagnée à son tour d'autres sujets sur lesquels il s'est exprimé lors de notre entretien avec lui. Nous étions passés chez lui à l'heure suggérée – onze heures – et avions été immédiatement conduits au salon, je crois. Bientôt, Ibsen entra. J'aurais dû le reconnaître sans problème nulle part. Les cheveux longs et provocants repoussés en arrière de son front, les moustaches soyeuses, les inévitables lunettes, les lèvres bien fermées, le long manteau – tout cela avait été mis en évidence dans ses photographies et était indubitable. À l'époque, il était l'homme de lettres le plus célèbre que j'aie jamais rencontré, et il était de loin le dramaturge dont on parlait le plus en Europe. J'ai été très impressionné par ce fait et, pour le moment, je l'ai probablement regardé comme si c'était la dernière chance de voir un grand personnage public que je devais avoir. Le Norvégien a pris l'épreuve plus sereinement, s'approchant d'Ibsen avec sa grande main tendue comme s'il s'agissait d'un frère aîné. Les deux hommes se regardèrent bien dans les yeux – leurs yeux étaient étonnamment similaires en termes de couleur et de forme – se saluèrent en norvégien, puis je fus présenté.

"Et qu'est-ce que tu veux ?" » demanda Ibsen sans détour, en désignant le canapé, lui-même prenant une chaise. À en juger par son attitude et la brièveté de son discours, on aurait pu le prendre pour un médecin pendant les heures de garde. Il était amical d'une certaine manière, mais la mode était comme s'il avait depuis longtemps fini de se faire des connaissances intimes et qu'il entendait désormais tenir le monde à distance. Il avait l'air "business" au dernier degré.

Au fur et à mesure que la conversation avançait, il se détendait un peu et n'était plus aussi réservé. Mais tout au long de nos deux visites avec lui – il y a eu un deuxième appel le lendemain – il a au moins *répondu* aux questions comme s'il était à la barre des témoins, et son avocat l'a mis en garde de ne pas exagérer les choses.

Aussi bien lorsqu'il nous interrogeait que lorsqu'il émettait une opinion qui n'était pas une réponse directe à une question, il ne se montrait pas aussi péniblement prudent.

Le Norvégien avait préparé une liste de questions d'une longueur menaçante, à poser au vieux monsieur, mais il la parcourut religieusement du début à la fin. Il l'interrogeait sur tout et sur tout le monde, semblait-il, depuis la Prohibition, l'empereur, Bismarck, la Scandinavie, la Russie et la politique européenne en général, jusqu'aux questions familiales, sa manière d'écrire, sa prochaine pièce et sur d'innombrables passages obscurs de ses drames antérieurs. Ibsen encaissait les coups au fur et à mesure qu'ils tombaient, esquivant, comme je l'ai dit, quand il en avait envie, mais les recevant pour l'essentiel avec assez de sang-froid. De nombreuses questions ont été tuées presque avant d'être posées, par un froncement de sourcils ou un geste. Parlant des passages prétendument obscurs de ses livres, il a déclaré : « Ils sont peut-être là, mais je ne voulais pas que le m soit obscur. Pendant un temps, je répondais aux lettres de personnes qui voulaient que j'explique telle ou telle phrase, mais j'ai dû abandonner le travail – c'est devenu tellement énervant. Je rends mes mots aussi clairs que je sais. La plupart de mes lecteurs me comprennent, j'espère.

Ibsen utilisait le norvégien pour l'escrime avec mon compagnon, mais avec moi, il a eu très gentiment recours à l'allemand, m'interrogeant d'une manière assez paternelle sur ma famille, mes voyages et mes études et mon opinion sur l'Allemagne. De temps en temps, il souriait, et alors nous voyions l'homme sous son meilleur jour. Il était peut-être parfois grincheux et brusque, mais derrière ce sourire génial il y avait sans aucun doute une nature très gentille, et j'en étais sûr à l'époque et je le suis toujours depuis. Dans les années à venir, on écrira beaucoup sur Ibsen, l'écrivain, le pessimiste, le chirurgien sociologue, etc., mais rien de ce qui a été écrit ou qui sera encore écrit sur lui ne parviendra jamais à me révéler l'homme , comme cette conversation amicale dans sa maison de Munich. Une expérience, d'ailleurs, qui pourrait peut-être prouver que mon ami, M. Arthur Symons, avait raison dans une dispute que nous avons eue il y a quelques années à Londres, au sujet d'entretiens personnels ou de « séances » avec des personnages célèbres, en particulier des écrivains. À l'époque, j'avançais l'opinion que les écrivains, s'ils en valaient la peine, prouvaient le mieux leur valeur dans ce qu'ils écrivaient, et non dans ce qu'ils disaient, et que ce qui devait intéresser, c'était leurs livres et non leur présence physique. Symons soutenait qu'il n'avait jamais lu un auteur qui n'aurait pas été *plus* intéressant pour lui (Symons) s'il avait pu le rencontrer et discuter avec lui. Nous en saurons plus sur Symons plus tard. Ses livres et son amitié personnelle me sont précieux, mais pour des raisons très différentes. Je pense rarement à Symons, l'homme, quand je lis ses essais et ses vers, et je ne pense que rarement à ses livres, ou à lui en tant qu'homme de lettres, lorsque nous sommes ensemble.

CHAPITRE XII

UNE VISITE À LONDRES

À l'automne 1892, mes études universitaires furent interrompues par une visite à Londres. L'économie politique, telle qu'elle était enseignée et écrite en allemand, devenait de plus en plus un casse-tête pour moi, malgré le fait que j'avais fait de précieux progrès dans l'assimilation et l'utilisation d'expressions familières allemandes. Je pouvais par exemple réprimander un chauffeur de taxi avec beaucoup de force, mais je ne parvenais pas à habituer mon oreille au langage académique des professeurs Schmoller et Wagner. J'ai finalement persuadé mon peuple que si je voulais continuer à explorer l'économie politique, je devrais être autorisé à l'aborder dans ma propre langue, au moins jusqu'à ce que j'en sache quelque chose de distinct de l'allemand, qui, à cette époque, était pour moi, c'est autant une étude que l'économie politique elle-même. Mes arguments dans cette affaire ont finalement prévalu et j'ai été envoyé à Londres pour étudier le sujet au British Museum. Que cette lecture ait été une bonne chose à sa manière est sans doute vrai, et les six mois passés à Londres à cette époque, j'ai toujours compté parmi les mois *Streber* de ma carrière. Peut-être ai-je consacré plus de temps que nécessaire à la géographie et aux livres de voyageurs et d'explorateurs, mais je me suis aussi attaché à ma spécialité, d'une manière ou d'une autre, couvrant parfois mon bureau de livres sur le sujet. Si de nombreux volumes empilés devant un lecteur font un savant au British Museum, alors je méritais une place au premier rang.

Mais malgré toutes mes bonnes intentions, mes lectures et mes prises de notes, le principal bien que Londres m'a apporté a été accompli en dehors du sombre tas de Bloomsbury. Le musée était principalement un lieu de retraite lorsque la vie dans les rues semblait susceptible d'exciter indûment mon *envie de voyager*. Là, j'ai également pu lire beaucoup de choses qui m'intéressaient à Londres même.

La colonisation était le sujet spécial que j'étais censé étudier, mais le Dr Richard Garnett, le fonctionnaire du Musée qui m'a donné mon ticket de lecteur, n'a jamais pu oublier l'idée que je parlais de « composition », en lui parlant du sujet que je devais étudier. devait reprendre. J'ai insisté à trois reprises sur le fait qu'il s'agissait *d'une colonisation*, mais je n'ai jamais su si ce brave homme était sourd ou s'il était déterminé à ce que je m'attaque à la composition. Mon ami Arthur Symons me l'a présenté et m'a entendu distinctement parler de colonisation, mais cela n'a pas arrangé les choses. Le bon docteur a insisté pour me faire visiter la salle de lecture, en me montrant les ouvrages de référence générale qui, pensait-il, pourraient faciliter ma connaissance de la composition. Nous nous saluâmes ensuite fréquemment dans les couloirs, mais le médecin s'abstint gentiment de me poser des questions sur mes lectures et avait probablement complètement oublié de quoi il s'agissait de toute façon - une question de conjectures dans mon esprit à l'occasion.

Mon ami le plus intime lors de cette première visite à Londres était Symons, et je dois le remercier de m'avoir mis sur la trace de nombreuses personnes et expériences intéressantes. Je suis allé le voir avec une présentation de Berlin, où il m'a rendu visite plus tard. En 1892, il vivait à Fentin Court à The Temple, M. George Moore étant un proche voisin de Pump Court, je pense. Les deux hommes se sont beaucoup emparés de mon imagination, étant les premiers écrivains anglais que j'ai appris à connaître. Avec Moore, je n'ai eu que de légères conversations, mais je me souviens maintenant qu'il manifestait un intérêt considérable pour mon « matériel de vagabond ». En effet, dix ans après notre première rencontre, il m'a rappelé une aventure que je lui avais autrefois racontée.

Symons, en revanche, je l'ai vu très souvent, et autant l'accuser tout de suite d'être mon parrain littéraire, si l'on peut dire que je le mérite. Qu'il s'en soit rendu compte sur le moment ou non, c'est l'atmosphère d'écrivain dans laquelle il m'a laissé entrer qui m'a donné l'ambition de gribouiller pour mon propre compte.

Un jour, il m'a dit qu'il avait reçu quinze livres pour un article du *Quinzaine* .

"Quinze livres!" Marmonnai-je en rentrant chez moi. "Eh bien, cette somme me garderait ici à Londres pendant plus d'un mois." Plus tard, à Berlin, j'ai expérimenté pour la première fois les effets d'un article de ma part dans un magazine. Les quinze kilos merveilleux de Symons étaient à blâmer. J'ai envoyé le journal, un bref compte rendu du clochard américain, à *The Contemporary* . Cela a été accepté. Quelques jours plus tard, j'ai reçu des épreuves de l'article, et dans le numéro suivant, il a été publié. Aucun jeune écrivain n'a jamais vu son horizon plus ambitieux que le mien lorsque cet article a été imprimé et payé. J'ai immédiatement assuré au rédacteur que ma connaissance du vagabond était inépuisable et je l'ai supplié d'envisager d'autres efforts de soumission de ma part. Il a laissé entendre dans sa réponse que la soumission était une belle qualité, mais que *The Contemporary* ne limitait pas ses pages à la trampologie et que ses lecteurs en avaient assez de ce sujet pour le moment.

La petite arrière-salle de la Crown Tavern, près de Leicester Square, où se réunissaient la nuit un certain nombre de jeunes écrivains de Londres, a cédé la place, à mon époque, à des quartiers beaucoup plus prétentieux. Symons et moi avions pris l'habitude de faire des promenades nocturnes en ville, sans aboutir au début à un endroit précis, mais qui s'interrompaient habituellement, pendant au moins une heure, vers onze heures et demie au « Crown ». Le lieu en lui-même n'a jamais eu beaucoup d'importance pour moi comme rendez-vous car je n'ai jamais pu profiter d'une arrière-salon plaquée contre un bar. Séparées, chaque institution a ses commodités mais les Anglais semblent friands d'une combinaison du genre évoquée.

Deux des jeunes hommes qui se sont réunis à « The Crown » en 1892 sont décédés pour de bon : Lionel Johnson, l'auteur de « The Art of Thomas Hardy », et la déclaration personnelle qu'il m'a fait savoir qu'il connaissait chaque recoin du Pays de Galles ; et Ernest Dowson, un homme qui vivait dans un vieil entrepôt étrange et décousu sur les quais – une possession qui lui appartenait, et qui savait beaucoup de choses sur Londres qu'il aurait dû être autorisé à raconter.

Les rassemblements dans l'arrière-salon étaient de petites intentions relativement innocentes sur la vie et la littérature. J'en ai tiré du bien à bien des égards, et j'en aurais peut-être profité davantage si mes intentions avaient été plus distinctement littéraires. Ce que faisaient et disaient Swinburne, Pater, Wilde, Verlaine et d'autres ne m'intéressait pas autant que ce qu'un pick-up au hasard pourrait nous dire, à moi et à Symons, pendant notre promenade après la réunion de la Couronne. Mais un jour, un journaliste irlandais présent sur place réussit à m'indigner patriotiquement. Il avait passé l'après-midi à l'abbaye de Westminster, tombant, entre autres choses, sur le buste de Longfellow.

"Je ne vois pas", a-t-il déclaré à la fin de son récit de son après-midi, faisant clairement référence au buste de Longfellow, "pourquoi les Américains ne peuvent pas enterrer leurs morts chez eux". J'étais sur le point de lui demander pourquoi les Irlandais ne pouvaient pas les garder en vie chez eux, quand quelqu'un a dit : « Soda, s'il vous plaît », et la difficulté a été à la fois diluée et surmontée.

Je suppose que les réunions de « The Crown » étaient en quelque sorte des fêtes d'admiration mutuelle, mais d'un genre innocent. Je me souviens d'un jeune insensible (qui avait dilapidé son patrimoine à Paris), avec un mince volume de vers évocateurs, me boutonnant et me disant : " Vraiment, vous savez ——— (un membre de la compagnie) est un génie. Son commandement sur les vocables, c'est quelque chose de prodigieux." Depuis, Blank s'est fait un nom, mais je me souviens de l'avoir regardé à l'époque, me demandant innocemment s'il était un génie et, si oui, quels étaient les vocables.

Mais malgré l'aide immédiate offerte à chacun pour qu'ils aient une bonne opinion d'eux-mêmes, les rassemblements finissaient généralement par rapporter quelque chose qui valait la peine, soit en critiques, soit en incidents.

Ils rappellent aujourd'hui une série de rencontres organisées quelques années plus tard à New York entre un ensemble d'écrivains américains. Et cette réflexion sur les deux combinaisons me rappelle ce que m'a dit un jour George Augustus Sala à Rome. J'étais allé le voir, comme convenu, pour lui demander ce qu'il avait à dire à un jeune homme soucieux de réussir dans le journalisme, sur l'écriture en général. Il était assis en train de prendre le petit-déjeuner lorsque je suis arrivé à son hôtel, entouré de macaronis et de journaux locaux.

"Et quels sont tes plaisirs ?" Sala a commencé sans prévenir, comme si j'étais allé lui demander un avis médical.

J'étais tellement bouleversé par ce début de choses que, pendant toute ma vie, je n'ai pas pu penser une seconde ou deux à quels étaient mes plaisirs. J'ai finalement réussi à dire que j'aimais le whist.

"Arrête ça", dit Sala, ses yeux portugais me traversant assez ennuyés. "Arrêtez ça. Le Whist signifie les cartes, et les cartes signifient le jeu. Arrêtez ça."

Après une pause : « Quels sont les autres plaisirs ? Si le whist signifiait jouer, j'ai pensé que le tabac devait nécessairement contenir de l'opium. Cependant, j'ai admis que j'aimais le tabac.

"Pas étrange, pas étrange", a déclaré Sala. " Celui qui écrit a besoin de fumer. Quoi d'autre ? Êtes-vous un haineux pour les femmes ? "

"Non, monsieur, je ne le suis pas", répondis-je avec insistance. Sala m'a regardé d'un air bizarre, mais n'a pas approfondi le sujet. Je lui avais été présentée par un homme qui, à tort ou à raison, avait la réputation de dire des choses méchantes sur les femmes.

"Bois-tu?" Sala continua dans un instant.

"Oui, quand j'en ai envie."

" *Arrête ça, arrête ça.* Boire c'est boire, boire c'est se casser, et c'est l'enfer, c'est l'enfer, jeune homme, souviens-toi de ça."

Il y eut une pause pendant laquelle Sala regarda par la fenêtre comme s'il avait pris mon pouls et décidait à quelle vitesse il pourrait battre avant que je doive mourir. Très vite, il s'est tourné vers moi et, après quelques conseils généraux pour prendre une décision rapide quant à savoir si j'avais l'intention d'être un écrivain purement descriptif ou non, il s'est livré à cette déclaration : « Si vous vous installez à Londres en tant que journaliste, vous Ce sera une corvée. Si vous essayez New York, vous serez un ivrogne – *à moins que* , - et encore une fois les yeux des Portugais me regardèrent, *vous ne restiez en dehors de l'ornière* .

En passant en revue mes expériences passées, j'ai souvent pensé à cette conversation avec Sala en comparant les deux groupes différents d'écrivains que j'ai appris à connaître à Londres et à New York. Je dirais d'emblée que les honneurs étaient égaux entre eux en ce qui concerne les vertus, tout avantage dans ce domaine revenant, s'il y en avait, aux Anglais en raison des heures de fermeture matinales en Angleterre.

C'était après les célèbres heures de fermeture que Symons et moi faisions souvent certaines de nos promenades les plus amusantes. Symons était invétéré à la recherche « d'impressions et de sensations », tandis que moi je ne trouvais mon bonheur que dans l'errance. Je suppose que j'ai reçu des impressions et des sensations de ce genre aussi bien que Symons, mais d'une manière ou d'une autre, lorsque j'ai commencé à les décrire, elles ne semblaient pas avoir assez de dignité littéraire pour appartenir à la même classe que celles dont Symons a pu parler et plus tard. décrire sous forme imprimée.

Une nuit, nous nous séparâmes, chacun pour errer aussi longtemps que cela l'intéressait, et le matin pour comparer les rapports. Il se trouve qu'aucun de nous, à cette occasion particulière, n'a vu assez de choses que nous n'avions pas appréciées ensemble lors d'autres escapades, pour rendre l'entreprise très amusante. Mais nous étions tous deux d'accord sur le fait que de telles explorations pourraient être particulièrement divertissantes pour un artiste littéraire, s'il racontait honnêtement ce sur quoi il était tombé.

À une autre époque, nous avons entrepris un exploit plus audacieux : un « voyage en bus jusqu'aux limites de la ville, ou à la campagne aussi loin que l'horaire le permettait, puis une promenade dans l'Au-delà, aussi longtemps que nous pouvions tenir le coup ». Nous avons pris le premier bus que nous avons vu à destination du pays. Cela partait de la gare de Liverpool Street ; Symons pensait qu'elle se dirigeait vers l'est, mais aucun de nous n'en était sûr, la route tournait et tournait tellement. La nuit tombée nous a vu avancer courageusement à pied, Symons se glorifiant du magnifique clair de lune et de la "sensation" d'être "en mer" sur terre, tandis que je prenais plaisir à l'appréciation romantique de Symons pour un voyage qui me rappelait très banalement d'autres vagabonds nocturnes à maison. Minuit nous a arrêtés dans une auberge. L'une des chaussures de Symons lui causait des ennuis, et le romantisme de l'aventure commençait à s'estomper un peu. Nous étions poussiéreux, fatigués et, je suppose, l'air suspect. L'aubergiste hésita avant de nous laisser entrer et il fallut lui expliquer à quel point nous étions simples et innocents. Le matin, après avoir retrouvé nos repères au point d'apprendre que nous nous dirigions vers la mer du Nord - nous avons refusé d'écouter plus minutieusement que cela - nous avons repris allègrement notre route, heureux de savoir que, pour le moment, À ce moment-là, nous étions insouciants et nous dirigeions vers "n'importe quel vieil endroit" qui nous plaisait. Mais hélas! La chaussure de Symons commença à l'ennuyer à nouveau et son moral commença à s'effondrer. À dix heures, ils étaient clairement en berne. Son pied était devenu très douloureux, l'obligeant à s'asseoir au bord de la route. Le joyeux aventurier de la veille et du petit matin s'était soudain transformé en un littéraire irascible « en route ». Il n'a rien dit sur l'art, les phrases ou le vocabulaire. Il n'a rien dit à part la douleur dans son pied qui lui faisait mal. Les voyages aveugles à la campagne prennent un autre aspect. C'était le Temple pour Symons, et dès qu'un train pouvait l'y emmener. Cette belle indétermination du soir au clair de lune, cette joyeuse harmonie avec *Die Ferne*, la tentatrice de l'au-delà, cette conversation rêveuse, heureuse et insouciante sur la grande ville laissée derrière elle, tout cela avait disparu ; notre promenade vers la mer du Nord ou le pôle Nord, ou partout où nous rêvions d'arriver, touchait à sa fin. J'ai rarement vu des intentions bucoliques innocentes – nous pensions que les nôtres étaient bucoliques – se dissiper dans les airs avec autant d'insouciance. Mais comme Symons l'a dit à propos de bon nombre de nos voyages ensemble, "la meilleure partie d'entre eux vient quand vous les regardez devant un bon feu", et donc il sourira probablement et vous rappellera agréablement quand il tombera sur ce rappel de notre escapade sans but dans l'Essex.

Je pense qu'il sourira aussi en lisant ma version de l'expédition Berlin-Havre. Il avait passé un mois avec moi chez moi à Berlin, où, comme d'habitude, il fouillait dans toute la ville à la recherche d'impressions et de sensations – « impreshuns et sensashuns », c'était ainsi qu'on les appelait finalement dans ma maison. Quand vint le temps pour lui de rentrer à Londres, il décida de nous accompagner, ma sœur et moi, jusqu'au Havre sur notre navigation de Hambourg à New York. Il n'avait jamais embarqué sur un paquebot et pensait que cette nouvelle expérience le récompenserait pour les « sensashuns » qu'il n'avait pas réussi à rassembler à Berlin. En plus, comme nous l'avons compris, il pourrait ainsi se rendre à Londres un peu moins cher. Nous étions tous assez pauvres à l'époque, et l'économie comptait pour beaucoup dans les recherches « à sensation ». J'étais en route pour l'Amérique pour voir si je ne pouvais pas intéresser un éditeur à la publication d'articles et d'histoires sur les clochards.

En descendant l'Elbe depuis Hambourg, durant toute la première journée de notre voyage en mer, Symons a pensé qu'il avait rarement vécu un moment aussi agréable. La mer était calme, le temps était doux et il y avait beaucoup à manger. Le lendemain matin, la mer s'était un peu agitée. J'ai trouvé Symons à l'heure du petit-déjeuner sur le pont, accroché à une balustrade qui faisait le tour du fumoir. Son visage était pâle et incolore, et il montrait clairement qu'il en avait assez des « sensashuns » pour le moment.

"C'est un mouvement étrange, n'est-ce pas ?" murmura-t-il en agrippant à nouveau la balustrade. "Je n'aurais jamais imaginé quelque chose de pareil. Je serai heureux de voir le Havre."

Nous avons fait ce port le lendemain. Symons devait expédier du Havre à Southampton, après avoir visité le Havre. J'appris que notre bateau allait être retardé de vingt-quatre heures pour cause de réparation — il semblait en réparation jusqu'à New York — et que nous pourrions tous les trois descendre à terre pour nous promener. Le budget de Symons était alors devenu dangereusement bas : il avait le prix de son billet pour Londres et, peut-être, deux francs de plus. Nous avons tous trouvé dans nos poches des pièces de monnaie allemandes oubliées de petites coupures et nous sommes rendus dans un bureau de change. Aucune transaction à la Banque d'Angleterre n'a jamais semblé plus importante que celle avec le marchand de monnaie français. Symons devait en être le bénéficiaire, et nous avons chahuté et marchandé sur la valeur de nos *groschen* et *sechser* comme si des millions étaient en jeu. Finalement, nous avons réussi à augmenter son avoir de deux francs, c'est tout, et c'était absolument tout ce que nous pouvions nous permettre. Symons était si heureux d'être à nouveau d'humeur à vivre des sensations *sur la terre ferme* que les deux francs lui parurent deux cents. En tout cas, il ne semblait pas se soucier du montant de la somme : il remerciait prodigieusement les dieux d'être assez fort simplement pour marcher.

Nous l'avons fait entrer clandestinement à bord pour le dîner et l'avons finalement laissé, comme nous le pensions, jusqu'à ce que nous soyons de nouveau en Angleterre, car notre bateau devait partir tôt le lendemain matin, les réparations ayant été accélérées, nous a-t-on dit. Symons devait passer la nuit et le lendemain à terre, en attendant le bateau de Southampton. Le lendemain matin, notre navire était toujours amarré. Nous étions libres de redescendre à terre et de prendre un autre "dernier" repas dans un restaurant. Alors que nous nous promenions dans la rue principale, qui devrions-nous rencontrer marchant fièrement dans l'artère si ce n'est Symons, son tissu brun naviguant joyeusement après lui.

« Envie de ça ! » s'est-il exclamé en nous voyant. "Comme c'est joyeux ! Mais pensez-vous que votre bateau repartira un jour ?"

Puis il nous raconta la merveilleuse nuit impressionniste qu'il avait passée.

"Après vous avoir dit au revoir", expliqua- t-il , "je suis retourné chez Frascati. La lune était levée et j'avais envie de flâner. Quand Frascati a fermé, j'ai marché un moment le long de la plage - c'était une nuit parfaite pour les "sensations". .'

" Finalement, j'ai eu sommeil. Il y avait une machine à laver à proximité et j'ai pensé que ce serait une aventure amusante de passer le reste de la nuit dedans. En plus, je voulais économiser.

"Je ne sais pas depuis combien de temps je dormais, mais vers le matin, j'ai été réveillé par des bruits de pas à proximité. J'ai atteint le sommet. C'était un garde - du moins il en avait l'air. Je me suis glissé hors de la machine à laver et j'ai esquivé. Je l'ai contourné commodément jusqu'à ce que l'homme soit passé. Ensuite, je suis descendu sur la plage, et plus tard jusqu'au couvent ou au monastère sur la colline, le soleil se levait à l'horizon et il y avait un merveilleux silence matinal sur tout. Je me suis assis et j'ai écrit quelques vers. Vraiment, l'attrait impressionniste était si écrasant que je n'ai pas pu m'en empêcher, je n'ai jamais eu une nuit aussi joyeuse.

Nous avons déjeuné ensemble, avons fait encore une petite promenade, puis nous nous sommes séparés à nouveau. Plus tard, après dix-sept jours de mer, nous apprîmes que Symons avait atteint Londres sans autre accident.

CHAPITRE XIII

LES GARDES DE BLOOMSBURY

Un autre cercle d'amis pendant mes années au British Museum, que j'ai trouvé amusant, était celui des « Bloomsbury Guards », comme ils s'appellent eux-mêmes. Cette compagnie d'hommes, ou « cla-ass », est apparemment organisée pour rester sur terre en permanence à Bloomsbury. Certains membres meurent de temps en temps, mais cela n'a pas d'importance. Le généreux musée ouvre grand ses portes et de nouvelles recrues sortent.

Le regretté George Gissing avait beaucoup à dire sur les messieurs en question dans son livre « New Grub Street ». Je n'ai volontairement jamais lu son récit, car j'ai préféré les garder à l'esprit tels que je les connaissais moi-même.

Imaginez une jolie personne élimée, aux épaules voûtées, mais généralement propre, entre quarante et soixante ans. Imaginez-le assis à un bureau dans la grande salle de lecture, des livres entassés devant lui, un stylo et du papier à la main, et un regard très désireux et assoiffé étroitement ajusté à son visage comme un pansement, ou, mieux encore, comme un régulateur de moustache " *Es ist erreicht* " pour aider à ressembler à l'empereur Guillaume. Chuchotez-lui à l'oreille : « Allons à « La Charrue ». » Regardez le visage figé se détendre.

Si vous faites ces choses, vous ferez connaissance avec l'un des gardes de Bloomsbury.

J'ai fait leur connaissance à la taverne en face du musée. L'économie politique refusait absolument de m'intéresser par moments, et de temps en temps je passais à « La Charrue » ou à « La Taverne ». Le bar exclusif du salon était dans les deux cas la salle de loisirs des gardes. Il m'a fallu un certain temps pour comprendre pourquoi le bar du salon était exclusif, mais finalement un jeune avocat m'a pris à part et m'a expliqué.

"Ne soyez pas méchant", a-t-il prévenu. "C'est simplement une question de classe, tu sais. Vraiment, tu dois comprendre."

J'ai feint l'illumination instantanée et j'ai toujours eu un sentiment de "classe" à Londres, depuis ce jour jusqu'à aujourd'hui. Je ne doute pas que le chauffeur de taxi qui fréquente le bar public ait un sentiment de « cla-ass » tout aussi important.

Les gardes que je connaissais le mieux étaient « Mengy », « Q » et « l'Épéiste », comme j'insistais à l'appeler en raison de ses connaissances particulières en matière de piquage de porc. (Il m'a dit qu'il avait passé deux bonnes semaines sur ce sujet afin d'écrire une critique faisant autorité pour *le Times* .) Ces trois hommes, "Mengy" au milieu dans le rôle de "Little Billie", auraient remporté le prix dans un " Interprétation "Trilby" de trios de rue.

"Mengy" était docteur en philosophie en général, et maître de conférences sur les momies en particulier. L'Allemagne lui a donné son départ et Londres sa pause. Sur le plan académique, il entendait être sage en égyptologie ; humainement, simplement un des gardes.

« Q » – le bon vieux « Q » – avait des instincts de gentleman sans soutien financier. Il rêvait de musique, écrivait des articles, des critiques et des poèmes à ce sujet, la fredonnait et la faisait vibrer, mais « Q » n'était pas un musicien. Comme « Mengy », il s'était tout à fait résigné *intérieurement* au poste de « Garde ».

Le « Swordsman » était un Écossais formidable et astucieux. Mais il avait mal fait, pécuniairement. Cinquante et quelques années de « pence de sax » lui avaient échappé, et il n'en avait pas une seule à montrer. Mais quelle mine de faits inutiles il avait rassemblé dans la salle de lecture ! Quel bavard itinérant sur des bagatelles il était devenu !

Lorsque ces trois hommes se réunissaient et qu'un ami liquidateur était là, la « Taverne » ou la « Charrue », selon le cas, devenait le théâtre de passages d'armes au bar aussi vaillants que Bloomsbury n'en ait jamais connu. En tant que gardiens de leurs boissons, ils étaient sans égal, tandis qu'en tant que chasseurs de « pubs », on peut se demander si Bloomsbury, jusqu'à l'arrivée des gardes sur terre, a jamais su combien de pubs elle possédait. Peut-être que « Q » était l'explorateur le plus invétéré. Lorsque « Q » recevait une livre ou deux pour une révision, il se levait de sa plus belle manière et partait seul pour chercher et trouver. D'une manière ou d'une autre, la « Charrue » et la « Taverne » ne lui plaisaient pas lorsqu'il était dans les fonds. Mais il vous donnerait sa chemise si vous le rencontriez dans un nouveau "Pub" qu'il avait localisé et que vous essayiez d'impressionner par son esprit. Alors « Q » était bel et bien dans sa gloire. Son chapeau haut de forme n'a jamais eu autant d'éclat qu'en de telles occasions.

« Eh bien, mon cher, disait-il, quelle chance de vous rencontrer ici ! Qu'est-ce que ça fait d'être ?

Peut-être vouliez-vous un billet de bus pour Hampstead.

"Très certainement. Ayez quelque chose pour vous réchauffer pour le trajet."

Les autres gardes n'aimaient pas que les « Q » fuyaient lorsqu'il se sentait rouge – « Mengy », en particulier ; mais « Mengy » devrait être très reconnaissant envers « Q ». Lorsque « Mengy » a obtenu l'autorisation de donner une conférence sur les momies au musée et a envoyé des circulaires érudites sur ses réalisations en tant qu'égyptologue, qui était « Mengy » qui constituait votre auditoire lors de votre première conférence ? Nul autre que le pauvre, vieux et capricieux « Q ». S'il n'avait pas fait preuve de compassion, vous n'auriez pas eu d'auditeurs du tout.

Il a aussi payé "Mengy".

D'une certaine manière, « Mengy » était un pleurnicheur. Un jour, il y avait eu trop de tavernes et trop peu de musées, et "Mengy" n'était pas en forme. Je n'oublierai jamais la photo qu'il a faite alors qu'il se prélassait sur sa chaise après le dernier verre. Ses deux longs manteaux sales enveloppaient sa silhouette élancée comme des couvertures autour d'un lampadaire, et il y avait sur son visage pâle un air désespéré, mi-académique, mi-nauséeux, que l'on peut souvent voir en mer. Son mécontentement le rendait mélancolique. Se levant pendant une pause dans la conversation, il rassembla les pans de ses manteaux autour de lui, réajusta son chapeau miteux et sanglota comme si son cœur lui avait été arraché : « Personne n'aime « Mengy » – Personne ! Puis, les larmes coulant sur les grimaces de son visage, il se dirigea vers le musée pour nettoyer son bureau et rentrer chez sa corpulente épouse. Elle était le soutien de famille dans la tenue de "Mengy".

Il y a une histoire selon laquelle "Q" a envisagé à un moment donné de se marier et de trouver quelqu'un pour s'occuper de lui. On dit qu'il s'est rafraîchi et qu'il a finalement trouvé une jeune femme aisée. Elle n'était pas hostile à ses avances, et cela ressemblait à un match. Mais « Q » ne pouvait pas s'éloigner des confortables locaux du musée et des conférences de la « Taverne ». La belle jeune fille s'en aperçut et partit à Édimbourg pour réfléchir. Un jour, « Q » avait cruellement besoin de dix shillings. Il ne pouvait penser à personne qui serait aussi heureux de le lui laisser que la belle. Il a dilapidé six pence dans un télégramme décrivant sa détresse. "Si les femmes savaient !" J'ai entendu des femmes soupirer. Eh bien, la fille de "Q" le savait. Elle répondit par courrier : « Cher Q. — Un shilling dont vous aurez probablement besoin pour la soirée ; veuillez le trouver ci-joint. Bien à vous, Janet. "Q" raconte cette histoire sur lui-même pour expliquer son caractère unique et persistant.

On ne peut pas parler ici des Gardes sans faire référence à « Bosky », même si je ne l'ai jamais connu aussi bien que « Q » et « Mengy ». "Bosky" avait probablement la plus grande réputation de tous en tant qu'érudit et écrivain. Ses écrits sur les hommes et les choses anciennes paraissent parfois dans nos magazines. Il m'a un jour beaucoup intéressé par ce qu'il savait de l'art du cambriolage à l'époque de Pharaon, et je me suis souvent demandé pourquoi il n'avait pas écrit l'article qu'il avait en tête. Mais, malgré toute sa connaissance des nations et des langues mortes, « Bosky » appréciait autant ses séances à la « Taverne » que « Q » et « Mengy ». La dernière fois que je l'ai vu, je lui ai demandé de m'écrire quelque chose en chaldéen. Il m'a remis des hiéroglyphes sur une enveloppe. "Signification?" J'ai dit. "Bosky" sourit avec bienveillance et dit: "Je veux un long verre du Far West."

Il m'a alors raconté comment six pence avaient perturbé son sommeil la nuit précédente. Il était rentré tard, dit-il, après une séance à la « Taverne », mais il était sûr, en se couchant, d'avoir réussi à économiser les six pence pour son repas du matin.

"Ma femme est vraiment rusée", expliqua-t-il, "alors j'ai caché la pièce sous le tapis. J'ai rêvé que j'avais oublié où je l'avais cachée, et à partir de trois heures, je ne pouvais plus dormir. Je savais où tout s'est bien passé ensuite, mais j'avais peur que ma femme rêve qu'elle le savait aussi. La vie conjugale a ses ennuis, je peux vous le dire.

CHAPITRE XIV

QUELQUES CONNAISSANCES À LONDRES

Au fil des années, j'ai essayé, chaque fois que j'étais à Londres, de rechercher les gardes que j'avais connus lors de ma première visite, ainsi que de faire connaissance avec les nouveaux membres. Lors d'une de mes dernières visites, un jeune journaliste anglais m'accompagna à la « Taverne ». Je lui ai raconté les moments intéressants que j'avais passés là-bas et lui ai montré quelques-uns des hommes que je connaissais.

"Ce sont des hackers, tu sais," murmura-t-il. "Penny-a-liners. Gissing les a fait dans 'New Grub Street'." Le jeune homme n'aimait ni ses anciens compagnons ni l'endroit, mais il n'hésita pas à emprunter dix bobs qu'il pourra rendre, s'il le souhaite, dans les meilleurs délais.

Appelez les gardes hacks, penny-a-liners ou ce que vous voulez ; comme un de mes amis l'a dit un jour à leur sujet, ils savent de toute façon épeler le mot gentleman, et c'est plus que beaucoup de ceux qui se moquent d'eux. Ils ont contribué à rendre ma première visite à Londres parfois incomparablement amusante, et je ne peux m'empêcher d'en être reconnaissant.

J'ai parlé de l'intérêt d'Arthur Symons pour mes premiers efforts pour décrire la vie de vagabond. Je pense que c'est lui et les rédacteurs du magazine qui m'ont encouragé dans mes gribouillages, plutôt que l'université et ses doctrines de « recherche inquirale », qui sont responsables de tous mes voyages errants en Europe. Bien sûr, l'inévitable *Wanderlust* était probablement derrière eux dans une certaine mesure, mais tous ont été entrepris avec des articles, et probablement un livre, comme objectif ultime.

On ne peut guère en dire autant des pérégrinations antérieures dans mon pays, et pourtant, lorsque j'ai fini par écrire à leur sujet, elles m'ont plus intéressé que les vagabonds à l'étranger. Mes jours de vagabondage à l'étranger ont reçu à peu près leur juste valeur dans d'autres de mes livres et mon souhait ici est plus d'expliquer quel effet ils ont eu sur moi en tant qu'étudiant et en me menant à d'autres travaux ici dans mon pays, que de *raconter* ce qui m'est arrivé sur les autoroutes. Il y a cependant quelques épisodes et anecdotes qui ont été négligés lors de la rédaction de mes rapports sur le terrain et qui ne sont peut-être pas déplacés maintenant.

L'expérience la plus amusante que j'ai eue en Grande-Bretagne pendant les trois semaines environ que j'y ai parcourues en 1893 concerne un professeur bien intentionné d'Edimbourg. Mon compagnon dans cette entreprise est désormais également professeur dans l'une de nos universités ; à l'époque, il était un de mes camarades d'études à Berlin.

L'un de nos "arrêts" dans l'itinéraire que j'avais prévu était Édimbourg. De toute façon, nous devions atterrir à Leith depuis New Castle, alors pourquoi ne pas visiter Édimbourg, que nous soyons de vrais vagabonds ou non ?

Un professeur local, un ami de ma famille, un invité chez moi à Berlin, était un homme qui croyait beaucoup aux choses religieuses et, je suppose, essayait d'agir selon ses convictions. Il se distinguait également par son intérêt pour les étudiants. Mon ami et moi avons pensé qu'il pourrait être intéressant de voir jusqu'où allait la bienveillance du vieux monsieur lorsqu'il s'agissait de faire la charité à un étudiant américain en détresse. Une curiosité enfantine, sans aucun doute, mais j'ai découvert plus tard dans ma vie qu'une telle curiosité en valait la peine à bien des égards – lorsqu'il s'agit de questionner des « hommes à l'esprit public », par exemple, sur jusqu'où ils iraient dans leur vie. poches pour financer les enquêtes et les poursuites dans les affaires municipales.

Avec mon ami, la question était : « Quelle histoire dois-je raconter ? Je n'ai pas pu entreprendre l'aventure car le professeur m'aurait reconnu. Nous avons fouillé dans mon panier d'« histoires de fantômes » et avons finalement déterminé que la meilleure chose était la vérité avec un léger changement de noms.

Ainsi, pendant que j'attendais dans un café près d'une gare ferroviaire, mon ami s'est rendu dans la maison à la mode de Queen Street avec un récit de malheur sur le fait qu'il était bloqué en Écosse et qu'il avait besoin du prix d'un billet de train pour Glasgow afin de pouvoir à nouveau obtenir. en contact avec des amis. Ce n'est pas vraiment une histoire, mais c'est tout à fait suffisant pour mon compagnon, un homme qui n'avait jamais été en vagabond de sa vie et dont l'attitude générale était aussi proche de celle d'une personne non pécheresse qu'on peut l'imaginer.

Il ne pouvait même pas utiliser un juron fort avec un son sincère. Son visage et son air généralement innocent restituaient cette pureté linguistique. C'était justement l'homme que je pensais pour tester la charité du professeur. J'avais attendu dans le café plus d'une demi-heure lorsque mon grand ami est apparu au loin. Très vite, il a levé cinq doigts et j'ai pu voir qu'il riait. "Eh bien, cinq pence, de toute façon", ai-je pensé. "Il n'aurait peut-être pas fait mieux à la maison, vu la façon dont il est habillé." En une minute, il était sur moi en haletant : « Cinq bobs, cinq bobs.

Je lui ai demandé des détails et il m'a raconté comment il avait été accueilli à la porte par un « bouton » qui l'avait conduit dans le bureau du professeur, où « l'histoire des fantômes » avait été racontée et écoutée. " Finalement, " conclut mon ami, " le vieux monsieur a mis la main dans son jean et m'a remis les cinq shillings en disant : " Eh bien, mon brave homme, j'espère sincèrement que cet argent ne se retrouvera pas dans le prochain pub. '"

J'ai ri prodigieusement. "L'idée", m'exclamai-je, "d'un médecin vous sélectionnant comme une personne susceptible de s'approcher d'un pub."

Le lendemain, je n'ai pas tellement ri. Mes gens à Berlin avaient écrit au bon professeur que mon ami et moi étions en voyage en Écosse et que nous pourrions lui rendre visite. Il devina que je recevais mon courrier à la poste générale et m'écrivit ce mot :

> "Cher ami, votre ami a appelé ici hier et je n'ai pas réalisé
> qui il était. Si j'avais su, je n'aurais pas été si dur avec lui.
> Venez nous voir."

Je ne peux pas dire comment les clochards quittent généralement Édimbourg en toute hâte, mais après que cette note ait été lue, deux étudiants clochards ont « fait une randonnée » hors de cette ville à toute vitesse. J'ai pris la route de Linlithgow et celle de mon ami une autre, toutes deux conduisant cependant au bureau de poste général de Glasgow, devant lequel nous avons convenu de nous retrouver trente-six heures plus tard. Les cinq shillings furent très pointilleusement restitués de ce point, que nous quittions également bientôt. La façon dont le professeur d'Édimbourg reliait les choses était trop écossaise pour nous.

CHAPITRE XV

DEUX EXPÉRIENCES DE TRAMPING

Deux expériences en Allemagne ressortent très clairement dans mes souvenirs de ma vie de vagabond là-bas. La première s'est produite à Berlin, où, bien que officiellement encore étudiant à l'université, j'avais pris des vacances et m'étais retiré dans l' *Arbeiter Colonie* , à la périphérie de la ville près de Tegel, l'ancienne maison de Humboldt. Il existe à Berlin deux colonies ouvrières, l'une dans la ville proprement dite, l'autre à Tegel. J'ai choisi de résider dans la station balnéaire de Tegel parce que le surintendant de la colonie de la ville craignait que certains colons ne me reconnaissent lors de mes différentes visites sur place et ne me connaissent au moment de ma demande d'admission en tant que chômeur. .

Mon but en devenant colon était d'apprendre, par mon observation personnelle, quel bien les *Arbeiter Colonien* accomplissaient pour de véritables chômeurs, et aussi comme institutions de correction pour les vagabonds. Au total, il n'existe pas plus d'une cinquantaine de lieux de ce type en Allemagne. Leur but est de fournir un abri temporaire aux dignes chômeurs qui demandent à être admis et acceptent de rester un mois sous le régime strict. Les colons travaillent dans des industries telles que celles des différentes colonies et reçoivent environ dix-huit cents par jour pour leur travail. Chaque colonie reste en contact étroit avec le marché du travail et s'efforce, dans la mesure du possible, d'assurer aux détenus des emplois extérieurs. En hiver, bien sûr, ils sont beaucoup plus fréquentés qu'en été, mais ils sont ouverts toute l'année. Je pense qu'ils font du bien dans la mesure où ils séparent les bons de ceux qui ne le veulent pas, le véritable travailleur du vagabond. Ils aident aussi un honnête homme à surmonter des difficultés passagères qui, sans le secours des colonies, pourraient en faire un vagabond. Mais je ne pense pas qu'ils soient nécessaires aux États-Unis, sauf peut-être comme lieux où les chômeurs professionnels pourraient être amenés à subvenir à leurs besoins.

Mon travail dans la colonie de Tegel était vraiment étrange pour un tel endroit : coudre des couvertures en paille pour les bouteilles de champagne. Pendant environ huit heures sur vingt-quatre, je dus marcher sur la machine et diviser la paille pour l'aiguille. J'espère que quelqu'un a pu profiter du champagne dont nous, les colons, avions simplement le droit de rêver.

La routine quotidienne était à peu près la suivante : tous les bras levés, les lits faits à 5h30 du matin, le petit-déjeuner à six heures, les prières à six heures et demie et le travail à sept heures. Après deux heures, il y avait l'inévitable deuxième petit-déjeuner, l'un des plus bêtes chronophages de la vie industrielle allemande. À midi, il y avait le dîner, à six dîners, à huit prières encore, et à neuf heures, toutes les lumières devaient être éteintes.

Un jour, avec deux compagnons, je fus envoyé pour une mission unique, unique pour moi du moins, malgré toutes mes activités et emplois antérieurs variés. On nous a ordonné de transporter un tas d'eaux grasses jusqu'à Berlin – ou peut-être s'agissait-il de graisse. Quoi qu'il en soit, il fallait le livrer dans la Chaussée-Strasse, et nous étions les chevaux de trait choisis. Le gros tonneau fut placé sur un chariot à quatre roues, comme on en voit si souvent à Berlin, tiré par des chiens – parfois des femmes – et nous partîmes pour la ville, sous les taquineries de mes compagnons allemands (un Américain, donc, bien sûr, un millionnaire !) sur le fait de devoir pousser un chariot à eaux grasses en Allemagne. J'ai riposté en poussant le moins possible. Je suppose que cela aurait amusé mes amis de la ville de me surprendre à cette tâche, mais heureusement notre voyage ne nous a pas conduit dans leur quartier. Je n'ai jamais eu tout à fait le même sentiment d'humilité que celui qui m'a envahi lors de cette expérience. En fait, cela m'a préoccupé, de sorte que je me suis rapidement arrangé pour faire savoir à la colonie que du travail m'attendait à l'extérieur et que je devrais être libéré. J'ai reçu une décharge honorable de protecteur du champagne et de défenseur de celui qui fait du savon.

L'autre événement concerne la police allemande. Cela vaut la peine d'être raconté, ne serait-ce que pour montrer à quel point certains policiers allemands peuvent être terriblement stupides.

Avant de commencer le voyage qui m'a mis en contact avec la police, j'ai reçu de feu William Walter Phelps, notre ministre en Allemagne de l'époque, un deuxième passeport, ne voulant pas retirer l'autre de l'université. Je comptais reprendre mes cours le semestre suivant, et me retirer mon passeport aurait entraîné plus tard une réinscription ou d'autres formalités qu'il valait la peine d'éviter. M. Phelps a très gentiment participé à mon plan, m'a donné un autre passeport et m'a dit de lui faire savoir si j'avais des ennuis à tout moment. Un précédent voyage de vagabond m'avait conduit assez loin dans le nord de l'Allemagne, alors j'ai décidé d'explorer les provinces du sud lors du deuxième voyage. J'ai été absent pendant six semaines, jusqu'à Strasbourg, au sud. A Marburg, la vieille ville universitaire, où j'ai appris que les clochards pouvaient gagner cinquante *pfennigs* de l'heure, lorsque les professeurs de physiologie voulaient avoir des spécimens humains pour leurs illustrations, j'ai eu une dispute avec la police toute-puissante. Avec plusieurs autres roadsters, je me rendis vers la nuit tombée dans un *Herberge* , ou hôtel-auberge, où l'on peut dîner et se coucher à des prix très raisonnables. Peu après le dîner, alors que nous étions tous assis ensemble à discuter dans la salle à manger et dans la salle d'attente, un *Schutzmann* entra. Son apparition ne me déconcerta pas du tout, car je savais que mon passeport était en règle et qu'il avait passé le laissez-passer. -épreuve d'inspection à plusieurs reprises. En fait, j'étais un peu en avance en lui remettant ma passe, fier de sa taille menaçante. "Ça va le chercher", me suis-je dit. "Je me demande ce qu'on en fera cette fois-ci." Le fonctionnaire pompeux a pris la feuille de papier, l'a « regardée des étoiles » pendant trois minutes entières, puis m'a dit d'une voix étonnamment douce : « *Sie sind ein Oesterreicher, nicht wahr ?* » (Vous êtes Autrichien, Je suppose.) J'ai déclaré assez hardiment que j'étais Américain, comme le prouvait mon laissez-passer. Encore un peu d'observation des étoiles de la part du policier, puis, comme s'il allait exploser s'il ne donnait pas libre cours à son vulgaire officience, et me jetant le passeport à la figure, il hurla : « Américain ! Américain ! Eh bien, vous allez vite chez votre consul à Francfort et obtenez un laissez-passer allemand. Ce gros truc ne fonctionnera pas », et il s'éloigna comme s'il était toute l'armée allemande regroupée dans un seul uniforme. Lorsqu'il fut parti, les autres *Kunden* se rassemblèrent autour de moi et me dirent de ne pas me soucier du « vieux fou ». Mais toute la nuit, je n'ai pas pu me remettre du sentiment que l'homme avait craché sur mon drapeau. Je suppose cependant que le pauvre ignorant a été simplement contrarié parce qu'il avait montré à l' *Herberge* qu'il ne connaissait pas la différence entre un laissez-passer autrichien et un laissez-passer américain et qu'il ne voulait pas dire une véritable insulte.

CHAPITRE XVI

SUISSE ET ITALIE

La pause la plus agréable de mes études universitaires eut peut-être lieu à l'été 1894, lorsque je me rendis en Suisse et, plus tard dans l'année, en Italie. Mes écrits commençaient à me rapporter un petit revenu à cette époque, et j'avais appris à faire en sorte qu'un dollar rende un vaillant service lorsqu'il s'agissait de payer les frais de voyage.

Mon compagnon en Suisse était un camarade d'études à l'université. Je comprends qu'il passe désormais ses jours et ses nuits à essayer d'écrire une nouvelle histoire de Rome. Nous avons fait ensemble les choses habituelles de notre voyage, certaines choses inhabituelles, et nous avons visité, avec relativement peu d'argent, la plus grande partie de la Suisse. Nous avons également escaladé une montagne ; et ainsi pend une histoire.

Nous avions tous les deux lu assidûment "A Tramp Abroad" de Mark Twain, en particulier les chapitres sur la Suisse. Finalement, nous sommes arrivés dans la vallée du Rhône et à Viège, ou plutôt à Saint-Nicolas, à mi-chemin entre Viège et Zermatt, nous sommes tombés sur notre idéal de guide de montagne, ou plutôt sur l'idéal qu'avait le livre "Tramp Abroad". évoqué pour nous. Nous avions déjà vu d'autres guides, des dizaines d'entre eux, mais il y avait quelque chose dans le « tout » à propos de la découverte de Saint-Nicolas qui nous avait complètement captivés. Nous avons entraîné le guide dans une conversation. Oui, il connaissait une montagne à Zermatt que nous pourrions gravir.

"Encordés ensemble?" dit l'historien actuel de Rome. D'une manière ou d'une autre, à moins que nous puissions être attachés à une corde et nous balancer au-dessus des précipices, l'ascension ne présentait pas de grands charmes. Oui, nous pourrions même être encordés ensemble, marcher en file indienne, passer des heures dans la neige et passer un merveilleux *aussicht*.

"Et le prix ?" Un retour soudain au sens quotidien m'a poussé à poser cette question. À ce moment-là, nos fonds étaient devenus assez faibles et aucun de nous ne savait vraiment quand son prochain versement arriverait. En passant, celui de mon ami n'est jamais arrivé au moment où nous en avions le plus besoin.

Le guide nous a indiqué les prix du Cervin et des autres "cornes" dans et autour de Zermatt.

"Trois cents francs pour monter le Cervin !" » haleta l'historien. "Eh bien, nous n'en avons pas plus d'une centaine dans la tenue."

"Ah, mais le Breithorn !" continuait le guide en réajustant son rouleau de corde et sa hache, comme s'il savait que c'étaient ces choses-là qui nous tentaient et nous conduisaient à la faillite. Jamais auparavant ou depuis, les cordes et les haches n'ont possédé des qualités aussi fascinantes qu'à cette époque. Le guide nous dit que le Breithorn était à nous pour trente francs : « *Sehr billig, sehr billig* », ajouta-t-il. L'historien et moi avons fait le point sur nos ressources. Nous avons finalement conclu que, si la note d'hôtel à Zermatt n'épuisait pas nos moyens, nous pourrions à peine embaucher le guide, gravir la montagne, payer le billet de train pour rentrer à Brieg et avoir quelques francs de côté pour les frais accessoires jusqu'à ce que de nouveaux fonds soient disponibles. arrivé. Nous connaissions à Brieg un hôtelier qui nous ferait confiance – du moins nous le pensions – et l'essentiel à ce moment-là était de remonter le Breithorn. À la rigueur, nous savions que nous pouvions partir « en vagabond », ou plutôt je l'ai fait. L'historien a juste deviné que c'était possible.

Nous nous sommes arrêtés au bord de la route pour nous reposer et réfléchir. Bêtement, j'ai sorti le livre "Tramp Abroad" de ma poche en guise de référence. Je voulais m'assurer que notre guide était authentique, *à la manière de* "A Tramp Abroad". Puis j'ai jeté un coup d'œil à sa corde et à sa hache. Cela a décidé pour moi.

"Nous montons le Breithorn", m'écriai-je, et le guide fut officiellement engagé.

En gravissant cette montagne depuis Zermatt, le voyageur moyen, je crois, s'arrête pour la nuit au col de Théodule et continue son voyage tôt le matin. Notre guide, pour une raison stupide, a décidé que nous n'étions pas des voyageurs moyens, que ce serait une simple bagatelle pour nous de dormir à Zermatt jusqu'au petit matin, puis de tout faire d'un seul coup. Mes vêtements – une tenue d'été légère de la tête aux pieds – étaient à peu près aussi adaptés à une telle aventure qu'au pôle Nord. L'historien était vêtu un peu plus chaudement, mais pas beaucoup. Mais peut-être ne devrions-nous plus jamais repasser par là, comme le soupire Heine dans son « Harzreise », et puis, quels regrets aurions-nous à éprouver ! Le moment est venu où, pendant un moment, nous avons regretté d'être passé par là – mais j'anticipe.

A trois heures du matin, nous sommes partis, le guide portant des cordes, une hache et un déjeuner. Vers cinq heures, nous atteignîmes le col. Jusqu'à présent, tout était délicieux : le paysage, l'atmosphère, le tempérament et les intentions. Ce matin-là, la vue depuis le col Théodule, sur le glacier en contrebas, était la plus belle que j'aie jamais vue. Les nuages se balançaient sur le glacier comme des vagues orageuses sur la mer, et le soleil du matin jetait sur la scène un plus beau mélange de couleurs. A notre droite était le

Cervin, mais cela représentait trois cents francs et inspirait des convoitises. Bientôt nous repartîmes, et lorsque nous heurtâmes la neige, ma joie fut à son paroxysme. Nous étions encordés ensemble ! Jamais auparavant ni depuis dans ma vie je n'ai ressenti un sentiment de responsabilité personnelle à un degré aussi exalté. J'ai pensé à l'historien et à ce que je devrais faire s'il tombait dans une crevasse. Je m'imaginais même sortir le fidèle guide d'un trou. Ces notions passionnantes de valeur possible n'ont cependant pas duré longtemps. En une heure, mes légères chaussures d'été étaient complètement mouillées, mon visage commençait à me brûler, mes mains étaient devenues froides et le sommet du monde semblait tout de travers. « Obtenez-en pour votre argent », m'encouragea l'historien, et je me dirigeai péniblement vers le sommet. Nous étions là et étions censés profiter de la vie. J'avais mal aux pieds et j'ai dit "d———". Un Anglais, frère d'un romancier connu, que je prenais pour un clergé , dit : « Tut, tut ! J'ai répété mon expression, et lui et son groupe se sont rendus au Petit Breithorn pour être seuls. J'ai dit bien d'autres choses avant la fin de la journée, mais nous avons réussi à rentrer à Zermatt sans interférence. Alors que nous payions le guide avant d'entrer dans le village, je lui ai demandé s'il ne voudrait pas que nous lui écrivions une recommandation dans son livre. Il a souri. "Oh, je peux gravir cette colline à reculons", dit-il, "mais je suis très obligé." C'est ainsi qu'il nous a laissés : pratiquement en faillite, mouillés, fatigués, et avec la conclusion humiliante que si nous avions été de vrais sportifs, nous aurions pu gravir les talons du Breithorn en tête. Je n'ai jamais lu "A Tramp Abroad" depuis cette expérience.

Il n'y a pas grand-chose à dire sur notre condition de pauvreté à notre arrivée à Breig, si ce n'est qu'elle était sincère et sincère. Nous ne pouvions guère avoir plus de deux francs à nous deux. L'homme de l'hôtel a cependant insisté sur le fait que nous étions honnêtes et que nous le paierions dès que nous le pourrions. Ainsi, pendant dix jours, nous nous sommes posés sur lui pour nous demander pourquoi nous avions tenté le « Breithorn ». Il y avait un mur de pierre, ou culée, près de la ville, d'environ soixante pieds de haut. L'escalader, c'était comme gravir une clôture en pierre de la Nouvelle-Angleterre jusqu'à la même hauteur : il n'y avait pas la moindre différence. Si l'on perdait pied, il n'y avait plus qu'à tomber à terre et à réfléchir. Une chute près du sommet, ce qui m'est presque arrivé, n'aurait pu que tout arrêter, car il n'y avait que des boules sur lesquelles s'allumer.

Pendant deux heures, chaque jour de notre séjour à Brieg, nous, les imbéciles, avons risqué nos membres et notre cou pour trouver de nouvelles façons d'escalader le mur. Peut-être que le Cervin présente des problèmes d'escalade plus difficiles à résoudre que ceux de notre mur, mais j'en doute. En tout cas, je voudrais être *payé* , et non *payer* , trois cents francs avant de tenter aujourd'hui soit le mur, soit la montagne.

Le voyage en Italie s'est fait seul. Par un bel après-midi d'octobre, j'ai quitté Poschiavo, dans l'Engadine italienne, où j'avais passé plusieurs semaines dans une retraite calme, écrivant, étudiant l'italien et escaladant les montagnes, par la vue, et je suis parti pour Venise. J'avais peut-être soixante dollars en poche, une somme tout à fait suffisante, à l'époque, pour m'enhardir à m'attaquer à l'Afrique, si cela semblait être la prochaine chose à faire. L'Italie était à ce moment-là la plus proche et je voulais expérimenter mon italien sur les Vénitiens. Apprendre l'allemand m'avait donné un bon appétit pour d'autres langues et je rêvais de devenir polyglotte avec le temps. J'avais aussi l'idée que je pourrais apprendre à mieux écrire dans un climat chaud. Berlin semblait déformer mon vocabulaire lorsque je me sentais poussé à écrire, et je me persuadais que les mots viendraient plus facilement sous un climat ensoleillé.

Une véritable saisie de *Wanderlust* était probablement le motif prédominant de cette aventure dans le sud, mais j'étais déterminé à ce qu'elle s'accompagne de bonnes résolutions. En effet, à cette époque, j'étais si maître de *Die Ferne* que, même si les tentations d'errance étaient assez nombreuses, j'étais capable de les repousser à moins que l'errance ne promette quelque chose d'utile en retour, soit en études, soit en gain d'argent.

Outre l'intention de gribouiller et d'apprendre la langue, j'envisageais également d'étudier avec Lombroso à Turin. Mes lectures parallèles à l'Université de Berlin m'avaient profondément intéressé à la criminologie, et les écrits de Lombroso, bien sûr, y avaient été inclus. Dès le début, j'étais en désaccord avec sa thèse principale, et je le suis toujours en ce qui concerne la délinquance professionnelle. Cependant, je pensais qu'il serait utile d'entrer en contact avec un tel homme et j'espérais apprendre beaucoup de son appareil expérimental. Ce plan a finalement échoué. J'ai trouvé qu'il y avait assez de criminologie pour mon objectif d'observer le peuple italien à l'air libre, et j'ai inventé mon propre appareil d'expérimentation qui, dans les circonstances, m'a probablement révélé autant de choses que celui de Lombroso. Néanmoins, je regrette maintenant de ne pas avoir fait la connaissance du professeur, car, disons ce que l'on veut, des hommes que je connais, c'est celui qui a le plus fait ces derniers temps pour éveiller au moins un intérêt scientifique pour le crime en tant que désordre social.

Ma première descente du Grand Canal à Venise, de la gare à Riva, a été ma première introduction au pays des merveilles vénitien. Quand j'étais enfant, j'avais lu mes "Mille et Une Nuits" et j'avais, je suppose, rêvé de choses orientales, mais à aucun moment, dont je me souvienne, quelque chose d'Orient ne s'est jamais suffisamment emparé de moi pour m'entraîner dans un voyage en dehors de mon pays. propre pays. C'était déjà assez merveilleux pour moi à l'époque, et cela devient encore plus merveilleux pour moi chaque jour à mesure que je vieillis.

Mais cette première balade à Venise ! Tandis que la gondole me conduisait sur le canal jusqu'à la Riva, où mon logement avait été réservé à l'avance, il me sembla que je glissais dans un monde nouveau, un monde qui n'appartenait guère au nôtre. La simple étrangeté des choses ne m'impressionnait pas tant que leurs contours doux et doux. Je pensais alors à la ville, comme je le pense encore, plus comme une créature charmante et respirante, véritablement comme une épouse de l'Adriatique, que comme une demeure de l'homme. J'ai marché depuis mon logement jusqu'à la Piazza. Alors que je tournais vers la Piazzetta, et que la gloire de cette magnifique place m'apparaissait à la lueur du soleil éclatant de l'après-midi, je me suis arrêté brusquement. De tels moments signifient différentes choses pour différents hommes. Je me souviens maintenant de ce qui m'est passé par la tête, comme si c'était hier :

"Si venir dans cet endroit enchanteur, jeune homme, est votre récompense pour vous être retiré du marécage dans lequel vous vous êtes autrefois laissé, alors votre récompense est en effet douce."

Pendant quatre mois très agréables, je m'attardai près de cette fascinante place, hésitant à la quitter. Lord Curzon pense que le Rhigistan à Samarcande est, tout compte fait, la plus belle place du monde. Peut-être que si j'avais vu le Rhigistan en premier, et au moment où j'ai vu la Piazza, j'aurais été tout aussi impressionné. Il se trouve que lorsque, en 1897, j'ai vu pour la première fois le Rhigistan, j'ai inévitablement pensé à la Piazza, et là, j'ai renouvelé mon allégeance à son charme supérieur sur moi.

De ma vie sur et autour de cette place, il y a beaucoup de choses que j'aimerais raconter si je pouvais la raconter à ma satisfaction, car je crois que Venise est une maîtresse à qui tous les admirateurs, sans distinction de couleur, de race ou d'incarnation antérieure, devraient offrir un hommage artistique en prose ou en vers.

Mon ami le plus intime, à Venise, était Horatio Brown, un gentleman qui connaît probablement la ville mieux que tout autre étranger, et bien plus intimement que la plupart des Vénitiens eux-mêmes. Son livre, "La vie sur les lagons", est le meilleur livre sur la ville que je connaisse, et j'en ai fouillé plusieurs. La « Vie vénitienne » de M. Howell, comme tout ce qu'il écrit, est très artistique et instructive, mais je n'ai jamais pu retrouver la Venise qu'il connaît.

Je dois remercier Arthur Symons d'avoir persuadé Brown d'être gentil avec moi, et j'imagine qu'il lui a dit la vérité : que j'étais une jeune victime *de*

Wanderlust. Le résultat fut que, même si je devais vivre assez modestement, la maison de Brown sur les Zattere devint une magnifique retraite, où, au moins une fois par semaine, je pouvais rafraîchir un peu mes manières et profiter d'une atmosphère anglo-saxonne et d'un confort non dissimulé. .

Je pense que c'était généralement le lundi soir que Brown recevait ses amis. Il y avait beaucoup de personnes intéressantes à rencontrer à ces occasions, littéraires et autres, mais une bonne illustration des caprices de l'imagination et de la mémoire est le fait qu'un amiral autrichien ressort le plus fortement dans mes souvenirs des lundis soirs dont je me souviens. Je suppose que c'était parce qu'il avait vécu de nombreuses aventures hors de ma lignée et qu'il n'était pas tout à fait de ma taille. Toute personne plus petite que moi qui a projeté sa personnalité dans des pérégrinations plus séduisantes que moi devient immédiatement pour moi une personne à admirer. Les hommes de grande taille et leurs réalisations, diaboliques ou angéliques, sont tellement hors de mon champ de vision que je n'ai jamais essayé de m'interroger beaucoup à leur sujet. Napoléon Ier aurait pu l'écouter au mois sans murmurer ; Bismarck m'aurait parfois fait regarder le plafond d'un air rêveur.

L'amiral m'a raconté comment Garibaldi lui avait fait peur, alors que les Italiens s'affranchissaient de la domination autrichienne. Il semble que Garibaldi ait tenu l'ennemi en haleine autant en mer qu'à terre, et l'amiral reçut un jour la nouvelle que Garibaldi remontait la côte vers Venise avec une force formidable. En réalité, il ne faisait rien de tel, étant occupé dans des domaines très différents. "Mais comment pouvais-je le savoir ?" m'a dit l'amiral. "Il sautait d'un endroit à l'autre comme une grenouille, et je n'avais aucune raison de croire que la rumeur pourrait être fausse. J'ai décidé de ne prendre aucun risque et j'ai réquisitionné deux paquebots autrichiens-Lloyd et les ai coulés dans le détroit de Malamocco. Je me sentais capable de garder l'autre bout du Lido. Mais Garibaldi m'a trompé, comme il l'a fait pour beaucoup d'autres, et les deux paquebots ont été coulés pour rien.

Pendant une partie de mon séjour à Venise et dans ses environs, j'ai vécu seul dans une maison vide à San Nicoletto sur le Lido. A quelques pas se trouvait la prison militaire, dont le rêve, dans la maison vide, après un luxueux dîner gratuit, rendait parfois la vie nocturne plutôt sombre. J'ai pris mes repas non gratuits dans une *osteria* à proximité. Je me demande si le petit paquebot asthmatique qui allait de la Riva à San Nicoletto est toujours à flot ? Il appartenait et était dirigé par un *conte*, qui percevait également les tarifs. J'ai fréquenté son métier pendant un certain temps, puis, en partenariat avec un *caporal*, en poste à la station de signalisation maritime de San Nicoletto, j'ai investi dans un canoë.

Les aventures que nous avons vécues avec ce canoë ont été nombreuses et variées. Un jour, par exemple, le canot et moi étions soupçonnés d'être des espions et avons failli être bombardés. J'avais passé l'après-midi à Venise, laissant la pirogue près du Giardino Pubblico. Il faisait plus sombre que d'habitude lorsque j'étais prêt à retourner au Lido, et je n'avais pas de lumière sur moi ; mais je suis rentré chez moi sans crainte. Je pagayais assez sereinement depuis une quinzaine de minutes, quand, en approchant de l'île aux poudrières, ou de tout ce qui est entre Venise et San Nicoletto et gardé par une sentinelle, je fus en partie réveillé de mon rêve par un intense " *Chi* ". *va la ?* " à ma gauche. Je dis en partie éveillé à bon escient, car je n'ai prêté aucune attention au défi et j'ai continué à pagayer. Il semblait impossible que quiconque veuille savoir qui j'étais sur l'eau. Les mots résonnèrent à nouveau, clairs et aigus, et encore une fois je n'y prêtai pas attention. La troisième fois, le défi était accompagné d'un sinistre clic de pistolet. Je suis sorti de mon rêve comme un coup de feu. Pourquoi je devrais être mis au défi m'était absolument incompréhensible, mais ce clic suggestif a remis en action mes sens du travail quotidien.

" *Amico ! Amico !* " ai-je crié.

"Eh bien, approchez-vous du palier et laissez-moi vous regarder."

Je tournai et pagayai jusqu'à l'île, où la sentinelle me retint près d'une demi-heure, me faisant expliquer à quel point j'étais inoffensif et innocent. Je dois lui dire qui était mon propriétaire au Lido, quelle chambre j'occupais dans la maison vide, pourquoi, au nom de Maria, je vivais au Lido, et de quel *mauvais* droit j'ai osé naviguer dans ces eaux sans lumière. . Il m'a finalement laissé passer, en me prévenant que mon engin avait de bonnes chances d'être envoyé au fond s'il repassait par là la nuit sans l'éclairage approprié.

Un jour, cette pirogue a sombré près du Giardino Pubblico, et l'accident a mis en lumière un trait typiquement italien chez le *corporale* . À l'époque, je pensais qu'il s'agissait d'une simple démonstration d'entêtement, mais Brown m'a assuré plus tard que j'avais tort. J'essayais de me débrouiller quand le canot a mis le nez dans le banc de boue, et le *caporal* était dans le jardin, je crois, en train de regarder. Il était habillé de son plus bel uniforme et avait l'air très bien, mais, en tant que marin et copropriétaire du canoë, j'ai pensé qu'il devrait lui venir en aide dans un tel cas de détresse. Au début, il pensa aussi qu'il devait s'occuper de cette affaire et regarda attentivement autour de lui pour voir si quelqu'un l'observait. Puis il se dirigea plus comme une femme vêtue de fines jupes de dentelle que comme un homme, et encore moins un marin, jusqu'à un endroit sec à moins de trente pieds du canot. Là, il se dépensa à me dire comment faire ce qu'il pouvait faire cent fois mieux depuis le rivage. Il suffisait au canoë d'un bon et gros coup de pouce, qu'il aurait pu lui donner sans grand inconvénient. Je l'ai exhorté dans un italien impeccable à agir véritablement et à m'envoyer vers le large.

« *Ma non, ma non* », gémissait-il en désignant ses chaussures cirées et la boue avec laquelle il n'avait pas besoin d'entrer en contact. À ce moment-là, Brown et son gondolier étaient en vue, et je leur donnai le signal du naufrage. Pendant qu'ils venaient à mon secours, le *caporal*, de nouveau, comme une femme hachée, rentra dans le jardin. Le gondolier m'a lancé une corde, puis m'a tiré hors de ma situation, le *caporal* surveillant les manœuvres, comme un chat, depuis son poste d'observation au-dessus. Je lui ai dit adieu et je n'ai pas voulu lui parler de la journée suivante. Brown a expliqué sa conduite par un seul mot : *critique*. S'il y a quelque chose que les Italiens n'aiment pas, m'a-t-il dit, c'est d'être surpris par leurs voisins dans des situations difficiles qui les font paraître ridicules. Il a déclaré que le *caporal* aurait laissé le canot pourrir dans sa couchette de boue avant de se soumettre à l'examen minutieux des spectateurs pour tenter de le sauver. La raison pour laquelle il s'est retiré si rapidement dans le jardin lorsque Brown est apparu était parce qu'il avait vu *des critiques* arriver.

Je crains qu'une frayeur similaire ne l'ait possédé quelques semaines plus tard, lorsque le canot a traversé le détroit de Nicoletto et s'est dirigé vers les vagues de l'Adriatique, d'où il n'est jamais revenu. Je n'étais pas présent lorsque l'accident s'est produit, mais "ils" disent que le *caporal* l'était et que tout ce qu'il fallait pour sauver le canot était de nager à une courte distance du rivage et de le remorquer. Mais le « public » regardait sans aucun doute, et le *caporal* avait peur des commentaires et suggestions critiques.

C'est avec le canoë que je me suis le plus amusé, tant qu'il a duré, dans les petits canaux étroits de Venise proprement dite. Jour après jour, j'ai navigué avec elle dans différents quartiers de la ville, explorant de nouveaux itinéraires et sections, déjeunant là où l'heure me dépassait, et le soir, je suis retourné au port du Lido, me sentant très nautique et pittoresque. Le principal plaisir est venu lorsque je devais prendre des virages dans les petits canaux. Les gondoliers ont des cris réguliers : « À droite » et « À gauche », et j'aurais dû, en droit, les utiliser aussi. Mais, d'une manière ou d'une autre, la seule chose à laquelle je pouvais penser lorsque j'étais surpris au virage par un engin venant en sens inverse était de crier « Wa-hoo ! à haute voix, puis j'ai serré le côté de certains immeubles jusqu'à ce que le danger soit passé. La façon dont les gondoliers me réprimandaient était suffisante pour effrayer un combattant, mais j'ai appris à m'attendre à des réprimandes et à ne pas y prêter attention. Sur la Riva, où j'avais l'habitude de me retrouver avec beaucoup d'entre eux, ils ont fini par m'appeler « Wa-hoo ».

J'ai eu une relation assez intime avec l'un des gondoliers de Riva, et quand je suis revenu du Lido à Venise, nous étions presque tous les jours ensemble, soit sur l'eau, soit dans son *sandalo*, ou en échangeant des histoires autour d'un verre de vin et *de polenta* dans une *osteria*. .

Un jour, il vint me voir et me dit : « *Signor* , ne m'accompagnerez-vous pas dans un voyage vers les belles dentelles et les serres de Venise ?

J'ai dit : « Avec plaisir ».

Il continua : « Vous verrez beaucoup de belles choses dans nos maisons de dentelle et nos serres. »

J'ai dit : « Voyons ces choses merveilleuses. »

Nous avons donc remonté le Grand Canal ; ensuite nous descendîmes le Grand Canal. Depuis l'époque de Lord Byron, je crois qu'il existe une légère divergence d'opinion quant à savoir qui est en haut ou en bas de ce canal. Nous sommes montés dans *le sandalo de Sambo* , et Sambo m'a emmené dans l'une des grandes maisons de dentelle, où j'ai dû exposer toute mon ignorance de la dentelle, tout en essayant de paraître spécialiste de ce produit ; puis, vers un endroit où l'on vendait ce que je comprends qu'on appelle du verre vénitien ; puis vers d'autres endroits. Au cours d'aucun de nos appels, je n'ai effectué aucun achat, au grand dégoût des commis présents, mais pleinement dans le cadre de l'accord avec Sambo selon lequel je ne devais pas acheter ce que je ne voulais pas ou que je n'avais pas assez d'argent pour acheter. J'ai remarqué que Sambo recevait soit un chèque en laiton, soit une petite somme en monnaie italienne à chaque appel. Finalement, ce pèlerinage vers les lieux du commercialisme vénitien fut terminé. J'ai dit à Sambo : « Qu'est-ce que tout cela signifie ?

Il dit : « Pourquoi, *signor* , n'avez-vous pas observé ? Nous avons été amis ensemble, n'est-ce pas ?

J'ai dit : "Certainement, Sambo, mais ça me paraît drôle que tu m'emmènes dans des endroits où tu sais que je n'ai aucune idée d'acheter quoi que ce soit."

" Ah, *signor* , vous ne comprenez pas la situation ici à Venise. Voyez-vous, ces gens du verre, ces gens de la dentelle — et d'autres gens — nous donnent une commission, à nous les gondoliers. Quand nous recevons tant de chèques en laiton, nous allons les encaisser. et nous obtenons un certain pourcentage pour les affaires que nous avons pu apporter aux maisons de commerce. Lorsque nous recevons de l'argent, bien sûr, cela se présente sous la forme de pourboires comme vous l'avez vu, et nous mettons cela directement dans nos poches.

"Je veux vous dire, *signor* , que même si mon histoire peut vous offenser et que vous pensez peut-être que je n'avais pas le droit de vous emmener dans le voyage, ce que, comme vous vous en souviendrez, j'avais suggéré de m'infliger, j'ai réussi. en accumulant neuf *lires* ... Signor, ne vous offensez pas.

Je connaissais le jeu. Ne viendrez-vous pas comme mon invité ce soir dans un de nos restaurants de gondolier, où je dépenserai chacune de ces neuf *lires* pour un bon dîner ? "

Je suppose que Sambo invite encore d'autres innocents comme moi à des pèlerinages dans les maisons de dentelle et de verre de Venise.

De Rome, que j'ai visitée après mes expériences à Venise, il y a aussi beaucoup de choses que j'aimerais dire littérairement, si je sentais que je pouvais le faire. La plupart des écrivains s'attardent largement sur la tristesse antique de Rome. Il n'y avait rien dans l'ancienne tristesse de Rome, pendant le mois que j'ai passé dans cette ville, au printemps 1895, qui se comparait à la tristesse qui m'envahit en me rendant au cimetière anglais et en lisant les noms de certains grands hommes connus. au monde entier, et de certains jeunes hommes que je connais personnellement, Anglais et Américains, qui sont enterrés dans cet endroit pittoresque mais toujours triste.

Un de mes amis, qui s'est depuis installé et a étudié toutes les subtilités de ce que signifie s'installer, était avec moi à Rome, une certaine nuit de 1895, lorsqu'il y avait une discussion sur ce qui était la meilleure chose pour deux étudiants. faire dans une université allemande. Il fut décidé que, tout d'abord, Gambrinus, dans le Corso, était le meilleur endroit pour réfléchir. Je me souviens que mon ami a perdu son parapluie. Au moment de quitter le Gambrinus, il s'indigna beaucoup de la disparition de ce parapluie, qu'il pensait devoir être entre ses mains à tout moment qu'il le voudrait. Le parapluie était introuvable. On supposait que l'un des serveurs l'avait pris. Comment cela pourrait-il être prouvé ? Nous avons appelé notre serveur et lui avons dit : « Où est ce parapluie ?

Il répondit : " *Signor*, je n'en ai aucune idée. "

Mon ami m'a dit : "Eh bien, supposons que vous ayez une idée aussi vite que vous savez le faire."

Le serveur a dit qu'il ferait ce qui lui avait été suggéré. Il s'est rendu chez la femme du propriétaire et est revenu très vite en disant qu'il n'y avait aucune trace d'un parapluie manquant.

Mon ami, qui était complètement préoccupé par la détermination d'aller chercher ce parapluie, s'est levé et, de sa manière très abrupte, a dit : « Apportez-moi mon 'bamberillo'. Si vous ne le faites pas, il y aura des ennuis. »

Craignant qu'on puisse utiliser d'autres instruments que ceux qui seraient habituellement utilisés après cette déclaration de mon ami, j'ai suggéré que nous montions un certain escalier et demandions à la femme du propriétaire si elle ne pensait pas que mon ami devrait obtenir son "bamberillo" de retour.

Elle répondit avec le pathétique dont une Allemande est capable : « Je crains que vous ne compreniez pas l'esprit italien. Cet esprit italien est étrange et particulier.

"Oui", dit mon ami en allemand, "c'est tellement étrange que je ne trouve pas mon 'bamberillo'".

La bonne *Hausfrau* dit : « Eh bien, vous devez nous excuser dans ce pays de... *Ja, Sie kennen das Vieh, nicht wahr* ?

De Rome, je suis allé à Naples. Mon argent a été distribué dans cette ville avec une persistance prononcée. J'y recevais cinquante dollars par mois pour faire face à toutes les factures : billets à ordre et autres engagements financiers. Ma maison lors de mon séjour en ville était une chambre que je partageais à contrecœur avec deux des chats les plus merveilleux que j'aie jamais connus. Certains hommes disent aimer les chats. Cela me ferait plaisir que l'un de ces hommes soit condamné à dix jours de prison dans ma chambre à Santa Lucia de Naples. La chanson intitulée « Santa Lucia » est souvent entendue dans nos rues. C'est une chanson agréable pour ceux qui n'ont jamais eu à vivre à Santa Lucia avec des chats comme moi. Honnêtement, j'ai essayé d'augmenter mon vocabulaire italien avec les variations napolitaines pendant mon séjour à Naples. Mais je n'ai jamais trouvé aucun mot, injurieux ou autre, qui puisse expliquer ce que signifiaient pour moi ces chats qui rôdaient dans cette étrange pièce du Santa Lucia. J'en fais tellement parce qu'ils ont tellement fait de moi pendant mon existence à cinquante dollars par mois en Italie. J'avais du mal à vivre dans mes limites. Mes cinquante dollars par mois étaient généralement tous mis en pièces le 20 du mois, et pas toujours à cause d'absurdités. A cette époque, j'étais très occupé à acheter des livres qui m'intéressaient, et je crois qu'il est juste de dire qu'un bon quart de mon salaire mensuel était consacré à leur achat.

Le 20, surtout à Naples, j'étais très en lambeaux avec mes cinquante dollars. J'avais là-bas un propriétaire dans cette Santa Lucia catfull qui était un Italien du Nord. Mes cinquante dollars ne me sont pas parvenus aussi vite que je le souhaitais et je me suis inquiété. Mon loyer était dû. C'était un problème de savoir comment je devais expliquer cela clairement au propriétaire. Finalement, je suis allé vers lui et je lui ai dit en toute franchise : « Je voudrais vous dire, signor, que je suis très déçu que mon argent ne soit pas arrivé. Il viendra. Il doit venir. Il semble qu'il y ait de l'argent. retard."

Encore une fois, il y avait cette fine touche italienne. Il m'a dit : "Mon fils, ne t'inquiète pas. Je comprends ta difficulté. *Mio figlio* ", et il m'a tapoté dans le dos, "tu seras pris en charge". Y a-t-il quelque chose dans la langue anglaise qui puisse battre ça ?

Pendant que je m'arrêtais au Santa Lucia, je prenais mes repas, autant que je pouvais, dans un restaurant à une ou deux portes de là. Dans ce restaurant se trouvaient toutes sortes de camionneurs, de cochers et d'hommes en général qui doivent passer une grande partie de leur temps en plein air. J'avais appris à Venise qu'il existait une forte sympathie entre les criminels italiens.

Il m'est venu à l'esprit que, pendant que je serais parmi ces personnes, cela valait la peine d'apprendre quelque chose sur la Société Mafia et la Camorra. J'avais entendu indirectement dire que ces sociétés travaillaient plutôt bien dans leurs propres intérêts chez elles.

Combien d'Italiens y a-t-il aux États-Unis, je ne le sais pas. On peut se demander si quelqu'un d'autre le sait exactement. Nous savons certainement qu'il y en a plusieurs millions. Mon intérêt en enquêtant à Naples, autant que je le pouvais, sur les rouages de la mafia et de la Camorra, était de découvrir, si je le pouvais, quel pouvoir ils étaient censés avoir sur leurs propres compatriotes.

Suite à ces faits, je me suis heurté à un *facchino* . Un *facchino* est un porteur commun en Italie.

J'ai dit à un de mes amis *facchino* : « Ne pouvez-vous pas me faire connaître un ami de la Société Mafia ?

C'était un véritable paresseux, un débardeur, un débardeur et un grand homme.

Il me dit en effet : « N'es-tu pas assez sage pour aller dans ce parc où tu peux rencontrer n'importe qui et découvrir tout ce que tu veux savoir sur la mafia ou la Camorra ?

J'ai répondu : « Oui, je suppose que oui. Mais combien cela coûtera-t-il ?

"Eh bien, va là-bas. Peut-être que tu trouveras quelqu'un de la trempe que tu veux; peut-être que non."

Je n'ai fait aucune découverte qui ait quelque valeur. Mais que dire de mon ami le *facchino* , de la mafia et de la camorra ? Je le regarde de cette façon. Si ces gens ont des querelles qui les concernent, qu'ils continuent selon leur propre voie. S'ils ont des querelles dans mon pays et pensent que, par hasard, leurs sociétés secrètes peuvent diriger mon pays, ils se sont terriblement trompés sur leur vocation. Ils ne sont pas aussi dangereux que les journaux le prétendent. Ils croient, il est vrai, à leur fin de jeu, à un finish qui peut parfois être inquiétant.

J'ai demandé à mon ami *facchino* ce qu'il pensait en général des gens qu'on pourrait appeler Maffia ou Camorra dans le parc qu'il avait suggéré.

« Eh bien, dit-il, je ne sais pas plus ce que feront la mafia ou la Camorra, que
je ne sais ce qui m'arrivera dans les cinq prochaines minutes.

"Alors je dois tirer mes propres conclusions", fut ma réponse

CHAPITRE XVII

UNE VISITE À TOLSTOY

Au milieu de l'été 1896, j'ai appris à connaître Tolstoï. C'était à l'époque de l'Exposition nationale de Nijni-Novgorod. Des billets d'excursion bon marché sur les chemins de fer et les bateaux fluviaux étaient disponibles tout au long de l'été, tandis que les correspondants de journaux étrangers recevaient des laissez-passer de première classe pour trois mois sur toutes les voies ferrées du pays. C'était l'occasion d'exercer *Wanderlust* avec un style comme je n'en avais jamais eu auparavant. Le petit livre de Baedeker sur la langue russe a été acheté, des présentations à des amis à Saint-Pétersbourg ont été assurées, et je suis parti passer au préalable environ une semaine comme ouvrier de terrain, ou à tout autre titre auquel j'étais égal, chez Tolstoï. ferme, à Yasnaya Polyana, un domaine situé à environ cent cinquante milles au sud de Moscou. À cette époque, je n'étais pas sûr du pass ferroviaire. A Saint-Pétersbourg, des amis m'ont gentiment proposé de l'obtenir, et je suis allé à Moscou et, avant la fin de l'été, dans des centaines d'autres villes et villages de différentes parties de l'Empire. Avec environ deux cent cinquante mots russes, mon passeport, le transport ferroviaire gratuit et peut-être 75 dollars, j'ai parcouru, avant de rentrer à Berlin, environ vingt-cinq mille milles. J'ai réduit mes dépenses d'hôtel en vivant dans les trains. Les hébergements ferroviaires de première classe comprennent un lit. Aussi, la nuit venue, je pris tranquillement ma place dans un train allant dans n'importe quelle direction assez longtemps pour m'assurer un bon repos. Le matin, je sortais et je regardais autour de moi, ou je continuais ma route à ma guise. Cette procédure m'a également permis d'économiser les frais de passeport dans les hôtels, une dépense considérable en Russie si l'on voyage beaucoup. Mes repas ont été trouvés dans les gares, qui offrent le meilleur service de restauration ferroviaire qui soit. Cependant, après toutes les économies, les visites touristiques et l'équitation, mes vacances terminées, j'étais chaleureusement heureux de retourner en Allemagne, et pendant des mois après, mon *envie de voyager* était délicieusement sous contrôle.

De toute évidence, l'élément national le plus intéressant que la Russie m'a permis de voir était le comte Tolstoï. Le tsar, les musées, les palais, les grands domaines, le grand *Ninghik inexploité*, ces hommes et ces choses étaient divertissants, mais ils ne me plaisaient pas comme le romancier et futur philanthrope. Et pourtant, je n'avais jamais lu aucun roman de Tolstoï avant de le rencontrer, et mes idées sur son altruisme étaient vagues, en effet, sur ce que sont les idées de gens qui n'ont jamais été en Russie ni vu Tolstoï et qui, en apprenant que vous avez été là et je l'ai rencontré demander immédiatement : "Dis, *au niveau*, est-il un fakir ou pas ?"

Une fois pour toutes, en ce qui concerne mes simples relations avec lui, on peut déclarer très hardiment qu'il n'a jamais été un fakir - pas plus lorsqu'il goûtait à tous les vices dont il entendait parler, qu'il ne l'est maintenant. exhortant les autres à ne pas suivre ses exemples en tant qu'explorateur du Vicedom. C'est étrange, mais lorsqu'un homme, qui a échantillonné tout ce qu'il pouvait, de manière diabolique, et qui abandonne ensuite cet échantillonnage, dit qu'il en a assez et tente d'orienter les autres vers une meilleure approche que celle qu'il a prise, il y a une prodigieuse quantité de doute dans des milliers d'esprits quant à savoir si l'homme a fait preuve de suffisamment d'injure pour savoir quel est le véritable article, ou si d'autres devraient se battre ou non devant ce qu'il a vu.

L'homme de Iasnaïa Poliana en 1896 était un vieux monsieur assez bien conservé, avec une barbe blanche, des yeux gris enfoncés, des sourcils broussailleux pendants, des épaules légèrement voûtées, qui portaient, je pense, à peu près soixante-dix ans. Il portait les simples vêtements de paysan dont on a tant parlé insensé. Tout homme qui vit dans la campagne russe porte, lorsque l'été arrive, des vêtements très semblables, dans leur coupe et leur forme, à ceux portés par les Ninghik. La principale différence pendant les mois chauds entre la tenue du Ninghik et celle de son employeur est que celle de ce dernier est propre et celle du Ninghik ne l'est pas.

Je crains que mon objectif en me rendant à Iasnaïa Polyana était essentiellement journalistique. En fait, tout le voyage en Russie avait pour but de trouver un exemplaire « disponible » pour le journal new-yorkais mentionné. Le transport ferroviaire gratuit m'a permis de couvrir des sujets d'actualité dans des délais très courts et a également facilité l'obtention de matériel pour des articles sur l'espace. Ou plutôt, au début, j'ai pensé que le laissez-passer ferait des merveilles dans ce sens. Dans d'autres mains, cela aurait très probablement été le cas, mais l'affaire "disponible" que j'ai finalement livrée n'a eu qu'un succès modéré. En mettant de côté toutes les questions de compétence, de réputation et de relations, d'après mon expérience, les « trucs » européens ne sont pas tellement demandés aux États-Unis que l'écrivain moyen puisse les faire supporter, même s'il suit un régime végétarien. En règle générale, nos rédacteurs veulent des « trucs » américains. Ce n'est que ces dernières années qu'ils ont accordé beaucoup d'attention, même aux services d'information étrangers, laissant la collecte, le tri et la distribution des faits du jour à des journalistes souvent aussi sans scrupules qu'incapables.

Les Américains affluent par milliers vers l'Europe, allant fébrilement d'un endroit à l'autre comme si leur vie dépendait de la vue de bagatelles telles que les vieilles tabatières d'anciennes célébrités. Rien ne doit leur échapper. Ils veulent en avoir pour leur argent à chaque instant. Quelques-uns tardent plus longtemps que les autres et tentent d'acquérir une certaine connaissance de la situation actuelle des pays et des peuples qu'ils visitent. Mais la grande majorité avance précipitamment, se frayant un chemin dans les coins et recoins d'un prétendu intérêt historique, jusqu'à ce que l'Europe devienne pour beaucoup d'entre eux, probablement la plupart d'entre eux, un simple musée de choses « étoilées » ou non « étoilées » comme le disait l'homme du guide. a jugé bon de les fabriquer. La vie des gens, de leurs contemporains, n'est abordée qu'incidemment ; Les "anteeks" sont ce que la foule recherche et recherche. Cette indifférence à l'égard de l'Europe d'aujourd'hui, de sa politique, de ses coutumes sociales et de ses institutions, a été dans le passé en grande partie responsable de l'inefficacité de nos services d'information étrangers. À quoi bon débourser de lourdes dépenses pour informer les Américains sur des choses à l'étranger auxquelles ils ne prêteraient aucune attention lorsqu'ils seraient eux-mêmes à l'étranger ? Les éditeurs et les rédacteurs ont estimé que cela ne servait à rien, et même à cette heure tardive, beaucoup d'entre eux préfèrent une nouvelle de Yankton, dans le Dakota, à une nouvelle de Londres. Leurs lecteurs n'en savent peut-être pas plus sur Yankton que sur Londres, mais cela n'a pas d'importance. Peut-être ont-ils des parents dans le Dakota, ou ont-ils autrefois prêté de l'argent à des agriculteurs à un taux de trois pour cent. un mois. Cela règle la question pour les journalistes. La dépêche de Yankton est mise en avant, même si elle ne fait référence à rien de plus important qu'un divorce. Son caractère provincial a une plus grande valeur monétaire pour le journal que la signification cosmopolite du message en provenance de Londres. Ceci, et bien d'autres encore, rend la vie d'un correspondant étranger en Europe pour le moins peu attrayante. Pourtant, à un moment donné, j'ai sérieusement envisagé de me préparer à une telle carrière. Le voyage en Russie était destiné à tester mes qualifications. Il me semblait alors, et si nos journaux, ou plutôt leurs lecteurs, s'intéressaient davantage à autre chose qu'aux massacres, aux suicides notables et aux scandales à la mode, il me semble maintenant qu'une telle vocation devrait être utile. ainsi que rentable. Cependant, jusqu'à ce que notre peuple s'intéresse davantage à un article bien réfléchi de Londres ou de Berlin qu'à un « télégramme » précipité de Wilkesbarre concernant le harcèlement criminel d'un Italien, l'utilité et la valeur commerciale des efforts du correspondant étranger ne semblent pas très utiles. évident. Quoi qu'il en soit, le moment est venu où j'ai décidé que mes « affaires » étrangères n'étaient pas de type gagne-pain, et j'ai jeté par-dessus bord le rêve de devenir écrivain dans ce domaine. Mais à cette heure-ci, je regrette qu'une bonne ouverture dans le service extérieur ne se soit pas présentée au moment où le rêve était si présent.

Mais revenons à Tolstoï et à Yasnaya Polyana. Au total, je suis resté dix jours dans cet endroit, voyant Tolstoï et sa famille pratiquement tous les jours ; même lorsque je ne m'arrêtais pas à la maison pendant la nuit, je partageais mon temps entre Iasnaïa Poliana et la maison d'un voisin des Tolstoï. Lors de mon séjour à Iasnaïa Poliana, je dormais dans ce qu'on appelait la bibliothèque du comte, mais c'était évidemment aussi une chambre. Chez le voisin, j'avais un lit de camp dans la grange où dormaient également deux jeunes Russes, amis du comte. Ils aidaient Tolstoï à « rééditer » les Quatre Évangiles, en omettant dans leur édition les versets que Tolstoï trouvait confus ou non essentiels. La vie dans l'ancien domaine de Yasnaya Polyana a été si souvent décrite par les visiteurs anglais et américains qu'il y a très peu de choses que je puisse ajouter à la description connue des lieux et de la routine quotidienne. L'endroit semble négligé et négligé à bien des égards, mais les deux ailes restantes de l'ancien manoir sont spacieuses et confortables. Huit enfants sur les seize premiers vivaient au moment de ma visite, âgés de quatorze à trente ans et plus. La comtesse était la « patronne » de l'établissement à l'intérieur et à l'extérieur de la maison. Ce qu'elle disait d'une matinée constituait la loi de la journée , en ce qui concerne le travail. Elle avait des assistants, et je pense un surintendant, pour l'aider, mais elle était l'autorité finale en matière de gestion. Le comte ne paraissait pas prendre une part active à la direction des affaires. Il passait son temps à écrire, à cheval, à marcher et à rendre visite aux invités, qui étaient nombreux. À une certaine époque, il travaillait peut-être dans les champs avec les paysans, mais en juillet 1896, il ne partageait aucunement leur labeur – du moins, personnellement, je ne l'ai pas vu travailler parmi eux. Sa deuxième fille, Maria Lvovna, cependant, la seule enfant qui, à cette époque, essayait de mettre à l'épreuve les théories de son père, était une ouvrière agricole d'une importance considérable, du moins pour les paysans, sinon pour sa mère. Infirmière de formation, elle était également médecin du quartier et possédait une petite pharmacie dans le village sale et dispersé, devant les portes du lodge. C'est grâce à sa bonté qu'il m'a été permis de rejoindre les paysans dans les champs de foin et de faire connaissance avec eux dans leurs cabanes crasseuses. Même s'il était plus agréable de se retrouver avec les autres enfants sur le court de tennis, l'expérience de la fenaison était en tout cas saine et, dans une certaine mesure, instructive. Je remarquai cependant que ma présence provoquait une grande gaieté parmi les paysans. Ils s'étaient habitués à Maria Lvovna, elle avait même grandi parmi eux, tandis que j'étais un étranger dont ils ne savaient rien au-delà du peu que Maria leur avait dit. Certains d'entre eux ont sans doute trouvé très stupide de ma part de préférer le foin au tennis et aux rafraîchissements, tandis que d'autres ont probablement douté de la sincérité de mon objectif, à savoir : me familiariser avec leurs conditions et voir quel effet l'altruisme potentiel de Maria Lvovna pouvait produire. avoir sur eux. Autant dire tout de suite qu'à aucun moment je n'ai réussi à découvrir de manière satisfaisante quel était cet effet, s'il existait. Il ne fait aucun doute qu'elle était une compagne très appréciée dans les champs et les cabanes, mais cela était-il dû à l'interprétation correcte que le paysan faisait de ses intentions ou à sa valeur commerciale pour eux en tant qu'aide bénévole et sans salaire ? Maria elle-même pensait que certains paysans comprenaient sa position ainsi que les enseignements de son père. Ne pouvant converser en privé avec les paysans, je ne puis dire si elle a été trompée ou non.

Quelques années auparavant, elle avait également tenté de diriger une école de village indépendante de celle du curé, mais elle fut finalement contrainte d'y renoncer en raison de l'opposition du clergé. Cependant, en tant que médecin et infirmière de quartier, elle a eu amplement l'occasion d'enseigner aux paysans ce qu'elle croyait et de raisonner avec eux sur la nécessité de suivre les préceptes de leur propre conscience plutôt que les ordres du clergé et les ordres de l'armée. Au moment de ma visite, je pense qu'elle avait fait le plus de progrès parmi les hommes, contribuables peu disposés en Russie à tout moment. Se faire dire que les prêtres et les militaires devaient subvenir à leurs besoins sans l'aide de la paysannerie était en effet une douce musique. "Pensez à combien d'argent nous pourrions avoir en plus pour la vodka !" bien des Ivan ont dû murmurer lorsque Maria les exhortait à ne pas devenir soldats et à refuser leur soutien financier à l'Église.

Dans une cabane que nous avons visitée ensemble, Maria a remarqué plusieurs portraits colorés de la famille impériale accrochés au mur. Ils étaient placés dans des cadres métalliques.

« Comment se fait-il, s'écria Maria, que je vois tant d'empereurs ce matin ?

Le grand et costaud paysan la regarda d'un air penaud, puis, marmonnant que sa femme était à blâmer, il prit les tableaux dans ses mains et les jeta dans un placard.

"La femme aime ce genre de choses", expliqua l'homme. "Je les ai rangés, mais elle les ressort."

Maria pensait que le paysan était sincère dans son renoncement au culte du tsar , et peut-être l'était-il. Je pense cependant que, comme beaucoup d'autres paysans du domaine, il trouvait financièrement plus rentable que spirituellement consolant que Maria le considère comme l'un de ses convertis.

Deux jours seulement avant notre visite dans cette cabane, par exemple, il avait volé du bois à la comtesse. Je crois qu'il s'agissait d'une bûche « dont il pensait que la comtesse n'aurait pas besoin ». Le commissaire avait découvert le vol, et le paysan avait été ou devait être dénoncé.

"Mais, Maria", dit-il en suppliant Maria d'intercéder pour lui auprès de sa mère, "dites à la comtesse combien j'aurais pu prendre de plus. Juste une bûche comme celle-là, ce n'est pas un crime, n'est-ce pas ?" Maria lui dit qu'elle ferait ce qu'elle pourrait, et nous laissâmes l'homme heureux, la promesse d'intercession de Maria lui semblant aussi bonne que le pardon de la comtesse. Rien n'a été dit sur le retour du journal.

Dans ce cas, comme dans de nombreux autres cas, Maria a sans aucun doute été exploitée par des paysans rusés – les Ninghik peuvent être exceptionnellement rusés dans les petites choses – mais elle a répondu à mes soupçons à cet égard : « Même ainsi. Qui pourrait s'attendre à ce que de telles personnes être honnête en tout ? D'ailleurs l'homme a avoué son offense. C'est un bon garçon dans son genre. Il bat rarement sa femme et ne boit pas trop. Je crois qu'il faut bâtir tout ce qu'on peut sur les bonnes qualités qu'il montre, et si je le fais. intercède pour lui, cela pourrait accroître mon influence bénéfique dans sa famille.

"Cela peut aussi le confirmer dans ses habitudes de vol", ai-je interposé. "Il apprendra à s'attendre à une intervention amicale de votre part dans de telles occasions."

"Peut-être, mais je préfère ne pas le penser ", et cela mit fin à l'argumentation de Maria sur cette question, comme à bien d'autres entretiens que j'eus avec elle, le comte et ces voisins qu'on pourrait appeler ses "disciples".

Leurs principes et leurs croyances religieuses n'ont jamais été mis en avant dans la conversation générale, à moins qu'on ne les interroge directement à leur sujet. Ils ont choisi de préférence de les vivre du mieux qu'ils pouvaient, plutôt que de polémiquer à leur sujet. Maria, par exemple, n'a avancé qu'à deux ou trois reprises l'une quelconque des idées sur la manière de rendre le monde meilleur, et seulement parce que je l'avais interrogée à brûle-pourpoint. Jour après jour, elle continuait son chemin tranquillement, fenoyant, soignant, soignant et, quand elle en avait le temps, s'amusant sur le court de tennis.

Sa sœur aînée, Totyana, n'était en aucun cas aussi active dans son acceptation des enseignements de son père. En effet, en 1896, elle était encore très indécise à leur sujet. Elle me dit un jour, en riant, que pour le moment elle n'était qu'à moitié conquise ; "Peut-être que quand je serai aussi vieux que mon père, je serai tout à fait conquis." À sa manière, elle semblait aussi heureuse que Maria ; En fait, tous les enfants voyaient la vie sous son meilleur jour, même l'un des garçons les plus âgés, qui était soldat, et accordait beaucoup d'importance aux uniformes multicolores et aux étuis à cigarettes ornés. Ce que la comtesse pensait réellement de toute cette affaire, je ne l'ai jamais su. Nous eûmes une courte conversation sur le comte et son œuvre, au cours de laquelle elle se livra à ces remarques : « Vous entendrez ici beaucoup de choses avec lesquelles je ne suis pas d'accord ; je crois qu'il vaut mieux être et faire que prêcher. Je jugeais d'après ces sentiments que le tolstoïsme en tant que culte ne l'avait pas conquise. Le fait qu'elle ait beaucoup d'estime pour le comte en tant qu'homme et mari ressortait clairement de la sollicitude qu'elle prenait à son égard.

Le comte lui-même, bien que très accessible, était si occupé avec une chose et une autre pendant mon séjour, qu'à deux reprises seulement nous avons eu une conversation qui ressemblait à une conversation satisfaisante. Et ces deux possibilités ne pouvaient être améliorées que partiellement par moi, parce que, honnêtement, je ne savais pas de quoi parler avec le vieux monsieur – ou plutôt, il y avait tellement de choses que je voulais lui demander, mais je ne savais pas comment formuler de cette manière. J'imaginais qu'un si grand homme s'attendait à ce que des questions soient posées, que le temps passait et que je n'avais fait guère plus qu'observer les manières de cet homme et écouter ce qu'il se proposait de dire sans être interrogé. Nous avons parlé en anglais et en allemand, comme cela convenait.

Maintenant que je repense à cette expérience et que je me souviens de la volonté du vieux monsieur de parler de n'importe quel sujet, je regrette extrêmement de ne pas l'avoir interrogé sur les contemporains et les affaires littéraires. La principale chose qu'il a dite dans ce sens qui lui vient maintenant à l'esprit concernait la poésie et la façon dont elle l'impressionnait. Nous étions assis dans la salle de musique et quelqu'un avait dit quelque chose sur les valeurs relatives de la prose et de la poésie en tant que méthodes d'expression. Tolstoï préférait la prose.

"La poésie", dit-il en désignant le parquet, "me fait penser à un homme qui essaie de traverser la pièce en zigzagant sur ces carrés. Elle se tord et se retourne dans toutes les directions avant d'arriver quelque part. La prose, en revanche, est direct ; il va droit au but."

Parlant de l'Amérique et des Américains, un après-midi, il s'est beaucoup intéressé à William Dean Howells, Henry George et feu Henry Demarest Lloyd. Il m'a dit qu'il y avait quatre hommes dans le monde qu'il avait très envie de réunir ; il croyait qu'une conférence entre eux jetterait beaucoup de lumière sur les besoins du monde. Deux de ces hommes, si ma mémoire est bonne, étaient M. Howells et M. Lloyd.

Un seul élément de conversation strictement théologique, ou plutôt religieux, me vient à l'esprit à présent. Nous nous promenions dans les champs, le Comte ayant passé la journée chez son ami où l'on révisait les Quatre Évangiles. Le discours s'est déroulé de manière plutôt lâche jusqu'à ce que nous arrivions au sujet des miracles – nous avons également abordé les paraboles avant d'en finir.

J'étais devenu un peu confus dans ma compréhension du comte et je dis à peu près ceci : « Et les miracles que vous considérez comme si éclairants ?

"Non, non, non", répondit-il, "tout sauf éclairant ; ils sont embrouillés. Ce sont les paraboles que je trouve si claires et instructives. Les miracles devront disparaître, mais les paraboles nous ne pourrons pas les épargner."

A aucune occasion le comte ne m'a demandé ce que je croyais. La question semblait ne lui faire que très peu d'importance, ou, du moins, si je croyais quelque chose et que j'en étais rendu heureux, il ne voyait pas l'utilité d'en parler dans une conversation.

Dans la salle à manger, un midi, il me dit : « Je vois que tu aimes le tabac. Il n'y avait aucun accent critique ou de reproche dans la remarque ; il a simplement noté ce qui était un fait .

"Avant, j'en adorais", poursuivit-il en baissant les yeux vers le sol, "et j'en utilisais beaucoup . J'ai finalement pensé que cela me faisait du mal et j'ai laissé tomber." D'autres choses qui avaient été « abandonnées », l'alcool et la viande, par exemple, avaient apparemment été abandonnées pour le même simple motif : elles étaient préjudiciables à sa santé. La religion, l'abnégation pour l'abnégation, le fait de « donner le bon exemple », etc., ces questions ne semblent pas l'avoir influencé. En tout cas, il n'en parlait pas lorsqu'il parlait de ses renonciations et, à propos du tabac, il disait franchement que s'il redevenait jeune, « sans doute ce serait agréable d'en reprendre ». En un mot, son végétarisme et son self- service, pour tout ce qu'il me disait, étaient dus autant à des notions d'hygiène qu'à des scrupules religieux. Et pourtant, une personne très digne de confiance m'a dit que le vieux monsieur regrettait beaucoup que la vie simple, telle qu'il la conçoit, ne puisse pas prévaloir dans toute sa maison. A table, par exemple, il préférerait que tout le monde s'entraide et qu'on se débarrasse des domestiques gantés de blanc de la comtesse. Dans sa vie personnelle, il semblait essayer d'être son propre serviteur autant que possible.

CHAPITRE XVIII

QUELQUES ANECDOTES DE TOLSTOY

Une bonne illustration de l'irresponsabilité de Tolstoï à l'égard du domaine, ou de ce qu'il entendait être tel, est la manière dont il m'a invité à m'arrêter une nuit chez lui. J'étais allé nager avec les garçons dans une piscine à environ quatre cents mètres de la maison, et il commençait à être temps pour moi de savoir si je devais dormir chez Tolstoï ou dans la grange du voisin. Pendant que nous nous essuyions et nous habillions, j'entendis dans les broussailles voisines une voix qui disait : « Meester Fleent, ma femme vous invite à passer la nuit avec nous. C'était le comte lui-même, qui avait fait tout ce chemin pour me dire que sa *femme lui* avait *dit* qu'il *devait me* chercher et me remettre *son* invitation, pas *la sienne* . Je me souviendrai toujours de son visage tel qu'il apparaissait à travers les brindilles, et de l'accent de garçon de courses dans sa voix et ses manières. Je n'ai jamais vu de grandeur dans une posture aussi humble. Un des amis du comte m'a dit ouvertement que cette humilité avait donné au vieux gentilhomme beaucoup de peine, dans son acquisition comme dans son exercice. Nous en saurons probablement beaucoup plus sur tout cela lorsque le Journal du Comte sera publié. J'ai appris ceci sur place : Tolstoï ressent très profondément l'apparente incohérence de sa vie, le fait qu'il ne parvient pas à harmoniser ses conceptions altruistes avec sa vie quotidienne. Son chagrin a, à une ou deux reprises, presque fait de lui un lâche. La nuit, quand personne ne le regardait, il s'est enfui vers Moscou, comme un vagabond, pour être lui-même quelque part. Mais toujours, avant qu'il soit arrivé loin, une voix lui disait : « Lyoff Nicolayevitch, tu as peur. Tu redoutes les propos de la foule. Tu recules en entendant que tu prêches ce que tu ne pratiques pas. fuyez tout, pour être à l'aise, que les autres le soient ou non.

"Pensez à votre femme et à vos enfants, au foyer que vous avez construit. Avez-vous le droit de vous éloigner de tout cela juste pour avoir l'air cohérent ? N'avez-vous pas des devoirs à respecter envers votre femme et vos enfants ? Pensez-vous que vous Vous pouvez abandonner tout ce que vous étiez pour eux et eux simplement pour satisfaire votre vanité – vanité, Lyoff, et rien de plus. Vous êtes vaniteux dans votre furtivité. Vous insistez pour paraître tel que vous pensez être.

"Retourne, reviens, reviens ! Souviens-toi de ta femme et de tes enfants. Souviens-toi que tu n'as pas le droit de les faire penser et vivre comme tu le voudrais. Souviens-toi que s'enfuir est lâche. Reviens, Lyoff Nicolayevitch !" Et le vieil homme est revenu péniblement pour assumer son fardeau de citoyen.

Un soir, il m'a parlé de mes clochards. Il me demanda pourquoi je les avais faits, comment vivaient les vagabonds et pourquoi je n'avais pas continué à vivre parmi eux. Je lui ai dit la vérité. Il caressa sa barbe blanche et regarda rêveusement l'échiquier.

« Si j'étais plus jeune, dit-il enfin, j'aimerais faire un voyage avec vous ici en Russie. Il y a des années, j'errais souvent parmi eux. Maintenant, je suis trop vieux, trop vieux, " et il passa ses mains rhumatismales de haut en bas de ses jambes.

En quittant Iasnaïa Polyana, j'ai demandé au voisin du comte chez qui j'avais dormi si je pouvais faire quelque chose pour lui ou pour le comte pendant mon voyage. Mon laissez-passer de chemin de fer était encore valable pour plusieurs semaines, et je pensai que peut-être, pendant mes pérégrinations, je pourrais faire quelque course pour Tolstoï. À l'époque, je ne pensais pas que ma proposition pourrait lui causer des ennuis, à moi ou à qui que ce soit. Certes, M. Breckenridge, ministre américain à Saint-Pétersbourg, m'avait remis, en plus de mon passeport, une lettre générale « À qui de droit », me recommandant à tout le monde comme un véritable citoyen et gentleman américain. et me faisant part à l'avance des offices amicaux de tous ceux avec qui je pourrais être jeté. Mais je ne voyais absolument pas en quoi je revenais sur cette lettre en m'offrant de rendre un service que le comte, ou plutôt son voisin, me demandait de lui rendre.

Au moment de partir, le voisin me remit une grande enveloppe cachetée, contenant des lettres, que je devais remettre, si possible, entre les mains d'un certain prince Chilkoff, neveu, je crois, du ministre des Chemins de fer de l'époque, qui était temporairement banni dans une communauté rurale des provinces baltes, à environ deux cents milles de Saint-Pétersbourg. Je ne savais rien du prince, ni de ce qu'il avait fait pour offenser les pouvoirs en place. Ce que contenaient les lettres était, bien entendu, une affaire privée sur laquelle je connaissais suffisamment pour ne pas enquêter. Il y avait dans l'entreprise une promesse qui m'attirait, et j'acceptai volontiers la commission. En arrivant à Saint-Pétersbourg, j'ai rendu visite à M. Breckenridge et je lui ai mentionné la course que je faisais. Je lui ai dit que Chilkoff avait été banni dans le sens où il devait vivre dans des limites données, mais que je ne pensais guère qu'il avait fait quelque chose de très grave, ajoutant que son oncle était l'un des ministres d'État. Tout ce que je sais aujourd'hui du délit du jeune Chilkoff, c'est qu'il aurait été mêlé trop intimement, pour son propre bien, aux Donkhobors et à d'autres sectes religieuses plus ou moins taboues du Caucase.

Au début, M. Breckenridge n'a rien vu d'anormal dans ma mission et a très gentiment proposé de m'aider officiellement à voir le prince, *c'est-à-dire* qu'il a suggéré que nous demandions ouvertement la permission du gouvernement pour nous rendre à la maison du prince. Ensuite, j'ai mentionné le paquet secret de lettres. L'attitude du ministre a changé. « Supposons que vous dîniez avec moi ce soir, dit-il, et que nous discutions de ces lettres. » Je l'ai fait et le résultat de la réunion a été que le paquet de lettres a été renvoyé à Iasnaïa Poliana. À l'époque, cela semblait être un voyage assez humiliant, mais je suis heureux maintenant de ne pas y avoir échappé. "Je vous ai recommandé comme gentleman au gouvernement et au peuple russes", a déclaré le ministre, "à la fois dans la lettre que je vous ai remise au ministre des Finances lorsque vous obteniez le laissez-passer de correspondant et dans la lettre de caractère général ultérieure. " Le fait que vous entrepreniez des missions secrètes de ce caractère pourrait très facilement amener le gouvernement à se demander si je savais ce qui constitue un gentleman lorsque je vous ai remis ces lettres. "

J'ai dû manger différentes sortes de tartes humbles au cours de ma journée, et la vie de vagabond m'a laissé pénétrer dans certains des recoins intérieurs de l'humiliation que personne d'autre qu'un vagabond ne connaît jamais ; mais aucun voyage ne m'a jamais fait me sentir aussi bon marché et petit que ce voyage aller-retour de Saint-Pétersbourg à Toula, la gare où les visiteurs de Iasnaïa Polyana quittent le train. J'ai télégraphié à l'avance pour avertir le voisin du comte de ma venue et m'attendais à ce qu'il me rejoigne à la gare. Quelle ne fut pas ma surprise, en arrivant à Toula, de trouver le vieux comte lui-même qui m'attendait.

« Ah ! Meester Fleent, s'écria-t-il tandis que je descendais du train et le saluais, m'avez-vous apporté des nouvelles du prince Chilkoff ?

J'aurais alors souhaité pouvoir m'enfoncer hors de vue sous la plate-forme, tant l'attente du comte était pathétiquement impatiente. Il ne me restait que quelques instants et j'ai maladroitement laissé échapper la vérité, essayant en même temps d'expliquer à quel point j'étais désolé. Le comte ouvrit calmement l'enveloppe et jeta un coup d'œil aux lettres.

"Oh, ça n'aurait pas d'importance", dit-il, et après s'être serré la main, il retourna chez lui. Il ne semblait ni vexé ni embarrassé. Une expression de fatigue lui apparut sur le visage : il avait parcouru dix-sept verstes, c'était tout.

L'un de ses « disciples », faisant référence à cette affaire et à mes liens avec elle, a osé déclarer, quelques semaines plus tard, que j'avais « craqué » sur cette affaire. Je ne pense pas que le Comte ait ressenti cela, quoi qu'il ait pu penser d'autre. Mais à l'époque, alors qu'il s'éloignait à cheval, les lettres cachées négligemment sous sa blouse, j'aurais donné beaucoup pour savoir exactement ce qu'il avait en tête. Je me souviens très précisément de ce qu'il y avait dans la mienne : une résolution selon laquelle, quoi que je fasse ou ne fasse pas dans la vie, je n'accepterais jamais une lettre officielle indiquant que j'étais un gentleman pour ensuite faire quelque chose qui était susceptible de me nuire. causer des ennuis à l'auteur de la lettre. « Soit laissez de telles lettres tranquilles, me conseillai-je, et soyez votre propre interprète en termes de politesse, soit sachez, avant de les accepter, ce qu'on attend de vous.

Tolstoï a sans doute oublié cet épisode depuis longtemps, mais je ne le ferai jamais. D'une certaine manière, cela m'a laissé un mauvais goût dans la bouche et j'ai senti que j'avais gâché mon expérience à Yasnaya Polyana. Cependant, j'ai dépassé ce sentiment et je pense souvent maintenant à ma visite au comte et à sa famille comme lorsque je suis parti pour Toula dans la charrette à deux roues. Je me comparais à l'époque à un chien « attrapé avec la marchandise », pour ainsi dire, et qui s'enfuyait avec la queue entre les pattes, mais avec la « marchandise » serrée dans la gueule. Ainsi , je ne sais quoi, si ce n'était la douce paix et la gentillesse du comte et de son entourage, qui me semblait un fruit défendu de ma tumultueuse carrière, que je ressentais tout à fait ce que j'éprouvais quand j'étais un garçon. lorsqu'ils sont surpris en train d'entrer dans les vergers d'autrui. Il ne me semblait pas normal qu'une personne ayant vécu ce que j'avais vécu puisse entrer dans une telle atmosphère de bonne humeur. Néanmoins, j'étais heureux que l'entrée ne m'ait pas été refusée, et j'ai pris de nombreuses résolutions solennelles pour profiter de cette expérience. Je préfère ne pas dire si les résolutions ont été respectées avec la ferveur et la détermination qui m'animaient en 1896. Mais un souvenir me reste aujourd'hui aussi vif et cher que lorsque je partais en charrette : le comte et son désir de faire le bien. « Si être comme lui, me suis-je souvent surpris à dire, fait de nous un fakir, alors soyons tous fakirs le plus vite possible. Peu pratique, oui, dans certaines choses ; un visionnaire, peut-être ; un réformateur « littéraire », peut-être aussi. Mais mon simple témoignage sur lui et le sien est que je n'ai pas encore passé dix jours dans un quartier plus doux et plus doux que ceux dont j'ai profité à Iasnaïa Poliana et dans ses environs.

CHAPITRE XIX

JE RENCONTRE LE GÉNÉRAL KUROPATKIN

On est loin du comte Tolstoï et de Iasnaïa Poliana jusqu'au général Kouropatkine et à l'Asie centrale, mais tout en traitant des hommes et des choses russes, je pourrais aussi bien raconter ici qu'ailleurs ma visite en Asie centrale à l'automne 1897. Là encore, le motif était j'étais à nouveau le fier détenteur d'un laissez-passer pour tous les chemins de fer russes, mais pas pour les lignes privées comme l'année précédente. Je dois remercier le prince Chilkoff, le ministre des Chemins de fer, pour ce deuxième laissez-passer. Il s'était beaucoup intéressé à mes voyages et, apprenant que j'envisageais des excursions dans des régions reculées de la Russie, il m'a aimablement proposé de demander au tsar de m'accorder un transport gratuit pendant trois mois « afin de faciliter mes enquêtes ». Lorsque le transport m'est finalement parvenu, il était écrit : « Avec la permission impériale ». J'ai toujours pensé qu'il y avait une quantité excessive de formalités administratives pour obtenir le laissez-passer, mais le prince Chilkoff m'a personnellement assuré qu'il devait le demander formellement au tsar avant qu'il puisse être délivré. Cela étant vrai, le pauvre tsar a plus de choses à faire, particulièrement en ces derniers jours, que ce qui devrait incomber à un seul homme. En vérité, c'est un homme surmené s'il doit prêter attention à des détails aussi mineurs. Pas étonnant qu'un anarchiste l'ait piégé. Il n'existe pas aux États-Unis un seul directeur des chemins de fer qui puisse faire tout ce que le tsar est censé mettre la main dans les chemins de fer, et en même temps diriger une grande nation, une église nationale et la plus grande armée du monde. En conséquence, la permission impériale ne m'a pas fait l'impression qu'elle l'aurait été si j'avais cru que le tsar avait fait autre chose que hocher la tête ou gratter la plume lorsque le prince Chilkoff avait demandé le laissez-passer.

J'avais vu le tsar l'année précédente, juste après son couronnement à Moscou. L'occasion était le retour impérial à Saint-Pétersbourg, après le terrible accident survenu sur le terrain de Chodyuka à Moscou, où des milliers d'hommes, de femmes et d'enfants furent écrasés à mort dans la course folle pour les coupes du couronnement. La rumeur laissait entendre à l'époque que la ruée était une affaire forcée, que certains fonctionnaires chargés de fournir à la foule des tasses et des rafraîchissements avaient conclu un accord avec les fournisseurs de ces choses selon lequel une quantité beaucoup plus petite que nécessaire serait fournie, le l'excédent d'argent a été payé pour un approvisionnement suffisant destiné aux fonctionnaires et aux marchands véreux - que la ruée, en un mot, était un plan préconcerté pour dissimuler leurs machinations diaboliques. Les accusations de pots-de-vin et de corruption sont si nombreuses et aléatoires en Russie qu'il est rare de découvrir la vérité. Que cet accord soit réel ou non, cependant, l'expression du visage du tsar lorsqu'il descendit la perspective Neffsky à son retour de Moscou était suffisamment sombre pour rendre crédible presque toutes les rumeurs. J'avais une fenêtre sur la Perspective, juste en face de la Douma (Hôtel de Ville), où le Tsar et la Tsari na acceptent du pain et du sel des pères de la ville en de telles occasions. Un bon tir aurait pu facilement abattre le tsar à ce moment-là.

Un monarque plus fatigué, plus dégoûté et plus bilieux que Nicolas lors de cette chevauchée Neffsky que je n'ai jamais vu. La cérémonie à la Douma terminée, lui et sa femme furent emmenés vers le Palais d'Hiver, s'inclinant langoureusement à droite et à gauche. « Insignifiant » était le mot que j'entendais de la part de ceux qui m'entouraient à ma fenêtre, et il résume l'apparence de cet homme, et je crains aussi son importance.

En 1897, le tsar local de l'Asie centrale russe était le général Kouropatkine, le soldat qui semble, à l'heure actuelle, avoir enterré sa réputation de commandant en chef en Mandchourie. À l'époque en question, il était considéré comme l'un des généraux les plus compétents et les plus populaires de l'armée russe. Il était également le « patron » suprême du district sous son commandement. Alors que la visite du parti dont j'étais membre était sur le point de se terminer et que nous devions quitter l'Asie centrale, deux ou trois Britanniques enthousiastes pensèrent qu'il valait la peine d'exprimer notre gratitude au tsar. Kouropatkine a été interrogé sur l'opportunité d'une telle procédure. Je n'étais pas présent lorsqu'on lui a posé la question, mais quelqu'un qui était présent m'a dit que Kouropatkine avait répondu : "A quoi ça
sert ? Je représente ici le tsar et je lui transmettrai votre message." Le télégramme fut néanmoins envoyé via l'ambassade britannique et, comme d'habitude, dans de tels cas, nous finissions par apprendre que le tsar avait, métaphoriquement parlant, passé tout son temps à se demander comment il pourrait rendre notre visite dans ses domaines plus envoûtante.

Frances E. Willard. Tante maternelle de Josiah Flynt

Cette excursion était la première du genre jamais autorisée dans les possessions russes d'Asie centrale. Il s'agissait en réalité d'une entreprise commerciale de la part d'une agence touristique de Londres, mais parce qu'elle était unique dans l'histoire de l'Asie centrale et aussi grâce à l'hospitalité de Kouropatkine, elle reçut une signification, tant sociale que politique, qui n'accompagne habituellement pas de telles entreprises. L'agence de tourisme avait réuni au dernier moment une trentaine de Britanniques, deux Américains seuls, une sudiste de Caroline du Sud, qui, en arrivant à Samarcand et apprenant qu'elle se trouvait presque directement en face de Charleston, en Caroline du Sud (de l'autre côté de la frontière), monde), j'ai dit joyeusement : « Comme c'est cher ! » – et moi-même. Le ministère britannique des Affaires étrangères a été prié de faire appel au ministère russe des Affaires étrangères pour qu'il nous laisse entrer dans le pays interdit – interdit dans le sens où il fallait un passeport spécial du ministère russe de la Guerre avant d'être autorisé à traverser la Caspienne. C'était du moins l'histoire racontée à l'époque, et les Anglais étaient impatients d'y croire parce que les Russes avaient si affectueusement poussé leur frontière méridionale vers l'Afghanistan et l'Inde. Leur idée semblait être que les Russes avaient peur de leur laisser voir ce qu'ils (les Russes) faisaient de leur côté de la barrière afghane. Le ministère russe de la Guerre a communiqué avec Kouropatkine à Askabad, lui demandant s'il avait peur de laisser les Britanniques voir comment se portait la partie russe. Kouropatkine a répondu : « Laissez-les entrer.

J'ai rejoint le groupe à Tiflis, traversant la mer Noire de Sébastopol à Batum
. Sur le bateau à vapeur se trouvaient deux Britanniques. Un soir, nous étions
tous assis dans le fumoir. Les Britanniques parlaient leur anglais avec tous ses
accents, et je ne pouvais m'empêcher d'en écouter certains, essayant
néanmoins de ne pas me soucier du fait qu'ils le parlaient à la manière du
« Nous possédons le monde ». L'un des Britanniques a décidé que j'étais un
espion russe. À plusieurs reprises, il m'a regardé comme si je n'avais aucun
droit sur le navire qui le transportait. Il a également fait des remarques
blasphématoires à mon égard à son ami. J'ai appris plus tard qu'il représentait
le Standard de Londres. Il écrivit plusieurs lettres à son journal à propos de ce
voyage et, à une occasion, tenta même d'envoyer une dépêche concernant
une interview que les correspondants du journal avaient eue avec
Kouropatkine à Askabad. Depuis, on m'a dit que seuls quelques-uns de ses
articles parvenaient à destination. J'ai rarement rencontré un homme aussi
plongé dans le monde du soupçon.

Kouropatkine nous reçut à Askabad, la ville administrative russe. Je ne sais
pas à quoi il ressemblait et s'est comporté pendant la guerre russo-japonaise,
mais il ressemblait à un soldat *rusé* dans les moindres détails à Askabad. Je dis
foxy à bon escient. Il avait les yeux d'un détective, la réserve d'un chef de
détective et le physique d'un homme qui pouvait supporter bien plus de
punitions que ce que son uniforme lui permettait de supporter. Depuis la
guerre du Japon, on dit qu'il est un voleur – ou un arnaqueur, si c'est un
euphémisme plus approprié. Certains prétendent qu'il a gagné cinq millions
de roubles grâce à la guerre. Ce que disent certaines personnes en Russie et,
je suis désolé de le dire, également en Russie, en ce qui concerne de
nombreuses dépêches adressées aux journaux américains, ce n'est en réalité
que des ragots. Heureusement, les Russes savent ce que sont les ragots et se
contentent de les laisser couler. Malheureusement pour les lecteurs des
journaux américains, certains correspondants ne font pas le moindre effort
pour distinguer les ragots des faits.

Notre groupe a passé dix-sept jours au total dans le bailliage de
Kouropatkine, ou Trans-Caspia comme on l'appelle officiellement. Nous
vivions dans un train spécial, s'arrêtant aux différents lieux d'intérêt pendant
quelques heures, ou toute la nuit, selon les circonstances. Le train était «
commandé » par un colonel. L'aspect diplomatique du voyage était assuré par
un représentant du ministère des Affaires étrangères, attaché à l'état-major
de Kouropatkine.

La Trans-Caspia n'est plus la *terra incognito* qu'elle était il y a quarante ou
cinquante ans, grâce à de nombreux voyageurs et écrivains, parmi lesquels
notre compatriote, le correspondant de guerre MacGahan. Il ne m'appartient
donc pas, à moi, simple écumeur, d'essayer ici bien plus que de dire que notre
groupe a voyagé de Krasnovodsk à Samarcande et retour et a vu des endroits

tels que Geok-tepe, Merv, Boukhara et la rivière Oxus. Geok-tepe en 1897 était principalement constitué des fragments laissés par Skobeleff et Kuropatkin après que leurs forces eurent massacré une vingtaine de milliers de Turcomans – hommes, femmes et enfants. Le siège du fort dura un mois complet, même si les Turcomans avaient prévu des formes de défense. Avant la fin de la campagne russe contre eux, Skobeleff dut lancer l'actuel chemin de fer transcaspien afin de rester en contact avec sa base de ravitaillement. Kouropatkine était son chef d'état-major. Ils sont entrés en guerre contre les indigènes avec l'idée qu'une raclée éternelle était impérative pour apprendre aux Turcomans à se soumettre. Le massacre de Geok-tepe s'est révélé très instructif, les Turcomans d'aujourd'hui étant un peuple insensé, du moins docile, tant que les Russes peuvent continuer à les impressionner. Skobeleff est mort depuis longtemps et Kouropatkine, l'autre « boucher », comme on l'appelait, est sous un nuage.

J'ai eu plusieurs aperçus et discussions avec ce soldat, l'aperçu le plus intéressant ayant peut-être eu lieu à Askabad lors d'un service religieux en plein air le jour de la Saint-Georges. Les hommes de notre groupe devaient se présenter à ce service en costume habillé tôt le matin. Le service était accompagné de l'attirail orthodoxe grec habituel et était intéressant pour ceux qui n'avaient jamais été présents à une telle occasion auparavant. Ce qui m'intéressait, c'était le général petit et trapu, debout, tête nue, sur un tapis, près des officiants. Pendant une bonne heure, il est resté au « Attention », sans qu'un muscle de son corps ne bouge que je puisse voir. J'ai alors décidé (et je n'ai jamais changé d'avis) qu'il était doté d'une remarquable ténacité – un fait renforcé par sa persévérance dans les retraites mandchoues.

L'entretien le plus intéressant que j'ai eu avec Kouropatkine eut lieu un matin, lorsque les trois correspondants, dont moi-même, furent convoqués au Palais du Gouvernement à Askabad et reçus officiellement. Kouropatkine était assis derrière un grand bureau couvert de brochures et de papiers officiels. Nous, correspondants, avons eu trois chaises devant le bureau. L'interprète (Kuropatkine ne parlait ni anglais ni allemand) se tenait à notre gauche.

"Et je veux que vous sachiez", poursuivit Kouropatkine, après nous avoir quelque peu informés de l'occupation russe de la Trans-Caspienne, "que nos intentions ici sont éminemment pacifiques. Nous avons suffisamment de terres. Notre désir est d'améliorer les propriétés que nous possédons actuellement. . Vous pouvez parcourir toute l'Asie centrale russe sans armes. » J'ai pensé à Geok-tepe. Il ne fait aucun doute que Kouropatkine croyait que cette boucherie avait intimidé les indigènes pour toujours.

"Notre souhait ici est la paix et la prospérité économiques."

C'est le résultat de ses paroles, traduites pour nous par l'interprète. Disait-il la vérité ou pas ? Il n'y avait aucun correspondant présent qui aurait pu répondre à cette question.

Mon impression était que l'homme essayait de nous donner une version officielle de la prétendue vérité, et qu'il était fier de ce qu'il avait pu accomplir en tant qu'officier administratif, après avoir démontré ses capacités de boucher humain. Depuis, j'ai souvent pensé que, si l'on voulait s'occuper rapidement des Philippines *à la russe* , Kouropatkine pourrait faire le travail très proprement.

En tant que simple homme dépourvu de ses grands titres, je l'aimais et je ne l'aimais pas.

Je lui ai demandé s'il se souvenait de MacGahan, le correspondant américain. Il me regarda attentivement, toujours plus ou moins comme s'il écoutait encore ce sermon de la Saint-Georges, et dit : « Cela me fait plaisir d'entendre prononcer ce nom. Je l'ai bien connu.

J'ai demandé à l'interprète s'il ne pensait pas à une ou deux anecdotes sur MacGahan que je pourrais envoyer à mon journal. J'ai réalisé qu'il y avait une tâche ardue qui m'attendait à écrire sur la lointaine Trans-Caspienne – véritablement *terra incognito* pour la plupart des Américains – à moins que l'Amérique ne puisse être entraînée d'une manière ou d'une autre dans l'histoire. Mais Kouropatkine n'était pas d'humeur anecdotique. "Quand MacGahan et moi étions ensemble", a-t-il déclaré, "il y avait trop d'autres choses auxquelles penser et se souvenir."

C'est là le résultat de mes relations avec Kouropatkine. S'il n'y avait pas eu quelque chose à propos de l'homme et de son environnement qui ait saisi mon imagination, ce mince rapport n'aurait pas été fait ici. Tout au long de mon voyage en Transcaspie, j'ai pensé à Gengis Khan et à Tamerlan. À Merv, on nous a raconté qu'il était une fois Gengis qui avait massacré un million de personnes. A Samarcande, on nous montre le tombeau de Tamerlan. En tant que représentant moderne de la puissance et de la force, Kouropatkine semblait être une édition améliorée de Gengis et Tamerlan. Quoi qu'il fasse ou ne fasse pas, il essayait clairement d'expérimenter la civilisation avant de recourir à l'épée. Ses écoles, ses chemins de fer et ses expériences agricoles étaient tous révélateurs de sa capacité constructive. Pour ce côté de son personnage, je l'ai aimé.

Je n'aimais pas sa carrière de boucher et son visage dur ne me plaisait pas. Néanmoins, il y avait quelque chose de si sociable et de si militaire dans son

« Bonne Chance » d'adieu, quand nous lui avons dit au revoir, que, pour moi, il y avait plus en lui de quoi l'aimer que de le gronder. En ce qui concerne les cinq millions de roubles qu'il aurait « greffés » en Mandchourie, je peux simplement dire qu'il ne m'a pas semblé être un voleur.

CHAPITRE XX

À ST. PETERSBOURG

Une descente de police à laquelle j'ai assisté à Saint-Pétersbourg, même si elle n'est pas directement liée à une expérience de vagabond là-bas, est restée mémorable et, après tout, elle était due à mon intérêt pour les maisons d'hébergement pour vagabonds. J'ai exploré assez attentivement les lieux de villégiature des vagabonds locaux au cours de mes investigations, visitant entre autres le fameux Dom Viazewsky, le pire bidonville de ce genre que j'aie jamais vu. Par une nuit d'hiver de 1896 (les conditions n'ont pas changé, m'a-t-on dit), 10 400 hommes, femmes et enfants dormaient dans cinq bâtiments de deux étages enfermés dans un espace de la taille d'un terrain de baseball. À seulement une centaine de pas se trouve le palais Anitchkoff. Les détenus du Dom Viazewsky sont la racaille de la population de la ville, malade, criminelle et rebelle.

Un jour, une femme appartenant à l'Armée du Salut a été accueillie en pleine nuit par un sergent de police et des patrouilleurs, alors qu'elle quittait le bâtiment le plus délabré. Elle avait fait un travail missionnaire.

"Mon Dieu!" s'exclama le sergent en la voyant sans surveillance. "Tu es seul ici ?"

"Oh non, pas seul, officier", répondit l'intrépide petite femme. "Dieu est avec moi."

"Huh," grogna l'officier. "Je ne viendrais pas ici seul avec Dieu pour une grosse somme."

Le raid auquel j'ai assisté a eu lieu dans un petit hôtel, non loin du monastère Alexandre Nevski. D'une certaine manière, cela a été fait pour mon bénéfice, je le crains, et j'ai ensuite été très désolé de tout cela. Le chef des détectives de l'époque était un vieux monsieur aimable, nommé Scheremaityfbsky. Je lui ai dit que cela m'intéresserait de voir comment ses hommes « travaillaient », et il m'a présenté à un type fidèle – j'ai oublié son nom – qui m'a gentiment proposé de me montrer comment on pillait un endroit suspect.

Nous nous sommes tous réunis d'abord au poste de police le plus proche du lieu du raid, vers neuf heures du soir. Un ami écossais m'accompagnait. Ici se trouvaient les soi-disant détectives, ou policiers, en tenue de citoyen. Une escouade de patrouilleurs en uniforme avait déjà été envoyée en avant pour encercler le logement et empêcher tout départ. Très vite, nous les avons suivis en file indienne, et j'entendais les passants sur le trottoir chuchoter : « Polizie ! Polizie ! La façon dont ils utilisaient ce mot et s'arrêtaient pour nous regarder aurait pu donner à un étranger l'impression que nous étions engagés dans une mission de grande envergure, qui pourrait impliquer l'arrestation de la ville entière. En arrivant au logis, nous fermâmes les portes derrière nous et nous nous rassemblâmes dans un couloir inférieur, où toutes les mains reçurent des bougies. Les patrouilleurs à l'extérieur ont interdit l'entrée et la sortie.

Maladroitement, le suif des bougies dégoulinant sur nos mains, nous montâmes l'escalier sombre menant aux quartiers des hommes. Une lampe lugubre brûlait au centre de la pièce, jetant une lumière étrange sur les locataires réveillés. Quel mélange d'humanité contenait cette pièce à l'odeur infecte ! Des vieillards capables à peine de sortir de leurs couchettes ; des voyous d'âge moyen, intimidés pour le moment, mais manifestement pleins de vindicte et de crime ; des jeunes qui viennent tout juste de commencer la vie citadine et qui tremblent de peur face à une visite inopinée - jamais auparavant je n'avais vu des corps humains et des haillons si misérablement enchevêtrés.

La méthode du raid était assez simple. Chaque détenu a dû montrer son passeport. Si c'était dans l'ordre, tant mieux ; il pourrait se rendormir. Mais si ses papiers étaient irréguliers, ou, pire encore, s'il n'en avait pas du tout, il allait en bas rejoindre les autres gardés par les policiers. Le pire qui ait été trouvé cette nuit-là, je pense, était des paysans cachés, qui s'étaient enfuis de leurs villages et mendiaient dans la ville. Un pauvre vieillard m'a pris pour un officier. Je circulais entre les lits, tenant ma bougie bien haute pour voir les visages des locataires. Le vieil homme – il devait avoir quatre-vingts ans – me tendit un morceau de papier gras, sans doute son passeport, et essaya de me dire à quel point il avait peu fait de mal dans ce monde. Il y avait un regard attirant dans ses yeux anciens et fanés, comme ceux d'un bâtard qui voudrait implorer votre pitié. J'étais heureux d'apprendre que ses papiers étaient en bon état.

Plus tard, le quartier des femmes a également été inspecté. Il y avait ici pratiquement le même paquet de chair humaine et de chiffons. Comme les hommes, les femmes devaient s'identifier ou se rendre au commissariat. Une jeune paysanne a perdu la tête, ou peut-être ne savait-elle pas lire. Elle remit son laissez-passer au détective avec assez de confiance, mais lorsqu'il lui demanda son nom, elle lui donna un nom différent de celui qui figurait sur le passeport.

« Descendez, espèce de petit ignorant », ordonna l'officier, et elle descendit, se demandant visiblement pourquoi tous les noms n'étaient pas pareils – du moins en ce qui concerne l'identification.

L'inspection terminée, nous sommes retournés dans la salle du dessous pour compter les « prises ». Plus d'un score avait été tiré dans les filets. Ils furent alignés dehors entre deux rangées de policiers, les bougies furent éteintes et l'inspecteur donna l'ordre de marcher. L'image étrange et sombre qu'ils ont créée dans le noir, alors qu'ils avançaient péniblement dans leurs haillons, est une image que je n'ai pas envie de revoir. Il me semblait alors, et il me semble maintenant, que cette scène révélait la triste et triste vérité sur la Russie.

« Une nation en vagabondage », murmurai-je tandis que mon ami et moi descendions seuls la rivière Nevski.

Une véritable arrestation est peut-être l'aventure la plus excitante que j'ai à raconter de mon expérience de clochard en Russie. En droit, l'arrestation n'aurait jamais dû avoir lieu, mais que comptent les droits en Russie ? Cela s'est produit de cette façon.

Le général Kleigels, alors (1897) préfet de Saint-Pétersbourg, m'avait remis une lettre générale à la police de cette ville, qui disait à peu près ceci : « Le porteur de ceci est Josiah Flynt, citoyen américain. Il est ici, à Saint-Pétersbourg, étudiant les conditions locales. En aucun cas il ne doit être arrêté pour conduite vagabonde. Le mot « vagabondish » était l'équivalent anglais le plus proche que mes amis pouvaient trouver pour le mot russe utilisé ; cela a été souligné par le général lui-même. Un Américain résidant en Russie m'a dit qu'avec une telle lettre en ma possession, je pouvais presque commettre un meurtre en toute impunité, mais j'ai réussi à me faire arrêter pour un délit beaucoup moins grave.

Le véritable vagabondage dans la ville était terminé et j'étais de nouveau dans mes propres quartiers, nettoyé et respectable. Une nuit, trois d'entre nous, un Anglais, moi-même et un autre Américain, sommes partis visiter la ville sur des lignes conventionnelles. Mon expérience de vagabond ne m'avait pas révélé grand-chose sur la vie nocturne locale et j'ai hardiment profité de l'occasion offerte par l'invitation de l'Américain pour découvrir la ville telle qu'il la connaissait. Au final, il n'y avait pas grand chose à voir que je n'avais pas regardé maintes et maintes fois dans d'autres villes, mais avant la fin, il y a eu une petite aventure qui s'est avérée très amusante. Au cours de notre promenade ensemble, l'Anglais, un petit bonhomme qui venait d'acheter un nouveau chapeau de pot et qui voulait que tout le monde le sache, s'est séparé de nous. Nous avons regardé haut et bas dans la rue où nous l'avions manqué, mais nous n'avons pas pu le trouver. Nous étions sur le point de nous rendre au commissariat et de donner l'alarme, lorsque, comme nous passions devant un escalier assez sombre, qui devait descendre en tirant, sinon le Britannique, le chapeau tout cabossé et le visage en sang.

"Regardez mes nouveaux Lincoln et Bennett, d'accord ?" » gronda-t-il en arrivant dans la rue, « Seize bobs partis au diable !

Nous lui avons demandé sur quoi portait cette dispute. Il ne le savait pas. Il se rappelait seulement qu'il avait monté les escaliers et qu'il avait été poliment reçu à la porte. « Je suis entré dans le salon, dit-il, j'ai demandé à boire et je me suis assis. Au bout d'un moment, j'ai pensé que ce serait amusant d'ouvrir mon parapluie et de le tenir au-dessus de ma tête. Je suppose que la lumière a dû m'éblouir. Ensuite, j'étais en train de descendre ces escaliers. Ils sont très rapides ici avec leur videur, n'est-ce pas !

L' Américain était doué en russe et s'entendait également bien avec la police de son quartier, et il était déterminé à ce que le propriétaire de l'établissement rende compte de lui-même. Pendant que lui et l'Anglais montaient les escaliers, je restai en bas dans la rue, comme convenu, et j'appelai à haute voix un *gvardovoi* (policier). Deux *dvorniks* (gardiens, mais aussi subalternes de la police) accoururent et supplièrent obséquieusement les *gospodeen* de leur dire ce qui se passait. Oubliant leur pouvoir de police, j'ai écarté l'un d'eux en déclarant que je voulais un patrouilleur et non un concierge. Le général Kleigels lui-même n'aurait pas pu s'offusquer plus impétueusement de mon indiscrétion. Les *dvorniks* m'ont immédiatement atteint, mais j'ai gravi les marches en courant pour me mettre sous l'aile abritée de l'Américain. Les *dvorniks* m'ont suivi et il y a eu une discussion longue et animée, mais j'ai finalement dû me rendre au commissariat de police, où j'ai absolument refusé de dire un seul mot. L'officier m'a fouillé et a trouvé dans une des poches de mon manteau la carte du petit Anglais. Il l'a frotté sur mon nez en disant : « *Vasch ? Vasch ?* » (Le tien ? Le tien ?) mais j'ai retenu ma langue et mon humeur. L'homme n'a jamais regardé dans mes poches de hanche. Dans l'un d'eux j'avais un porte-cartes bien rempli, et dans l'autre j'aurais pu porter un revolver.

Il ne semblait pas savoir que des poches sur les hanches existaient. Bientôt mes compagnons me rejoignirent, et une longue pourparler s'ensuivit entre mon compatriote et l'officier. Finalement, mes objets de valeur m'ont été restitués et j'ai été libéré sur parole sous la garde de mon ami jusqu'à ce que je puisse produire la lettre du général Kleigels. Je l'ai fait le même jour, vers trois heures. Il était évident de lire sur le visage de l'officier que le document l'avait fait réfléchir. C'était probablement le premier du genre qu'il avait jamais manipulé, ou que le général Kleigels avait jamais publié. Mais il m'avait insulté, et il le savait, et il avait apparemment pensé que faire beaucoup de bruit à propos de moi ou de ma lettre n'arrangerait pas les choses si j'avais l'intention de lui causer des ennuis. Ainsi, après avoir noté la date et le numéro de la lettre, il me la rendit et me déclara libre d'aller où je voulais. Je lui ai serré la main, pour une raison étrange, et je n'oublierai jamais la drôle de façon dont il me regardait et la manière qu'il avait de doubler deux doigts dans sa paume en prenant la mienne. S'il s'agissait d'un signe ou d'un signal secret, je n'en avais pas conscience.

La conclusion de cette petite affaire avec la police fut plus amusante que l'arrestation. Peu de temps après, en compagnie du ministre américain et d'un ami écossais, je partis en voyage de pêche et de camping dans le nord de la Finlande. Pendant que nous étions au camp, j'ai appris que j'étais recherché pour une accusation criminelle à Saint-Pétersbourg, mais qu'il n'y avait « pas lieu de s'inquiéter à ce sujet ». J'ai continué tranquillement avec notre groupe jusqu'au cercle polaire arctique, puis je suis revenu à Saint-Pétersbourg, où j'ai immédiatement demandé à mon concierge de m'informer de la convocation ou de l'acte d'accusation. Le portier a ri. "Ce n'était rien, monsieur, rien", m'a-t-il assuré. "Une semaine est arrivée l'acte d'accusation, et la semaine suivante l'annonce de votre acquittement. C'était une affaire très simple."

J'étais sûr que les deux procédures ne pouvaient faire référence à rien de plus grave que la bagarre avec les *dvorniks* la nuit de mon arrestation, et j'étais déterminé à savoir ce qui était arrivé à mes deux amis, le cas échéant. L'Américain que j'ai trouvé à sa *datscha* sur l'une des îles.

"Avez-vous reçu une annonce de votre inculpation pour une accusation criminelle ?" Je lui ai demandé.

"Oui", dit-il; "Mon crime était de siffler dans un commissariat."

Il semble que l'officier responsable, désireux de se venger de l'un de nous, ait choisi l'Américain résident, parce qu'il estimait préférable de ne porter aucune accusation contre moi et qu'il était incapable de localiser le petit Anglais. L'Américain avait sifflé sans le savoir et uniquement en guise d'exclamation. Je me suis souvenu de l'incident. La nuit fatidique, alors qu'il plaidait auprès de l'officier pour ma libération, celui-ci fit plusieurs déclarations étonnantes, et lors de l'une d'elles, mon ami ne put réprimer un léger sifflement d'étonnement. Je lui ai demandé comment il s'en était sorti.

"Perdant", dit-il. "J'ai confié l'affaire à un avocat, et il a tout embêté pour que je sois condamné à une amende de vingt-cinq roubles. Comment vous en êtes-vous sorti ?"

Je lui ai fait part de mon acquittement. "Voilà la Russie pour vous", a-t-il déclaré. "Vous êtes dans l'âme le méchant technique et soyez libre. Moi, le pauvre Samaritain, je suis condamné à une amende. C'est à peu près autant de rimes et de raisons que ce qu'ils montrent dans ce pays dans tout ce qu'ils font."

"Et le petit Anglais," demandai-je, "celui qui a vraiment causé tous les ennuis, où est-il ?"

"La dernière fois que j'ai entendu parler de lui, il était sur l'une des îles du Pacifique et passait un bon moment."

C'est ainsi que j'ai passé une partie de mes années d'étudiant en Europe. Que j'aie appris sur l'Europe et ses habitants au cours de ces expériences non conventionnelles comme je n'aurais jamais pu en apprendre davantage si j'avais passé tout mon temps dans les bibliothèques et dans les salles de conférence, me semble indéniablement vrai. Certaines de mes errances furent, en toute vérité, une soumission de ma part à la passion si exigeante de l'errance. Pourtant, comme ils se sont produits dans le cadre de mes études universitaires, qui ont maintenu mon esprit sérieusement enclin, je pense qu'ils m'ont fait plus de bien que de mal. J'ai appris à connaître l'Angleterre, l'Allemagne et la Russie lors de ces voyages. C'était aussi une bonne chose pour moi d'être lâché de temps en temps dans la jungle des quartiers vagabonds d'Europe et d'exprimer ensuite *une envie d'errance persistante* comme mon tempérament le conservait.

L'économie politique en tant que domaine d'exploration plus immédiat a parfois été négligée. Les professeurs Schmoller et Wagner n'ont pas été écoutés avec autant d'attention qu'ils le méritaient. L'idée du travail sérieux dans les universités allemandes était souvent ignorée. Peut-être est-il d'ailleurs juste de dire qu'en poursuivant, comme je l'ai fait parfois, mes explorations vagabondes en Europe, j'ai contribué à perpétuer des habitudes d'itinérance. Je peux maintenant déclarer ici solennellement que les véritables habitudes d'itinérance d'autrefois, habitudes d'itinérance dans le sens où j'étais prêt à tout moment lorsque *Die Ferne* appelait, à mettre mon chapeau et à la poursuivre, ont reçu un refroidissement complet pendant le vagabond européen. vie. Qu'il soit avantageux pour celui qui désire connaître l'Europe par la voie souterraine, de faire des voyages errants comme moi et de faire connaissance, avant de quitter son pays, avec ces millions d'émigrants qui nous viennent d'Europe, j'en suis fermement convaincu. Même si mon économie politique a été négligée au cours de nombreux voyages, oublié même si de nombreux livres ont été, je ne suis pas sûr de n'avoir pas lu mon Europe, sinon mon économie politique et d'autres choses livresques, mieux que je n'aurais pu le faire sous forme écrite. formulaire.

Naturellement, lors de mes voyages et expériences en Europe, je les ai utilisés à des fins de correspondance dans les journaux, d'articles de magazines et accessoirement pour la préparation d'un livre aussi complet que je pensais pouvoir écrire sur la vie des vagabonds en général. De cette manière, ces errances peuvent encore être qualifiées d'utiles, parce qu'elles ont contribué à accroître mes capacités d'observation au point de vue d'un écrivain et à donner un but sérieux à de telles investigations de ma part. Je n'ai aucune raison de regretter les voyages de vagabonds effectués en Europe, mais je suis heureux maintenant qu'ils soient terminés.

J'ai reçu la formation d'écriture que reçoit le journaliste pour son journal en rentrant chez moi à Berlin et en faisant couper ma « copie » en morceaux de la manière la plus rigide par ma mère.

Bien sûr, il ne s'agissait pas d'une formation en journalisme dans le sens où je devais faire rapport à un rédacteur en chef de la ville. Mais c'est toute la formation que j'ai reçue en écriture qui équivalait à quelque chose, jusqu'à ce que, des années plus tard, je fus suffisamment intéressé par le métier pour observer par moi-même, dans les exemples de bons écrits qui me sont parvenus, comment, comme le disait Robert Louis Stevenson indique dans l'un de ses livres que le langage peut être adapté au mieux au sujet traité.

CHAPITRE XXI

JE RETOUR EN AMÉRIQUE

Au début du printemps 1898, j'ai décidé une fois pour toutes qu'il était grand temps pour moi de quitter l'Europe et de retourner dans mon propre pays si jamais j'avais l'intention de travailler avec des jeunes hommes dans ma profession ou dans n'importe quel autre domaine. autre activité dans laquelle je pourrais me débrouiller.

L'Europe ne m'avait pas fait pâlir, loin de là ! S'attarder à Berlin, à Rome ou à Venise m'aurait plu à cette époque, si j'avais possédé les moyens nécessaires pour m'attarder, errer et observer. Si j'avais eu une indépendance financière et aucun sens des responsabilités, j'aurais pu être aujourd'hui en Europe en tant que résident.

En 1898, notre pays entre en guerre contre l'Espagne. Je ne sais pas comment les rumeurs de guerre ont affecté d'autres jeunes Américains qui étudiaient, voyageaient ou travaillaient en Europe à cette époque. Les rumeurs de guerre ont créé en moi un désir incontrôlable de retourner dans ma terre natale. Peut-être pensais-je pouvoir faire la guerre pour sa défense. Il m'est impossible aujourd'hui d'analyser, comme je voudrais le faire, ma détermination en 1898 à m'éloigner au plus vite de l'Europe, des études universitaires et de tout ce que la vie à l'étranger avait signifié pour moi. Ma mère était consternée de cette résolution de ma part. Elle m'a dit : « Si tu allais en Chine, au Kamtchatka, au Tibet ou presque partout ailleurs que l'Amérique, je pourrais facilement penser que c'est une chose très naturelle à faire. Mais l'Amérique ! J'ai l'impression que je devrais perdre tout contact avec toi. ".

Je suppose que ma mère craignait qu'en revenant en Amérique, je revienne également à tous les désagréments, au diable et à l'anarchie que j'avais réussi à fuir lorsque j'étais expédié comme passeur de charbon à Hoboken en 1889, sur le pauvre vieux bateau à vapeur. *Elbe* . En outre, je pense qu'il n'est pas improbable que ma mère elle-même ait vécu si longtemps en Europe et ait pu me suivre de si près là-bas, qu'elle ait eu l'idée que nous devions toujours vivre en Europe et que là-bas je devais vivre. d'une manière ou d'une autre, gagner ou perdre. Là encore, il ne fait aucun doute que ma mère a été très déçue que je ne continue pas mes études universitaires et n'obtienne pas mon diplôme.

Mais quelque chose m'a poussé à poursuivre mes études et, au printemps 1898, j'ai dit au revoir à l'université, à Berlin, à l'Allemagne et à toute l'Europe, lieux où je souhaitais m'établir.

En tant que simple visiteur, je suis revenu en Europe à plusieurs reprises depuis 1898, mais je n'ai jamais regretté ma décision obstinée cette année-là de retourner dans mon pays et d'en faire mon lieu de résidence.

Rétrospectivement, il me semble tout d'abord que l'expérience générale en Europe, en raison de sa prolongation, a perdu pour moi ce contact personnel avec les jeunes hommes de mon âge qui faisaient leur chemin en Amérique et qui Cela représente beaucoup pour se lancer dans le bain des choses, se faire ces amis qui sont si utiles dans les affaires ou dans les professions – en un mot, pour grandir dans sa propre communauté avec son propre peuple. Je suis resté trop longtemps en Europe pour mon propre bien.

En 1898, malgré le désir mystérieux et incontrôlable de retourner en Amérique, j'étais pendant des mois après mon arrivée à New York la personne la plus nostalgique de l'Europe qu'on puisse imaginer. Qui ai-je trouvé qui me connaissait ? Seuls quelques amis s'y sont installés, qui avaient séjourné chez ma mère à Berlin ou que j'avais rencontrés au cours de mes voyages. Je ne connaissais aucun d'entre eux dans une activité professionnelle ici, et aucun d'entre eux ne m'avait connu dans aucun de mes foyers américains. Je les avais connus en Europe, « en marche », pour ainsi dire.

Je trouve malheureux qu'un garçon ou un jeune homme s'attarde si longtemps dans des pays très éloignés du sien, alors qu'en fin de compte, il doit généralement essayer d'arriver à quelque chose.

C'est encore cette question du camping, dont j'ai parlé dans une partie antérieure de mon histoire, qui est prédominante dans toute la vie des colonies américaines à l'étranger que j'ai observée. Les colonies ne sont pour la plupart que des camps, les colons n'étant que trop évidemment de simples oiseaux de passage.

Je ne crois pas qu'il soit bon qu'un jeune homme, dont la vie doit ensuite reprendre sa vie dans son pays natal, passe autant de temps hors d'elle comme moi. J'ai perdu le contact avec ma génération d'origine ; J'ai passé les années les plus formatrices de ma vie dans des pays où, comme cela s'est avéré, je n'étais pas censé vivre et faire mon chemin ; J'ai adopté une façon nonchalante de voir les choses et j'en suis venu à penser que vivre dans un logement pour célibataires avec cinq cents dollars par an serait une réussite enviable.

Mais l'Europe, et en particulier l'Allemagne, m'a aussi fait un certain bien dont je dois toujours être reconnaissant. J'ai déjà fait allusion à certains des bienfaits que je crois avoir appréciés au moment de leur octroi et que j'ai appris à ne jamais oublier. Je dois certainement remercier l'Europe pour avoir calmé mon ardente réticence à voir les vérités inexorables telles qu'elles devront être vues tôt ou tard. Je dois également remercier l'Europe pour ses amis et connaissances des plus charmants. Mais où sont-ils maintenant ? La grande majorité est sans doute dispersée dans le monde entier, il n'en reste que quelques-uns dans mon propre pays pour que j'en profite. C'est le pathétique de toute cette affaire telle que je l'ai vécue.

CHAPITRE XXII

ENCORE NEW YORK

Reprendre sa vie à New York, après de nombreuses années à l'étranger, n'est pas une tâche facile. Dans mon cas, cela a été particulièrement désagréable, car pendant un certain temps, j'ai eu le mal du pays pour l'Europe et, je suppose, pour ma maison à Berlin. Je n'oublierai jamais le sentiment inconfortable que j'ai ressenti pendant que mon navire accostait quant à l'issue de ma vie et de mes affaires dans ce nouveau pays - mon pays, il est vrai, mais pour moi un pays que je connaissais très peu de choses du point de vue du débutant. de vue. Que j'étais un débutant, psychologiquement et financièrement, ressort assez clairement de ce que j'ai dit précédemment.

J'ai eu une consolation. C'était une lettre de L. F. Loree, alors directeur général des lignes de Pennsylvanie à l'ouest de Pittsburg, me demandant d'aller à Pittsburg et de le voir pour une affaire dont sa lettre ne révélait pas la nature. Il y avait eu une lettre précédente de ce monsieur, reçue à Stettin, en Allemagne, juste au moment où je naviguais vers Saint-Pétersbourg, suggérant une rencontre à Pittsburg. C'était quelques semaines avant mon départ définitif d'Allemagne pour les États-Unis. À ce moment-là, je n'ai pas accordé à cette lettre toute l'attention qui lui était due. La Russie semblait encore offrir des promesses que je trouvais plus attrayantes que celles d'autres parties du monde.

En arrivant à New York en 1898, avec cinquante dollars en poche et plus rien en vue, j'ai naturellement pensé à la lettre reçue de M. Loree. Je l'ai informé de mon modeste retour à la maison et lui ai dit que je serais heureux d'en savoir plus sur l'affaire qu'il avait en tête pour moi. Sa réponse fut que je le rencontrerais à Pittsburg et que j'y prendrais connaissance de l'affaire qu'il avait l'intention d'aborder avec moi. J'ai passé trois jours à New York chez un ami. Pendant ce temps, j'étais « hébergé » dans un certain club par un ami que j'avais appris à connaître grâce au métier d'écrivain. Dans ce club, j'ai rencontré divers rédacteurs, écrivains et, je suppose, éditeurs. J'étais tellement ravi de mon élévation soudaine au rang de club dans le secteur de l'écriture à New York, que je suis immédiatement retourné du club au domicile de mon hôte et lui ai dit avec joie quel bon début j'avais fait. Ni lui ni sa femme ne semblaient vraiment se soucier de mon ascension soudaine dans le monde littéraire à New York, *via* le côté club. Je me souviens qu'ils se regardèrent d'une manière très significative lorsque je leur racontai avec bonheur combien j'avais été si heureusement accueilli par le métier d'écrivain.

Ce regard me rendit très agréable d'envisager d'autres pâturages, et l'invitation à me rendre à Pittsburg fut acceptée avec empressement. En arrivant là-bas, il me restait quelques-uns de mes cinquante dollars. Mais il n'y avait aucune chance immédiate qu'ils restent dans ma poche.

Il n'est pas toujours facile, même lorsqu'on est invité à le rencontrer et qu'on s'attend à le rencontrer, de trouver le directeur général d'un chemin de fer. Dans mon cas, que s'est-il passé ? J'ai trouvé mon homme sur la route, veillant à ce que certaines réparations soient faites, et qu'il sache personnellement qu'elles seraient faites rapidement et que je devais attendre un peu, peut-être deux ou trois heures, peut-être plus. Pittsburg et sa tristesse ne m'ont pas fait comprendre plus clairement, pendant cette période d'attente, pourquoi j'étais à Pittsburg. Je me souviens que je suis allé dans un hôtel et que j'ai essayé d'écrire un article sur cette pauvre créature misérable qu'est l'ouvrier russe. Au bout de quelques heures, je fus averti par télégramme que je devais me rendre au lieu des réparations et y faire connaissance avec le directeur général. J'ai suivi ces instructions et j'ai appris à connaître un homme à qui je dois mes débuts dans la vie au pays après ces années merveilleuses en Europe et en Asie. Je me souviens que j'ai rencontré mon bienfaiteur dans une tour de signalisation où il attendait patiemment la confirmation que ses instructions avaient été exécutées. Je me souviens de la façon dont il m'a regardé. Aucun chef de police ne m'a jamais « évalué » comme l'a fait ce directeur général. Il s'est penché sur ma personnalité, car il n'est pas agréable d'examiner la personnalité de quelqu'un, à moins qu'il ne pense qu'il fait la bonne chose. Ce n'est qu'un petit incident dans notre connaissance, mais je ne l'ai jamais oublié.

Peu de temps après, les réparations furent terminées, la confirmation requise des instructions données fut reçue, et M. Loree et moi retournâmes à Pittsburg dans sa voiture. Dans la voiture, pas un mot n'a été dit sur l'affaire qu'il avait en tête, et j'ai pris soin de ne pas déranger un homme qui s'était probablement occupé de dix choses pendant cette journée.

A Pittsburg, après le dîner au club, nous sommes allés au théâtre et avons vu une pièce de théâtre légère. Naturellement, je ne pouvais m'empêcher de deviner l'affaire que le directeur général avait en tête pour moi. Le jeu terminé, nous sommes retournés au club, et là, pour la première fois, j'ai appris ce que voulait ce monsieur.

Alors que je me souviens de ses paroles, il m'a dit : « Les problèmes de tramp aux États-Unis m'ont intéressé en tant qu'homme des chemins de fer. Je suppose que cela vous a intéressé par votre tempérament et, peut-être, en tant qu'étudiant en économie.

« Il m'est venu à l'esprit, en prenant possession de cette propriété ferroviaire en tant que directeur général, que je verrais si je ne pourrais pas aider à éliminer les problèmes de vagabondage pour le chemin de fer ainsi que pour le public. Ce n'était pas une question dans mon esprit. sur la possibilité que le clochard soit un homme aussi mauvais que certains l'ont décrit, ni sur la question de faire du mal au conducteur de train honnête mais malheureux et sans le sou, ce que j'avais en tête de faire et j'ai essayé de faire. , était de débarrasser les biens confiés à mes mains de cette population de racailles qui infeste les chemins de fer américains depuis tant d'années.

"C'est ce que je ressens. Quel que soit le sens que vous voulez, un chemin de fer dans un État est l'un de ses plus grands citoyens. Ma position de directeur général ne m'a pas demandé d' exercer la notion théorique de la position d'un chemin de fer en tant que citoyen dans un État. Néanmoins, je me suis dit : 'Si je nettoie mes biens vis-à-vis de cette population de racaille, je contribue peut-être à l'épanouissement de ma citoyenneté.'"

À ces mots, j'ai regardé avec beaucoup d'attention mon éventuel employeur. Je n'ai jamais eu de raison de croire qu'en tant que citoyen, il n'ait pas lutté pour faire ce qui, à son avis, lui semblait être la bonne chose. Il m'a alors fait une impression que je n'oublierai jamais. Attention, je venais d'arriver dans ce pays. C'était mon affaire de trouver quelque chose qui me rapporterait de l'argent le plus rapidement possible. Remarquez que j'étais allé chez un homme qui connaissait et dirigeait trente mille hommes.

Il m'a dit : « Ce que j'aimerais que vous fassiez, c'est d'examiner la propriété sous ma direction et de faire le rapport que vous jugerez approprié sur les conditions de vagabondage. »

Je lui ai dit : "Que penses-tu que cela vaudra ?"

Il a dit : « Eh bien, que pensez-vous que cela vaudra ?

J'avais besoin d'argent, il n'y avait pas grand-chose d'autre en vue à ce moment-là, que je parte en vagabond ou non, et j'ai répondu : "Eh bien, je suppose que dix dollars par jour seraient un prix équitable."

Le directeur général a répondu : « Je pense que c'est juste. Je suppose que vous savez comment procéder ?

"Je pense que je peux revenir dans l'ancienne ligne sans trop de problèmes", répondis-je.

Le directeur général a déclaré : « Allez-y et découvrez tout ce que vous pouvez. Que la force de police que j'ai instituée ait réussi ou non à arrêter le mal du clochard, je ne le sais pas. Je dis que je ne le sais pas parce que je ne peux pas. peut-être être personnellement sur chaque point, couvrant cinq États, comprenant trente mille hommes. C'est assez difficile de suivre tout ce que vous ordonnez de faire. Je vous parle uniquement du point de vue d'un directeur de chemin de fer. Difficile de gérer un chemin de fer comme on aimerait le faire fonctionner. Cette affaire de vagabonds, cette racaille, cette population de bidonvilles que je trouve sur mes lignes est, bien sûr, un détail du travail qui m'est proposé.

"Dans mes efforts pour maintenir mes lignes aussi propres que possible, non seulement en tant que citoyen, mais aussi en tant que cheminot, j'ai essayé de constituer une police ferroviaire. Les États traversés par mes lignes ne me protègent qu'accessoirement. Je trouve que Lorsque vos amis, les vagabonds, sont arrêtés par les autorités de la ville ou du village, ils sont facilement relâchés. Je voulais savoir comment la situation pouvait être modifiée, et j'ai commencé à examiner la question. Le résultat a été que j'ai décidé que c'était le cas. la compagnie ferroviaire *doit se protéger* . J'ai constaté que certains hommes, appelés détectives, s'efforçaient parfois d'éloigner les vagabonds des trains sur nos lignes. J'ai constaté, en outre, que ces hommes, ou détectives, ne faisaient pas leur devoir. Je crois qu'il faut s'en occuper.

"Par conséquent, je me suis demandé comment cette affaire pourrait être mieux réglée. J'ai examiné les comptes de dépenses destinés à la police et j'ai découvert que nos gens payaient ce qui me semblait une somme exorbitante pour un service très médiocre. Il m'a semblé que la police Les affaires ferroviaires devraient être organisées et prises en compte à cause de la négligence des villages et des villes, ce qui était justifié en raison de notre procédure nonchalante contre la criminalité dans ce pays.

« Vous trouverez sur notre propriété un certain nombre de policiers qualifiés. Peut-être devrais-je dire « patrouilleurs ». Nous n'utilisons pas le mot détective sur cette propriété. Ils sont répartis selon les divisions et le comportement moral des différentes communautés dans lesquelles ils sont placés. Mon idée a été d'essayer de surveiller notre propriété comme l'est une ville.

" Ce que j'aimerais que vous fassiez, c'est visiter notre propriété et voir si nos forces de police ont réussi à débarrasser nos lignes et, dans une certaine mesure, les communautés qu'elles touchent, de l'immigration clandestine. Que pensez-vous de la question?"

Il y avait là un problème qui nous ramenait directement au pays de *l'envie d'errer*, auquel je supposais avoir abandonné dans la mesure où il s'appliquait à la vie de vagabond. Cependant, comme le disent tant de personnalités : « Les mendiants ne peuvent pas choisir », j'ai entrepris de demander au directeur général exactement ce que les clochards avaient à dire sur ses lignes protégées par sa police. Dix-huit ans avant cet entretien, les lignes du directeur général, à ma connaissance, étaient tellement remplies de clochards et de camps de clochards que la route de Fort Wayne en particulier était alors connue comme une route « facile » à parcourir entre Chicago et Pittsburg.

C'était aussi mauvais que le chemin de fer de Baltimore et de l'Ohio, qui à l'époque s'appelait « The Dope ».

Ces routes étaient empruntées dans la promiscuité par toutes sortes d'hommes, de femmes et d'enfants qui ne payaient pas de billet. Lorsqu'ils montèrent dans un wagon couvert, ils pensèrent à de nombreuses bêtises. Ce qui se faisait et se disait entre tous ces gens à cette époque serait trop scandaleux aujourd'hui. S'il y a des bidonvilles dans nos villes, il n'y a pas de plus grands bidonvilles au monde, à l'exception du crime, de la passion ou de l'idiosyncrasie, que ceux que l'on trouvait sur les routes de "Dope" et de Fort Wayne à l'époque de mon vagabond.

J'ai inspecté la propriété du directeur général. Habillé en clochard, agissant en clochard, vivant et dormant en clochard, j'ai entouré ses lignes jusqu'à ce que je sache ce que le monde des clochards avait à dire sur son idée de police ferroviaire. J'ai découvert partout où j'allais, à Cleveland, Chicago, Cincinnati, Wheeling ou Pittsburg, que les clochards disaient : « Il existe des routes plus faciles à battre que Fort Wayne. »

C'était dur de retourner à la vie de clochard. J'ai eu quelques coups durs, en ce qui concerne les tempêtes et autres mésaventures en divers endroits. Pourtant, avec tout cela, cela m'a rappelé un certain nombre de souvenirs d'époques de vagabondage antérieures.

Au bout d'un mois sur la « Route », je suis allé voir le directeur général et lui ai dit que je n'avais aucune envie de prendre ses trains, qu'il y avait tellement d'autres trains et des routes plus faciles. Je croyais que, pour achever mes investigations, s'il voulait que j'aille plus loin, j'aurais un laissez-passer valable sur tous les objets meubles qu'il avait sur sa propriété. Nous avons discuté de cette question de manière assez détaillée. Finalement, le directeur général a consenti à ma proposition, et j'ai reçu un laissez-passer, bon dans toutes ses lignes, et j'avais avec moi le soutien moral de sa position.

J'ai abordé le problème du clochard d'un nouveau point de vue. J'ai eu le privilège de monter à bord de pratiquement tous les trains de voyageurs, de tous les trains de marchandises et de toutes les locomotives que mon destin devait rencontrer. Le directeur général m'a également remis une lettre demandant à ses employés de me laisser passer. Je sais maintenant que les policiers du directeur général ont été perplexes de comprendre ma position compromettante sur la route. La police a demandé : « Qui est ce jeune homme qui nous surveille ?

J'ai été rappelé à l'ordre une nuit, dans l'Ohio, par un capitaine de la police nouvellement instituée, pour avoir pris place dans le fourgon d'un train de marchandises. Je descendais du fourgon pour me renseigner sur quelque chose qui était alors une question de détail, et j'étais de retour sur les marches du fourgon, lorsque le capitaine s'est approché de moi et m'a dit : « Que fais-tu dans ce train ? ?" Je l'ai regardé. Il m'a regardé. Nous avons alors décidé qu'il n'y avait pas de désaccord particulier entre nous. Mais je dois dire que pendant le deuxième mois de mes investigations pour le directeur général, ses forces de police n'ont pas pu comprendre pourquoi j'étais sur la propriété avec toutes mes informations d'identification, et mon diminutif et mon visage déroutants. Un de mes meilleurs amis d'aujourd'hui, qui était alors à la tête de la police, s'est intéressé à mes démarches.

Pour illustrer la façon dont les hommes se suivent les uns les autres, il a demandé à ses hommes de me suivre. En même temps, je pense qu'il a dû se rendre compte que notre officier supérieur était à l'origine d'une mission telle que la mienne. Il a eu le bon sens de se dire : "Eh bien, si c'est le travail du Patron, je ferais mieux de le laisser tranquille." Mais il a laissé ses hommes veiller sur moi, ce qui est la nature humaine.

Une des expériences que j'ai vécues au cours de ce deuxième mois dans l'intérêt des chemins de fer, dans la mesure où leur trafic s'applique aux tramps, s'est produite dans l'Ohio. Au cours de mes extraordinaires privilèges de cheminot, et avec toutes mes références du bureau du directeur général, j'ai pris un train de marchandises allant à l'ouest de Mansfield, Ohio, sur lequel je me suis néanmoins retrouvé en difficulté. J'ai vu trois nègres marcher dans ce train. Je les ai vus monter dans le train – en grande partie un train de charbon pour que l'on puisse voir exactement ce qui se passait depuis la fenêtre du wagon de queue – et je les ai poursuivis, wagon après wagon rempli de charbon, jusqu'à ce que j'atteigne le plus gros des trois. Le train roulait à une vitesse d'une vingtaine de kilomètres à l'heure. J'ai saisi le chapeau du plus gros que j'ai pu voir et j'ai dit, avec quelques souvenirs en tête, je dois avouer : "Tu as du culot avec toi, en roulant sur cette route. Frappez le gravier."

Le nègre me regarda, comme si toute la majesté de la loi eût été tout à coup investie dans mon humble personne, et me dit avec un geste vraiment pathétique : « Cap, le train va un peu trop fort. Il récupéra son chapeau et je lui demandai, ainsi qu'à ses deux compagnons, sans équivoque, de descendre du train à une certaine voie d'évitement.

J'ai décidé qu'aucun train ne quitterait la voie d'évitement, lieu de repos des vagabonds et des trains qui avaient besoin de charbon et de vapeur pour aller plus loin, à ces trois nègres . Je me suis rendu à la tour de signalisation et j'ai télégraphié à l'est et à l'ouest pour qu'un officier se rende à la tour de signalisation en question et arrête les intrus dès que possible. Cela peut sembler une chose difficile à faire pour un homme qui a vécu ce que j'ai vécu. Mais j'étais responsable devant le directeur général de cette propriété. J'étais également responsable de ma propre idée de l'intégrité et je croyais au plus profond de mon âme que c'était la chose à faire.

Les nègres voulaient me combattre. Je portais une brosse à dents à ce moment-là. À la station de charbon, les nègres s'attardaient et faisaient tout leur possible pour attraper chaque train de marchandises qui passait sur leur chemin. J'ai chevauché chacun d'entre eux dans leur direction jusqu'à une centaine de mètres de leur lieu d'attente. Finalement, la dernière « course », comme ils le savaient bien, était terminée. Alors que je déposais le dernier train de marchandises qu'ils n'étaient pas assez rapides pour attraper, je me suis dirigé vers eux et j'ai été accueilli par ces mots : « Pensez-vous que vous parcourez cette route ? Si vous le faites, vous aurez un trou de balle à travers. si tôt que vous ne saurez plus ce qui vous a frappé.

Je considérais ma brosse à dents comme la seule arme dont je disposais. Je pensais aussi à la volonté de ces nègres de se venger, et je pensais encore plus attentivement à la distance qui me séparait de l'endroit où je me trouvais et de la station de charbon. Il se trouve que mon bluff a disparu. J'ai dit aux nègres : « S'il y a quelque tir à faire ici, je le commencerai. Les nègres m'ont laissé tranquille, et je les ai laissés tranquilles. Je ne pouvais cependant pas me remettre de l'idée qu'ils avaient empiété sur mon territoire en tant qu'enquêteur, policier ou tout autre nom que vous voulez appeler cela. Le résultat de cette expérience fut que le policier que j'avais télégraphié vers l'est se présenta aussitôt qu'il le put à la station de charbon et que nous poursuivions ensemble notre route jusqu'au village suivant. Là, je lui ai dit : « Je pense que nous allons attraper ces nègres pas très loin d' ici. Il est venu chercher le maréchal de la ville et nous sommes partis sur la piste pour trouver ces nègres . Nous les avons trouvés.

Le crépuscule commençait à peine et ils étaient assis le long de la piste. Le policier de l'Est a sorti son revolver, s'est approché d'eux et leur a dit, à leur grande surprise : « Je vous mets en état d'arrestation. Les nègres se sont fanés et nous sommes tous allés à la gare du village le plus proche. Ils ont été entendus immédiatement. Ils ont déclaré qu'ils n'avaient été vus dans aucun train, autre qu'un train de voyageurs sur lequel ils avaient payé leur billet, pendant toutes les années de leur existence. Le juge a dit : « Pensez-vous que cet homme va venir ici et me dire qu'il vous a vu sur un certain train de marchandises alors qu'il ne vous a pas vu sur ce train de marchandises ?

L'un des nègres répondit : « Je n'ai jamais vu cet homme de ma vie. » C'était l'homme dont j'avais pris le chapeau lorsque je lui avais dit de descendre du train. Le juge a condamné tous les trois à une peine de trente jours au Canton Workhouse. Le lendemain matin, les nègres étaient prisonniers des autorités locales. Ces autorités locales les ont menottés, les ont mis dans un train et sont partis vers leur destination. Bêtement, non seulement je les ai suivis à

Canton, mais je les ai accompagnés, en tramway, jusqu'à l'hospice. Au cours de ce voyage, j'ai entendu toutes les choses difficiles qu'on peut dire sur n'importe qui.

Cette expérience et ma participation à celle-ci ne sembleront peut-être pas très honorables à celui qui avait lui-même été un vagabond. Mais qu'ai-je appris sur ces nègres ? Ils avaient été employés d'un cirque, s'étaient saoulés, s'étaient disputés et avaient quitté leur poste d'hommes de cirque. D'après ce que j'ai pu comprendre, ils n'avaient pas le droit de se déplacer librement où que ce soit.

Ce n'est là qu'un des incidents qui me sont arrivés au cours du deuxième mois. Bien sûr, il y en avait bien d'autres, qui m'intéressaient à l'époque, à méditer, mais qui n'intéresseraient pas le lecteur.

La principale chose en laquelle j'ai appris à croire et à attendre de mon directeur général était une grande efficacité. Tout au long de mes expériences de vagabond à sa demande, j'ai découvert, même dans la vie *de vagabond*, que ce qui est bien, c'est d'y arriver et de faire quelque chose. Mon rapport sur la capacité générale des forces de police, que lui et ses subordonnés avaient réunies dans le but de débarrasser complètement la propriété des nuisances du vagabond, était que je pensais qu'il avait au moins fait nettoyer la route de Fort Wayne. , à cet égard, qu'aucun clochard « respectable » ne monterait dessus. En rédigeant ce rapport, j'ai dit au directeur général : « Ils volent du charbon sur le Lake Shore Railroad. Il y a un homme qui m'a dit que sur le Lake Shore Railroad, un train sur vingt, avant qu'il ne parvienne à quarante milles de Buffalo, est creusé. dans." Lors de cette même expédition pour le directeur général, je me suis heurté à deux camps de clochards au bout d'une des « lignes courtes » à Ashtabula. Mon intérêt à cette époque était de ne déranger aucun des deux camps. Je suis descendu au Lake Shore Railroad, vers leurs chutes à charbon, et là j'ai trouvé deux camps. Leurs feux étaient abondamment alimentés par du charbon pris à la compagnie ferroviaire voisine. Ma position était particulière. Les clochards, et les criminels d'ailleurs, n'aiment pas qu'on s'approche de ce qu'ils croient être leur propriété. Je suis allé dans l'un des camps et je me suis assis sur une traverse de chemin de fer. Très vite, une personne d'une importance incontestable dans sa propre lignée de clochards me dit : « As-tu une allumette ?

"Je pense que oui. Je verrai."

"Si vous en trouvez un, allez-y et allumez votre propre feu."

Je l'ai fait et je suis resté plus ou moins en paix

CHAPITRE XXIII

EXPÉRIENCES FERROVIAIRES

À cette époque, il y avait un groupe d'hommes appelé « Lake Shore Push ». Ces hommes pensaient qu'ils tenaient le Lake Shore Railroad entre leurs mains, du point de vue criminel, ou, peut-être, devrais-je dire, du côté braquage. Leur histoire est difficile à expliquer. À ma connaissance, ils étaient connus sur ou autour du Lake Shore Railroad depuis vingt ans facilement.

Il vaut la peine de les examiner dans un paragraphe ou deux, car ils montrent comment sont constituées les « foules » criminelles.

Le Lake Shore Railroad, pour une raison ou une autre, est infesté de voleurs de wagons couverts et d'hommes braqueurs depuis à peu près le nombre d'années suggéré. Pour une raison quelconque, le gang de Lake Shore a trouvé pratique de s'organiser dans la mesure où l'organisation est possible dans la vie criminelle. Des criminels de différents types se sont réunis et ont déclaré : « Nous suivrons cette route comme nous pensons qu'elle doit être parcourue selon notre façon de voir les choses. » La direction de la route n'avait rien à dire qui puisse servir à quelque chose.

Alors le gang de Lake Shore a continué et a volé des voitures, a même jeté un bœuf d'une voiture alors qu'il voulait organiser un barbecue, a braqué le politicien poli de l'Ohio qui se frayait un chemin à hauteur de quarante cents, a fait en sorte que toutes ces plantes soient censées être entre Buffalo et Chicago, et se sont généralement constitués une nuisance criminelle.

Le gang de Lake Shore était composé des types suivants : le travailleur désespéré (?) qui est prêt à se débattre avec votre gorge pour un dollar ou deux - je veux dire le braqueur dont vous entendez tant parler dans le Middle West. ; le criminel découragé qui savait qu'il était découragé, mais pensait qu'il pourrait éventuellement, sous un couvert fallacieux, obtenir une « participation » dans des lignes professionnellement criminelles ; l'homme endurci qui était entraîné par les autres conspirateurs du jeu ; le garçon de dix-huit ans, qui avait commis une misérable erreur dans sa maison, avait dû s'enfuir de cette maison et était tombé entre les mains d'hommes intrigants ; et la femme de la rue qui avait ses raisons de savoir quoi que ce soit sur le gang Lake Shore. Le gang de Lake Shore, peut-on dire, est né de l'idée que lorsque l'on peut vous imposer, vous le défendez. Ce qu'ils font maintenant, je ne le sais pas. Il se peut qu'ils s'amusent comme autrefois. Tout ce que je veux dire ici, c'est que c'est avec cette entreprise que j'avais de bonnes chances de tomber en frappant les terminaux du directeur général sur les lacs. Le Lake Shore Railroad et le Nickel Plate, comme on l'appelait, assumèrent l'entière responsabilité de toutes les absurdités après que certains chefs de département eurent fait de leur mieux pour soulager ces deux routes de déficiences et de crimes prononcés.

Comme je l'ai dit, j'ai découvert qu'à Ashtabula, les clochards brûlaient le charbon de la Lake Shore Company, le charbon de la Nickel Plate Company – mettez les deux ensemble et appelez-les les lignes Vanderbilt si vous voulez – et que le gang de Lake Shore volaient les gens à droite et à gauche sur chaque train de marchandises qui passait par les lignes Vanderbilt. J'ai également constaté que les lignes Vanderbilt ne prêtaient pas le moindre respect à la protection de leurs clients, à l'égard des pickpockets et autres nobles de ce genre, à bord de leurs trains de voyageurs, autrement qu'en employant un homme qui parcourait fébrilement leur territoire : disons entre Tolède et Cleveland – prenait ses déjeuners là où il pouvait les acheter entre dix et vingt-cinq cents, et essayait de mener à bien tout le jeu pour les intérêts de Vanderbilt entre les points mentionnés. Cet homme était censé être la police de ce district. La raison pour laquelle il a pris autant de déjeuners rapides est qu'il avait trop de choses à faire. D'une certaine manière, je crois qu'il a essayé de servir les intérêts de Vanderbilt. Mais aucun homme ne peut couvrir un tel district s'il est tout seul – comme on prétend qu'il l'était – et s'occupe de tous les détails qui se présenteront dans la vie de la police sur les lignes Vanderbilt ou sur toute autre ligne.

Cet homme, je ne l'ai pas rencontré. J'ai entendu parler de lui, de temps en temps, prenant des déjeuners affamés dans les trains Lake Shore, passagers et marchandises.

Cet homme, en ce qui concerne le public, passagers ou marchandises, n'a pas fait plus pour protéger le public qu'un moustique du New Jersey lorsqu'il s'attaque à des intentions mercenaires sur un banlieusard innocent. À mon avis, le Lake Shore Railroad, en employant un seul homme pour couvrir autant de territoire, ne s'est pas honnêtement présenté comme un citoyen de nos États-Unis.

Mon employeur, le directeur général, avait autre chose en tête.

C'est l'homme qui, lors de l'inondation de Johnstown, a construit le pont ferroviaire au-dessus de la rivière turbulente en vingt-quatre heures. En disant qu'il l'a construit, je veux dire qu'il a su se faire aider par les hommes pour le construire.

La même détermination qu'il avait dans la construction de ce pont, le même caractère, se manifestait dans sa détermination que sa ligne de chemin de fer, dans la mesure où il pouvait la réaliser, devait être débarrassée de la racaille qui la dérangeait. Il a donc organisé une force de police et s'est ainsi occupé de cette population de racaille. Il l'a fait avec brio. Il mit à sa tête un homme dont je citerai le nom plus tard. Il a mis la main sur cet homme par l'intermédiaire de l'agence nationale de détective Pinkerton.

Le grand gaillard est entré dans le jeu prêt à mener son jeu particulier jusqu'au bout. Le directeur général s'assit et se demanda.

Le monde entier connaît plus ou moins l'histoire de la grève Pullman. Il s'agissait peut-être d'une grève menée en tenant compte de certains intérêts légitimes des travailleurs. Mais c'était une grève aussi cruelle que toutes celles qu'on a connues dans ce pays. C'était une mauvaise chose de la part de l'employeur et de la part des employés. Ce qui est étonnant, c'est qu'il n'y ait pas eu davantage d'effusion de sang. Les hommes qui entreprennent ce que les grévistes de la Pullman Company ont entrepris envisagent très certainement les troubles sous leurs pires aspects. Quoi qu'il en soit, ils sont allés de l'avant, en guise de dernier pardon, ils ont demandé la sympathie du public et ont été, par la merci de la Pullman Company, alors prévenante, très sage et compréhensive, remis à la merci des troupes gouvernementales américaines.

Le général Miles apparut à Chicago avec ses troupes.

Il a été approché par le directeur général et lui a posé cette question : « À quoi servent vos troupes ici si elles ne veulent pas arrêter la ruine de notre propriété ?

"C'est mon affaire", a déclaré le général Miles.

"C'est vrai, mais ils brûlent mes voitures, et autant que je sache, vos troupes ne font rien pour défendre la propriété des États-Unis."

Une fois de plus, le général Miles répondit que ce qu'il faisait relevait entièrement de sa compétence. Le directeur général n'a pas tenté d'indiquer au général Miles que son secteur d'activité était en conflit avec celui du général.

Il y avait là deux hommes, tous deux maîtres dans leur domaine. M. Cleveland avait ordonné aux troupes américaines de se rendre à Chicago. Le général Miles n'avait rien d'autre à faire que d'obéir. Il se rend à Chicago avec ses troupes. Aucun tournage n'a été effectué. La question est de savoir s'il n'aurait pas dû y avoir des tirs. Les travaillistes dans ce pays sont arrivés à un point où ils sont si arrogants qu'il faut leur tirer dessus. S'il croit que le syndicalisme le protégera, il se trompe grandement.

Je dois raconter une histoire de quelque chose qui s'est produit pendant la grève Pullman à Chicago.

Un grand monsieur a pensé qu'il pourrait procéder contre l'un des habitués. Il a commencé à le faire. L'habitué lui dit : « Vous devez vous éloigner de cette propriété.

Le grand homme a dit : « Hein ! Vous ne dirigez pas le monde entier.

L'habitué a dit : « Quittez cette propriété, ou je vous créerai des ennuis. »

Le grand homme a dit : « Hein ! Vous avez une autre supposition à venir.

L'habitué a dit : « Quittez vite cette propriété. »

Le grand homme semblait vouloir s'attarder, et le régulier le poursuivit avec sa baïonnette et le frappa là où il comprit qu'il avait reçu toute l'attention qui lui était due.

La grève était terminée. Des millions de dollars avaient été perdus. Le directeur général retourna à ses affaires habituelles et se remit à son travail ordinaire.

Le général Miles se retira sans doute dans sa retraite.

Il y a lieu de souligner ici l'efficacité de la milice et des réguliers. Qu'ont fait les miliciens pendant toute cette malheureuse expérience ? Pas de quoi laisser rouler tranquillement un train de banlieue ordinaire. M. Grover Cleveland a vu la nécessité d'une protection immédiate du courrier des États-Unis et a ordonné aux réguliers de se rendre à Chicago. Les réguliers, par leur seule présence, ont fait plus que toute la milice de l'État de l'Illinois n'aurait pu ou n'aurait fait. Les milices ont trop peur de tirer sur leurs frères et sœurs. Les réguliers sont des soldats et obéissent aux ordres. Mon ami, le directeur général, a dû plus tard s'occuper du corps du président McKinley. Qu'est ce qu'il a fait? Le train spécial était là, les policiers spéciaux étaient là et les ordres spéciaux étaient là. Le corps du président McKinley s'est rendu à Washington avec un garde du corps aussi intelligemment nommé qu'on peut habituellement en trouver. Le pauvre homme, il gisait dans son cercueil sans se soucier de savoir s'il était protégé ou non. Un homme se tenait à l'avant du train, un homme sur une plate-forme centrale, un homme à l'arrière et un ou deux hommes à l'intérieur. Cet homme a donc été ramené chez lui, gardé par des démocrates et, je pense, des socialistes en théorie.

C'est ce qu'a fait le directeur général d'une route pour amener un président assassiné dans la capitale nationale. Ce n'était qu'une petite courtoisie, car l'homme était mort. Mais c'était une de ces courtoisies qui ne peuvent jamais être oubliées par les amis d'un homme et par tous ceux à qui nous nous intéressons. Avoir fait cette chose efficacement valait la peine d'être fait. Il y a des gens qui, aujourd'hui, pensent qu'ils peuvent piller le tombeau de

Lincoln. Ils l'ont essayé il n'y a pas si longtemps. Leurs intentions étaient complètement contrecarrées.

Frustrer les gens qui pourraient tenter de nuire à un président des États-Unis alors qu'il est en transit sur sa route me semble être une démarche hautement honorable de la part de tout directeur général.

Au cours de ma connaissance du directeur général, j'ai appris à connaître son chef de la police de l'époque, M. C. E. Burr. M. Burr m'avait suivi lors de mes enquêtes pour le compte du directeur général, mais n'avait fait aucun effort particulier pour me localiser. Il connaissait assez bien ses hommes, il connaissait assez bien sa conception de l'organisation de la police des chemins de fer, et, après cela, croyant donner une bonne affaire à son employeur, il ne se souciait pas de savoir qui surveillait son territoire.

En savoir plus sur M. Burr, que je dois remercier pour ma première véritable introduction à la greffe et à ses praticiens. Sans lui et son aide, j'aurais difficilement pu aborder ce sujet aussi rapidement.

Mon rapport au directeur général a été remis, après deux mois de travail acharné, je suis retourné à New York pour m'attaquer à la prochaine chose prometteuse qui m'est venue à portée de main.

CHAPITRE XXIV

J'ESSAYE DE VIVRE PAR MON STYLO

Comme je l'ai dit, mes amis et connaissances à New York étaient relativement peu nombreux au début. En repensant à la première année dans cette ville, je ne crois pas avoir connu intimement plus de six hommes, et eux, comme moi, étaient également débutants en ce qui concerne New York. Curieusement, presque chacun d'entre nous venait de quelque part en Occident, ce qui m'amène à me demander si, dans une ville comme New York, les Occidentaux, les Sudistes et les Orientaux ne dérivent pas inévitablement ensemble selon une loi étrange ? Il est certain que cette petite coterie de jeunes hommes dont j'ai eu l'honneur de faire partie se sont réunis, pour le meilleur ou pour le pire, à l'improviste, sans se soucier de qui ils rencontraient et pourtant poussés par les circonstances à se regrouper en Occidentaux.

On nous appelait la poussée du Griffou. Presque tous les membres de cette organisation étaient des écrivains d'une manière ou d'une autre, ou avaient l'intention de l'être. Peut-être étais-je le premier des premiers intimes de ce petit rassemblement à élire domicile à l'hôtel Griffou de la Neuvième Rue, qui fut pendant plusieurs années notre rendez-vous régulier et d'où nous tirâmes notre appellation d'entreprise. J'ai commencé à y vivre presque immédiatement après mon travail préliminaire pour la Pennsylvania Company. Il y avait quelque chose de bizarrement étranger dans cet endroit à cette époque qui satisfaisait mon âme, et il était situé dans le quartier de Washington Square, qui ne sera jamais surpassé dans mes affections par aucun autre à New York. Bien que j'aie vécu dans toute la ville, d'une manière ou d'une autre en quittant le ferry, en revenant à New York en voyage, mes pas se tournent naturellement vers des logements près de l'arche de Washington. Je pense que plusieurs autres jeunes hommes ont toujours ressenti la même chose à propos de cette localité. Quoi qu'il en soit, c'est ici que j'ai commencé mon combat pour une place dans les affaires de la ville. J'ai dit que nous étions des écrivains, ou plutôt des aspirants à la distinction en tant que tels. Pourquoi chacun d'entre nous aurait-il dû choisir cette activité comme étant celle dans laquelle nous pensions pouvoir faire le mieux, je peux difficilement l'expliquer. Que nous soyons excessivement littéraires au début ne me semble pas être le cas. Un ou deux d'entre eux avaient écrit ce qu'on appelait des essais académiques à l'époque, mais aucun, je pense, n'avait écrit beaucoup d'argent. Pour une raison quelconque – cela semblait peut-être la chose la plus simple à faire – nous avons tous rejoint cette armée d'hommes et de femmes de New York qui tentent de gagner leur vie avec leurs stylos.

J'ai d'abord essayé d'obtenir un poste de journaliste de police. Je pensais que si mon expérience et ma formation m'avaient préparé à écrire sur n'importe quoi dans une grande ville, elles m'auraient préparé au travail de reportage en tant qu'observateur dans les cercles policiers et criminels. Mon ambition dans ce sens n'a abouti à rien. Honnêtement, j'ai essayé d'obtenir le poste en question dans plusieurs journaux, mais les rédacteurs n'ont pas trouvé la voie à suivre pour s'enthousiasmer de mes capacités . Pendant plusieurs années, après mes débuts à New York, j'ai continué à ennuyer les rédacteurs avec mes idées sur leurs reportages policiers, mais en vain. De même que j'avais autrefois eu l'ambition d'être correspondant à l'étranger et que je pensais qu'avec de la persévérance je pourrais remplir l'addition, ainsi, pendant les années où j'ai supplié de devenir reporter de police, une autre déception et un autre chagrin ont dû être notés dans mon carnet. C'est peut-être une bonne chose maintenant que mes démarches auprès des éditeurs dans ce sens n'aient pas abouti. Mais que cela soit vrai ou non, je propose ici, dans ce qui est mon propre livre et celui de personne d'autre, de donner un bref aperçu de ce que je pense que les rapports de police pourraient développer s'ils étaient entrepris sérieusement.

Ces dernières années, je suis devenu convaincu que ce quotidien, qui tiendra un compte rendu minutieux des activités criminelles qui se déroulent dans ce pays - non pas localement, mais englobant tout le pays qu'il peut couvrir - le faisant jour après jour consciencieusement, en le présentant au rendre publics les faits criminels nous concernant au fur et à mesure que nous les faisons - accomplira un travail qui rendra ses rapports de police inestimables et lui vaudra les remerciements reconnaissants de tous les étudiants en crime.

D'une certaine manière, je pense à un compte rendu quotidien de la criminalité nationale, à la présentation de notre criminalité annuelle telle qu'elle apparaît dans le Chicago *Tribune* lorsqu'elle constitue notre compte de débit et de crédit selon ces lignes. Il me semble parfaitement possible qu'un journal rassemble les nouvelles quotidiennes du monde criminel, dans la mesure où elles doivent être communiquées au public, d'une manière aussi intéressante et aussi utile que celle de la *Tribune* et de certains autres journaux. Je crois fermement qu'il nous ferait du bien de nous voir tels que nous sommes dans le miroir criminel tous les matins de l'année, y compris le dimanche. Statistiques, récits discrets de crimes commis, anecdotes, incidents illustratifs ne prouvant aucune théorie, mais montrant simplement le volume de la criminalité parmi nous et son intensité – tous ces facteurs devraient probablement entrer dans le schéma que j'ai en tête. Le facteur essentiel, cependant, doit être cette manifestation inexorable de notre criminalité en tant que peuple. Il n'y a aucun doute sur le fait que nous sommes tous prêts, ou allons bientôt devenir, si les archives judiciaires et les prisons disent la vérité, la nation la plus criminelle de la planète. Ce n'est pas un fait ou une perspective agréable. La fonction du journaliste de police, telle que je la comprends, devrait être de garder cet état de choses désespéré toujours présent dans nos esprits jusqu'à ce que nous nous réveillions et disons que cela ne peut plus exister. Un tel homme, s'il fait bien son travail, mérite un salaire aussi élevé que son rédacteur en chef. La forte criminalité aux États-Unis est l'un des problèmes les plus effroyables qui se posent à nous et exigent une solution. Sa description, sa terrible signification, ses proportions menaçantes, ces choses ne sont pas encore traitées quotidiennement, comme elles devraient l'être, par aucun journal que je connais.

A tout cela, il y a ceux qui répondront : "Mais nos enfants lisent les journaux, nos mères, nos épouses et nos sœurs les lisent. Pourquoi augmenter la copie criminelle dans les journaux qui doivent entrer dans nos maisons ? Pourquoi ne pas supprimer autant que possible tout référence à ce qui est criminel et pécheur ? »

Ma réponse à ces questions est que le crime fait désormais tellement partie de notre caractère national qu'il est grand temps que nous ayons un thermomètre criminel nous indiquant honnêtement et équitablement notre fébrilité criminelle. Le journaliste de police considéré ici peut être comparé à l'infirmier de nos hôpitaux, qui place un thermomètre quelque part en nous ou autour de nous et tente de déterminer notre température physique. L'infirmier vient chez nous régulièrement, selon les ordres du médecin tout au long de la journée ; et la nuit, ou le lendemain matin, le médecin traitant reçoit un rapport précis de la façon dont notre pouls a battu pendant douze ou vingt-quatre heures, selon le cas.

Je rejette l'idée selon laquelle notre journaliste de police bien formé, connaissant les conditions de police et les services de police, devrait être capable de nous dire chaque soir et matin comment nous nous entendons en tant que criminels et citoyens de la république, avec notre bien-être à cœur.

Mais revenons à la poussée Griffou et à ces premières années de lutte avec les éditeurs et ainsi de suite. Peut-être que la plus belle sensation que j'ai éprouvée au cours de ces années a été celle de mes déplacements hebdomadaires à Park Row, généralement au bureau *de Sun* , où je remettais ma facture d'espace et collectais l'argent qui m'était dû. Je n'oublierai jamais à quel point j'étais fier un samedi, quand, avec dix-sept dollars d'argent spatial dans ma poche intérieure, je suis retourné à la neuvième rue, en passant par le Bowery - ou le Lane, comme préfère l'appeler "Chuck" Conners. Je me souviens d'être passé devant un musée à dix sous. Cette vieille fièvre d'enfant de voir les animaux et les roues tourner m'a envahi. Il est impossible de dire maintenant combien m'a coûté la visite de cette institution miraculeuse. Je me souviens cependant qu'en arrivant plus tard au repaire du Griffou, mes dix-sept dollars étaient dans un état étrangement délabré. Je n'en ai jamais revu plusieurs depuis cette expérience, mais en y repensant, je ne peux pas dire que je regrette leur perte. Pouvoir un samedi soir se réunir avec la poussée et raconter une histoire sur la façon dont vous aviez été « fini » dans la Lane ou ailleurs a suscité beaucoup de gaieté, et je pense que c'est une saine critique. En tant que débutants dans la grande ville, en retardataires luttant pour progresser, en hommes qui savaient que les années passaient trop vite – qui ne ressent pas cela, disons après trente ans ? – nous nous critiquions résolument les uns les autres, et étaient très enclins à dire à un membre présumé délinquant de notre entreprise ce que nous pensions qu'il devrait faire pour réussir. Mais après tout, nous étions des jeunes d'esprit et de tempérament, et nous étions bien plus enclins à rire lors de nos réunions qu'à nous morfondre ou à faire la fête.

Il ne me semble guère juste de mentionner ici les noms des autres membres de cette agrégation, même si je serais enclin à n'en dire que des choses amicales. Nos quatre premiers, ainsi que la poussée Griffou était constituée à mon avis, sont restés de fidèles amis, voire des garçons, jusqu'à ce jour. Plus tard, cette poussée s'est développée en un plus grand groupe d'hommes, et je suis désolé de dire que certains de ces nouveaux venus sont passés dans un autre monde.

Les hommes avec qui j'ai commencé, j'appellerai Hutch, Alfred et Morey. Morey possède désormais une automobile et, lorsque je lui en envoie une copie, il est en position de force pour refuser ladite copie. Hutch écrit des livres et nous écrit de temps en temps à quel point il est heureux que les jours de poussée ne soient plus et qu'il puisse se prélasser sous le soleil italien dans sa propre droiture. Alfred est devenu un philosophe littéraire et pense que commencer à New York, comme nous l'avons fait, semble mieux à distance.

CHAPITRE XXV

AVEC LES POUVOIRS QUI PROIENT

D'après mon expérience, et je suppose celle de la plupart des hommes, la réalisation d'un objectif s'accompagne toujours d'une touche de déception, de lassitude d'esprit, voire de dégoût, et celle-ci est proportionnelle à la quantité d'effort qui a été déployé. en avant pour atteindre. Ce n'est d'ailleurs là qu'une des sanctions que *Wanderlust* impose à ceux qui écoutent et obéissent à son appel impérieux. Je sais de quoi je parle, vous devez vous en souvenir. A maintes reprises, en atteignant le but fixé par mes instincts vagabonds, j'ai eu un *mauvais quatre d'heure* en essayant de surmonter cette réaction de pensée et de sentiment qui était sûre de s'installer et de durer pendant une période plus ou moins longue, selon ce qui se trouvait devant moi ou autour de moi. À de tels moments, faites ce que je voulais, des questions insistantes surgissaient : « Eh bien, et qu'avez-vous obtenu en échange de tout cela ? "Vos efforts vous ont-ils apporté une seule chose qui ait une réelle valeur pour vous ?" « Qu'en est-il du temps et des efforts que vous avez gaspillés pour sécuriser… quoi ? » "Et ensuite et pourquoi ?" « Comment tout cela va-t-il finir ? » – et bien d'autres suggestions troublantes du même genre. Bien sûr, l'envoûtement du « blues », comme je me plaisais à appeler ces élans de conscience ou de bon sens — je pense que les termes sont interchangeables — serait suivi par ma reprise de la route, littéralement ou autrement. Mais l'inquisition de moi - même était si certaine de m'attendre à la fin de l'aventure ou de l'exploit, que je redoutais souvent à moitié, plutôt que d'accueillir favorablement, la fin de ce dernier.

Ces choses sont dites parce que je me souviens que, durant tous mes pérégrinations, je n'ai jamais ressenti le «froid de l'accomplissement» avec autant de force que cet après-midi d'avril, lorsque le paquebot sur lequel j'étais rentré en Amérique quittait la quarantaine et commençait pour remonter lentement la baie. Autour et devant se trouvaient des paysages dont j'avais rêvé et désiré depuis de nombreuses lunes pour régaler à nouveau mes yeux. Les rives de Staten Island et de Bay Ridge, aux couleurs d'un vert tendre, glissaient devant nous ; Liberty leva une main de bienvenue, les entrepôts de Brooklyn, Governor's Island, la frange de mâts et d'entonnoirs du New Jersey, les remorqueurs pointilleux, les ferrys au nez émoussé et à l'allure commerciale, et Manhattan elle-même, avec sa rangée de gratte-ciel comme aux dents dentelées, mâchant l'air supérieur, étaient tous si familiers et avaient été si désirés ! Et pourtant, une soudaine apathie à leur égard et un mécontentement à leur égard et envers moi-même sont apparus qui semblaient devenir malades et paralysés. En fait, j'ai commencé à souhaiter ne pas avoir à descendre du bateau du tout, mais plutôt pouvoir rester sur lui jusqu'à ce qu'elle tourne à nouveau le nez vers les terres dans lesquelles, environ une semaine auparavant, j'avais été si profondément mécontent. Et pourquoi? Qui peut expliquer les ressorts cachés de la mentalité humaine ?

Vous auriez peine à le croire, si je vous disais qu'une attitude ou un état d'esprit similaire n'est en aucun cas rare dans le cas d'un escroc (communément appelé "pistolet") qui a terminé un long "morceau" ou terme. en prison. Naturellement, l'homme consacre la plupart de son temps à réfléchir et à planifier ce qu'il fera le jour où il serrera la main du gouverneur et prendra le train pour se rendre là où il se rendra. Mais la réaction s'installe à l'heure de la libération, et il y a un dégoût ou une aversion plus ou moins marqués pour les choses mêmes que l'ex-détenu attend avec impatience depuis des années peut-être. Parfois, l'homme a trouvé un moyen de « régler le problème » ou de vivre une vie honnête à l'avenir. Je regrette cependant de devoir dire que les « canons » qui, après avoir « fait leur place », restent sur la place par la suite, sont en effet peu nombreux. Habituellement, les pensées du criminel « à la traîne » sont orientées vers le perfectionnement des moyens et des méthodes permettant de « dérober un superbe butin et de s'enfuir » — en d'autres termes, de voler une somme d'argent considérable ou des objets de valeur sans être arrêté. Mais, comme le reste d'entre nous, le « pistolet » semble souffrir d'une fatigue cérébrale temporaire lorsqu'il entre en contact physique avec des choses et des affaires qui lui étaient auparavant connues mentalement. Ainsi, au lieu que ses plans soient mis à exécution, un article de journal comme celui-ci apparaît assez souvent :

> John Smith, sans adresse, a été arrêté hier soir à Broadway et Fortieth Street, accusé d'ivresse et de troubles à l'ordre public et d'avoir agressé un policier. Devant le tribunal ce matin, le policier Jones a déclaré que le prisonnier avait insulté et agacé un certain nombre de citoyens, avait renversé
> les vitrines extérieures d'un bureau de tabac et frappé Jones à plusieurs reprises avant de pouvoir être maîtrisé. Smith a été reconnu devant le tribunal sous le nom de « Conkey », autrement dit John Richardson, un escroc, qui a été libéré de la prison d'État quelques jours seulement après avoir purgé une peine de quatre ans pour cambriolage. Compte tenu de son dossier, il a été détenu en défaut de paiement d'une caution de 2 000 dollars pour être jugé lors de sessions extraordinaires.

Il est bon pour nous, qui prétendons appartenir aux classes respectables, que cet élagage de l'intention en présence de faits soit la règle plutôt que l'exception. Le public serait dans une situation délicate si les puissances en proie donnaient invariablement une expression pratique à leurs fantasmes nourris en prison ; car ces derniers, comme j'ai des raisons de le savoir, s'ils sont mis en service, manquent rarement d'accomplir leur but. Peut-être soixante-quinze pour cent. des « travaux » vraiment importants qui sont « réalisés » avec succès ont leur début dans le « sagitation » ou le pénitencier, ou dans la prison d'État, les détails étant réglés par la « foule » ou le gang avec lequel le « pistolet » déchargé, l'auteur de la "plante" est affilié. Comme l'escroc qui est condamné à une peine d'années l'obtient généralement sur la base de ses capacités professionnelles, et comme il n'y a que peu ou rien pendant son « passage » qui puisse interférer avec sa réflexion, il n'est pas étonnant que ses plans échouent rarement si ils atteignent toujours le stade du test réel.

D'après une photographie prise à Saint-Pétersbourg

Josiah Flynt, dans son "habit de route", alors qu'il marchait en Russie

En dehors du criminel, il se peut que nous-mêmes, ainsi que nos amis, ne soyons pas pires parce que nos pouvoirs d'exécution sont engourdis ou entravés pour une raison similaire. Quel monde insupportable ce serait, si chaque homme pouvait exprimer les modes et les fantaisies qui, pour reprendre l'expression du monde souterrain, "nous le mangeons" ! Et quel réajustement des affaires sociales, commerciales et personnelles serait nécessaire pour assurer le strict nécessaire à l'existence dans de telles circonstances !

Je passerai sur l'heure environ de tristesse et de doute qui était la mienne avant que notre bateau à vapeur ne s'amarre à son quai, et je dirai simplement que, dès que j'ai descendu la passerelle et touché ce qui, dans les circonstances, représentait la terre ferme, , ma dépression a disparu et j'étais à nouveau mon propre homme. Je me suis retrouvé à regarder la foule qui attendait avec curiosité, afin de voir si elle contenait des visages familiers, bienvenus ou inversement. J'ajouterai que, pour des raisons qu'il n'est pas nécessaire d'expliquer, je n'avais informé aucun de mes amis de mon intention de retourner aux États-Unis. Une rencontre avec des connaissances serait donc le fruit du hasard plutôt que d'un projet.

C'est avec un mélange de dépit, de colère et de regret, tempéré – si je dois l'avouer – par une touche d'amusement, que je réalisai que mon accueil à la maison se présentait sous la forme d'un large sourire de la part d'un escroc aussi intelligent que jamais. un truc à Wall Street à l'aide d'un ensemble de bureaux en acajou et… de la loi elle-même.

C'est une attente quelque peu naturelle, quoique, à bien y réfléchir, plutôt déraisonnable, qui nous pousse à considérer ceux que nous rencontrons pour la première fois en débarquant sur un rivage étranger ou sur notre rivage natal, comme des représentants du peuple de le pays en général. Mais après tout, si la population côtière de chaque pays est assez différente du reste des habitants, les premiers, en Europe du moins, présentent les caractéristiques nationales à un degré suffisant pour satisfaire le touriste moyen. Il va sans dire que de telles affectations sont, dans une certaine mesure, de nature distinctive et significative. Les costumes, les gestes, les manières et le langage de l'avant-garde portuaire me semblent toujours avoir un rapport dû chacun à chacun, et à ces autres choses que le voyageur rencontre plus à l'intérieur des terres.

Quelque chose comme ces pensées me vinrent alors que je rendais machinalement le sourire de l'homme qui se frayait un chemin à travers la foule, évitant la file de stewards et de bagages qui tourbillonnait sur les flancs du navire. C'était sans aucun doute une pensée idiote et antipatriotique, et elle était probablement due à divers facteurs, y compris ma familiarité avec le monde souterrain, mais il m'est venu à l'esprit avec force cynique et humour qu'il n'y avait quelque chose de pas tout à fait inapproprié dans ce fait. qu'un individu bien habillé, d'apparence aimable et apparemment prospère, aux mœurs retorses et aux méthodes tordues, soit si visible au seuil d'un pays, pour ainsi dire.

Maintenant, ne vous méprenez pas. Je ne souhaite pas insinuer par ce qui précède que nous sommes une nation de criminels, grands et petits, et que, par conséquent, nous étions, dans ce cas, correctement représentés sur le quai par mon ami souriant. Mais je crois sincèrement que le public américain ne se rend pas encore compte du danger qui découle du fait que les grandes masses s'habituent à la malhonnêteté actuelle et croissante des petites classes. Je dis "habitué", signifiant par là que le public accepte apparemment l'idée selon laquelle si un homme ou une entreprise vole à une échelle suffisamment importante, non seulement la loi est paralysée par les lumières juridiques qui sont prêtes à accepter des retenues d'honoraires des voleurs, mais De plus, on enseigne à nos jeunes à considérer ce vol comme équivalent au succès.

Mon observation m'a appris que le crime est comme l'eau : il jaillit du haut. Une nation est, plus ou moins, calquée sur ses hommes éminents. Si celles-ci, soumises à l'analyse morale, s'avèrent n'être que de simples « baisses » qui opèrent à grande échelle, tant pis pour la nation, car, même si l'exemple des hommes en question peut ne pas être suivi dans une certaine mesure par le multitude, c'est sûrement en nature. Je défierai quiconque de réfuter cette affirmation au moyen de données municipales ou historiques. D'un autre côté, je pourrais, s'il le fallait, montrer que, dans des cas répétés, les soi-disant *coups* d'État et les « deals » financiers, et tout le reste des vols légalisés en haut lieu, étaient suivis ou accompagnés d'une activité commerciale précipitée. les tribunaux d'instance ou les tribunaux pénaux.

Autrefois, « Chi » – comme Chicago est connue dans le monde souterrain – était le quartier général d'escrocs de tous grades et de tous types, y compris les auteurs de "Wheat Corners", etc. Mais New York est ou sera, à mon avis, le lieu de rassemblement de la plupart des manipulateurs du monde financier. Je hasarde la prophétie selon laquelle, lorsque le fait sera établi que la métropole est leur lieu de repos préféré, il y aura une activité correspondante de la part des « canons » locaux de toutes sortes, en herbe ou à part entière, du garçon de bureau, qui passe des timbres-poste au gopher-man à jour, qui nettoie un "peter" ou un coffre-fort à l'aide d'un laboratoire de poche et de perceuses électriques. [1]

Je ne pense pas que les besoins de cette histoire appellent le nom de l'homme au sourire. Jusqu'au moment de la rédaction de cet article, il est resté loin de la prison, et le Monde Supérieur le considère en conséquence comme une personne de bonne réputation - ce qui est la voie du Monde Supérieur, qui juge un homme sur la base des résultats plutôt que sur cette base. d'actions. Si lui et les autres membres de sa bande ne regardent pas le paysage de l'Hudson à travers des fenêtres grillagées, c'est, je crois, dû au fait qu'un de ses amis est un avocat astucieux et éminemment respectable qui, parce qu'il connaît son affaire aussi bien comme il le fait, peut faire en sorte que la loi serve les escrocs mêmes qu'elle est censée réprimer. On comprendra ainsi qu'il était et est toujours l'un de ces requins connus sous le nom d'avocats financiers, qui infestent les mers tumultueuses du quartier financier. Il est membre de l'Union League et d'une église de la Quatrième Avenue, et a été identifié avec plusieurs mouvements citoyens ayant à voir avec l'amélioration de certaines phases de l'administration municipale. Il est l'un des « flingues » les plus méchants qui ait jamais aidé à greffer des sous sur le bas de cheminée d'une veuve malade. Ce n'est pas une figure de style. Les entreprises que lui et sa bande lancent au public sont spécialement conçues pour faire appel aux espoirs et aux craintes de ceux dont la connaissance des affaires financières et des moyens personnels est également limitée. Parmi les victimes figurent invariablement un bon pourcentage de femmes qui, sans conseillers, sont impatientes d'investir leurs maigres économies et ayant l'idée que Wall Street est, d'une manière ou d'une autre, un endroit pour gagner de l'argent, donnent les poings et sont prêtes à avaler. les fils mensongers qui constituent la base des imprimés des sociétés ou "pools" en question.

Toute greffe est évidemment mauvaise du point de vue du Monde Supérieur, même si le Monde Enfer pense le contraire. Mais je crois honnêtement que les vrais "dip", "moll-buzzer", "peter-man", "prop-getter", "thimble-toucher", "queer-shover", "slough-worker", "second- l'homme d'histoire", ou toute autre forme de "fusil", regarde les "joueurs de cornemuse", comme l'étaient mon escroc de la jetée et ses associés, à peu près de la même manière qu'un voleur de banque regarde un paillasson de l'East Side. voleur.

La dernière fois que j'ai entendu parler de cet homme, et cela tout récemment, c'était que lui et ses copains fondaient une entreprise qui aurait proposé de fabriquer et de vendre une peinture « qui entrait dans la substance du matériau sur lequel elle était utilisée, donc en est devenu partie intégrante et, par conséquent, était pratiquement indestructible. » Je cite le tract préliminaire envoyé aux « suceurs » qui mordaient à l'appât scintillant des annonces dans les journaux du groupe.

Le public serait probablement timide (nous l'appellerons John Robins, ce qui se rapproche de son nom commercial) s'il savait qu'il a « purgé une peine » dans le Colorado pour cambriolage et qu'il a été chassé d'au moins un autre

État occidental pour séparation. les gens de leur argent d'une manière non reconnue par les lois de la ville ou des camps miniers. La fraternité des « armes » – au moins une grande partie d'entre elles – connaît les faits dans son cas, mais il ne s'agit pas de mettre « les gentils à côté de la corruption », ou, en d'autres termes, de raconter des histoires. en dehors de l'école.

La police et l'agence de détectives Pinkerton sont « sages » ; mais dans ces cas encore, il n'y a aucune raison officielle d'agir contre Robins et sa foule, tandis que, d'un autre côté, il peut y avoir, et il y a probablement, de très bonnes raisons pour le laisser tranquille. J'imagine que mes lecteurs comprendront ce que je veux dire.

Il y avait une sorte de double fin dans ma connaissance et ma connaissance de cet homme. Tous deux commencèrent par des plaintes envoyées à un journal métropolitain par un « meunier » dont les mâchoires s'étaient emmêlées et piquées par le crochet caché dans l'ouvrage littéraire de Robins, qui, dans ce cas, avait à voir avec un territoire. accord. Pour ce qu'il pensait être des raisons suffisantes, le rédacteur en chef du journal m'a chargé d'enquêter.

Cette même nuit, et par simple chance, je me suis heurté à un ancien escroc des pentes, nommé "Split" Kelly, que j'avais autrefois assez bien connu. Je lui ai demandé s'il pouvait me donner des informations sur Robins, puis il m'a dit celles sur le promoteur que j'avais mentionnées et que j'ai d'ailleurs confirmées plus tard par l'intermédiaire d'autres informateurs.

"Il y a combien de temps que tout cela s'est produit ?" J'ai demandé.

"Quinze ou vingt ans, peut-être", répondit "Split". "Thin 'Th' Tooth' - nous l'avons appelé ainsi parce que ses dents devant lui manquaient, ou parce qu'elles gênaient le poing d'un plat [policier] - donnez-moi ça il allait le mettre au carré. C'était à Frisco, je vous le dis. Et le carré a pris la forme d'un porte-parole tournant [informateur de la police]. Big Bill Murray, je pense, était l'un des premiers à être transporté devant le Front Office [quartier général de la police] et à faire un travail un peu musclé. De même, il y avait « Sweet » Schneider, un. un plongeon intelligent à ça, et Jimmy Cole - il était étiré sur quatre places - et 'Cat' Walters - et '-will, une douzaine ou plus de garçons uv purs et décints, les noms un tous uv que je retire.

"Mais qu'en est-il du pourcentage ?" J'ai demandé, en parlant de l'argent versé à la police par les escrocs en échange de « protection ».

"À cette époque", expliqua "Split", "il y avait une sorte de confusion au sein du Front Office ; certains des pirates étaient retenus par eux comme ils l'avaient manipulé, car ils venaient tout droit de Les armes. Vous comprendrez, Cig., par quel côté le boeuf venait. Et quand ce Tooth uv yourn a commencé sa dénonciation, les gars du Front Office ont prétendu qu'ils avaient fait de la saleté, dit-il. , 'Si nous ne participons pas au jeu comme nous devrions l'être, eh bien, aucun jeu ne se déroule.' Et ils commencent à nous le raconter, comme je l'ai dit. C'était la vieille histoire, Cig., la vieille histoire, quand il y a des problèmes au Front Office, on s'en occupe.

"Et alors, Split," dis-je, "tu as aussi eu ta part grâce à Tooth ?" J'avais détecté le ton d'aversion personnelle à l'égard de « Tooth » dans le discours du vieil homme et j'en avais deviné la raison.

"Vous avez raison, moi, poulette, mais comment vous l'avez deviné, le diable le sait, semble-t-il, j'ai dit n'importe quoi. Et pourquoi cette gueule m'a mis cette accusation, je ne sais pas. Trois jours avant On m'a sauté dans la boîte à sueur, je l'ai attaché à un endroit en fer blanc, car je l'avais touché pour un gros cuir. Et "Split" se renfrogna sombrement.

"Et que s'est-il passé ensuite ?"

"Split" a tenu une allumette imaginaire entre son pouce et son index, a soufflé deux fois et a secoué la tête. Grâce à quoi je savais que les armes qui avaient été tirées, ou la foule à laquelle elles étaient associées, avaient tenté à deux reprises de tuer Robins ou d'« éteindre sa lumière », et n'y avaient pas réussi.

"Et puis?"

« Mince, » répondit facilement le vétéran, « mon brave gars a inventé qu'il y avait trop de plomb libre flottant dans l' oir dans ces régions, et ensuite vient la nouvelle qu'il avait été pincé pour avoir escroqué un tas de Les touristes de l'Est à Manitou. Mais son argent d'automne [les fonds pour de telles urgences !] a graissé les coudes [a soudoyé les détectives] et il a réussi à s'enfuir, très bien, et le reste, vous savez. à ce moment-là, je ne l'ai pas vu ou entendu jusqu'à un jour sombre, trois ans depuis. Thin Clivir Saunders, un ancien pistolet de Frisco, me dit que Tooth était gaffin [résidant] tout en haut de la 86ème rue, Wist. , contre Park. J'ai douté, mais Clivir avait raison, car j'ai bloqué le berceau, et bien sûr, mon ex-ami sort et saute à bord de son gros buggy à essence et s'en va comme un tas de choses faciles. Oh, ouais, dis- je, je fais quelque chose. Et je préviens Clivir, et le lendemain, quand la morsure de Tooth... c'est quoi ce nom de Frinch, de toute façon, Cig. — quand l' homme aux lunettes la fait tourner, un husky ? auto dans lequel j'étais moi et Clivir, glisse dans le morceau uv Tooth et nivir perd soight uv lui, nous le marquons dans le coin de ces joints de bureau Hivin-frapper sur Lower Broadway.

"Mais j'avais très peur de suivre en dessous de la Loine [la marge du quartier financier de New York, au-delà de laquelle on suppose qu'aucun escroc ne peut s'aventurer en raison de la loi non écrite de la police]. Et je sais donc, à Clivir.

« Si c'est sans danger pour lui, dit-il, c'est sûr pour nous, ce qui était faux, étant donné qu'à ce moment-là, j'avais le soupçon d'être frappé par un porte-parole à propos d'une bagatelle. d'un livre appartenant au jumeau cousin, plus ou moins, de quelqu'un du Front Office. Et c'est mal, comme vous le savez, Cig., de s'opposer à la direction du Front Office, ou de troquer son jumeau cousin. fourrure, si vous le faites, les doigts [policiers] vous saisiront par des crinières claires ou par des crinières grossières s'ils le peuvent.

"Quoi qu'il en soit, nous plantons ami Tooth dans son repaire, et le lendemain, nous lui rendons visite, vêtus de nos tenues d'automne [de bons vêtements portés au tribunal lors du procès] et avec l'intention d'emprunter une bagatelle de fourrure. pour l'amour du bon vieux temps. Ses plumes ont un joint bien gonflé, avec beaucoup de dames astucieuses qui frappent des machines à écrire, et beaucoup de tapis, et du laiton, et du bois brillant, et d'autres choses que nous connu a été aperçu pour attraper des drageons.

"Eh bien, moi et Clivir avons dit que nous voulions parler à Tooth d'un investissement privé et confidentiel - c'était le mot de Clivir - mais en gros, nous ne l'appelions pas Tooth, mais "Misther Robins". Et un garçon impeccable avec un tas de boutons dorés sur sa deuxième histoire, nous escorte dans le bureau intérieur de Tooth lui-même et un joint intelligent là - dessus, c'était à ce moment-là.

« Tooth nous a reconnu au moins comme je le vois, et je vois aussi ses doigts se diriger vers une boîte en fer blanc noire sur le disque à sa droite.

"'Vous pouvez garder votre chien, mon vieux,' dit Clivir, comme si, 'nous allons agir comme les gints que nous ressemblons. Des armes à feu, les trois nous uv peut-être', dit-il, 'mais ils le feront. seulement, soyez trois et plus en exposition dans votre restaurant de palashul, à moins que vous n'insistiez pour une confrontation, ce qui est peu probable ! Clivir avait une belle disposition de Langwidge, donc il l'avait.

« Will », dit Tooth en nous regardant avec l'expression d'un flic volant qui s'est fait prendre un ris en cuir, « qu'est - ce que vous voulez, tous les deux ? »

« Moi, mon ami », dit poliment Clivir en me montrant du doigt, « ai perdu le sens du toucher pendant la période où il a passé dans la célèbre ville de Wistrin, savourant la nourriture et le riz. De même, à cause de votre propre volonté, Tooth. Etant donné qu'il se trouve dans des circonstances déplorables depuis, il est sûr de venir vous demander de réparer ses crinières en les transformant en un tablier malhonnête .

"La dent nivir a tourné un cheveu, mais j'étais gêné quand j'ai vu le sourire de lui. Il a rapproché sa chaise du téléphone et puis il a dit d'une voix qui n'était pas si calme :

"'Écoutez, vous les agresseurs d'armes. Vous pensez que vous pourriez vous en prendre à moi et vous voulez donc toucher pendant quelques siècles [billets de 100 $], et après cela, quelques autres fourrures, et après cela encore encore. Laissons dites-moi que non seulement vous n'aurez pas de rouge à dire sur moi, mais que si je vois les tasses sur vous à moins d'un demi-acre de ce joint à nouveau, j'en informerai le Front Office et " Mettez-vous à votre place. Oh, c'est assez facile pour moi de le faire, c'est donc le cas du Big Man, ou du payple du centre-ville, en disant que deux gros escrocs essayaient de me faire chanter - moi, le président d'un grand et répétitif corporashun, pour ne rien dire de ma situation personnelle et personnelle - et où seriez-vous à moitié contre nous dans un jeu comme je cours, kape goin', si ? Mulberry Street et le Big Man, n'ont-ils pas empêché les gens comme vous de les déranger, nous qui avons été un peu mêlés à la corruption armée dans le passé, pour vous empêcher de prendre des risques de ce côté-ci ? " Loine dans le futur, je vous le dis franchement, nous serons tellement pris en charge par celui qui peut le faire - et *faites -le* , remarquez - que toucher ce bouton ou toucher ce bouton le ferait une crinière de deux flics volants costauds, qui vous secoueraient la carapace, avant que vous ayez le cadrage, qui vous rendraient malades à UV York pour le reste de vos jours. Et maintenant, connard, cette paire de yez.

"Et, Cig., nous nous sentons comme un sournois qui découvre qu'il a piqué un pot de cornichons moisis.

"'Je pensais que je connaissais tout le jeu de la greffe', dit Clivir, quand nous eûmes compris le joint, 'en théorie, en tout cas', dit-il, 'mais, Split, crois-moi, les seules personnes qui sont vraiment au courant, et qui connaissent sa taille, et sa forme, et qui l'étendent, et où il commence et comment il se trouve, et ce qu'il y a *dedans c'est* le Front Office et les gars derrière ça.

"Quels mots étaient vrais, Cig. - ils étaient sûrs."

Le lendemain, j'ai rendu visite à Robins avec la lettre de la victime présumée de l'entreprise de vente de terrains, lui demandant ce qu'il avait à dire à ce sujet.

Il ouvrit un bureau, sortit une boîte de cigares, me les passa et, me regardant droit dans les yeux, me dit en souriant : « Et quelle sorte de réponse veux-tu, d'ailleurs ?

Sur ce, j'ai senti et vu que j'étais confronté à un homme de confiance calme et intelligent qui avait choisi de « travailler » dans le quartier de Wall Street plutôt que dans les environnements habituels.

Maintenant, vous le savez peut-être ou non, mais l'homme de confiance et de haut niveau cultive le contrôle et l'expression de ses traits avec autant de soin que le professionnel de la beauté, car son apparence est l'un de ses atouts les plus précieux. Car la première étape pour "faire un tour", que ce soit dans un hôtel de Broadway ou dans un immeuble de bureaux du centre-ville, consiste pour l'opérateur à gagner la confiance de sa victime en l'impressionnant par sa franchise et sa franchise, comme celle du premier. l'honnêteté à travers son regard fixe, son sourire joyeux et la sincérité de son expression en général. Mais les gens « sages » ne se laissent pas duper par ces choses-là. En dehors de tout le reste, ceux qui ont eu beaucoup à voir avec des criminels – qu'ils soient agressés ou non – vous diront qu'il existe une chose telle que « l'œil escroc », qui trahit invariablement son propriétaire. C'est, comme j'ai entendu un jour un détective intelligent le dire, « un œil derrière l'œil » – quelque chose de sinistre qui ressort du regard fade et enfantin que le « escroc » tourne sur sa future mouette.

Les yeux de Robins étaient grands, bleus et clairs, et leur expression était presque infantile. Néanmoins, alors qu'il me faisait face en souriant, j'ai vu « l'œil de l'escroc » me jauger, et j'ai su que l'histoire du vieux « Split » était plus ou moins vraie. Et, sous l'impulsion du moment, j'ai commencé à « le lui jeter » dans le « crépitement » du monde souterrain.

Les yeux de Robins se plissèrent un instant, mais c'était tout. Sa maîtrise de son visage était tout simplement charmante. Et moi, en tant que *connaisseur* des choses liées au gun-dom, je ne pouvais que m'asseoir et admirer. Puis il sourit, un sourire pas aussi gentil que ceux qu'il m'avait fait. M. Robins s'est rendu compte que le besoin d'un effort professionnel était passé.

"Eh bien," dit-il après une pause méditative, "regardez que vous êtes *allumé*, ou pensez que vous l'êtes. Et maintenant, quoi ?" Le rire avec lequel il termina la phrase était si incontestablement réel que je me méfiai immédiatement.

"Je suppose que vous en savez assez sur les journalistes", dis-je, plutôt boiteusement, "pour comprendre que je suis ici pour vous demander si les plaintes contenues dans cette lettre sont fondées sur des faits ou non."

"C'est un fait dans un sens", répondit-il gaiement, "mais cela ne servira à rien à ce couineur, car nous sommes protégés sur ce point, comme je vais vous le montrer."

Il exhiba l'un des accords en vigueur entre son entreprise et ses patrons - ou « suceurs » - et y désigna un « farceur » qui, légalement, mais certainement pas moralement, rendait invalide l'accusation d'escroquerie de la part de l'entreprise. écrivain de lettres.

"Vous devez avoir un avocat très intelligent derrière vous", ne pouvais-je m'empêcher de dire.

"Oui", répondit Robins avec complaisance, "il connaît son métier et il est l'un des nôtres. Nous devons être préparés à des coups de pied de ce genre, parce que notre entreprise les engendre. Ils viennent tout le temps vers nous."

Il parlait avec une franchise cynique.

"Je vais utiliser votre remarque dans mon histoire", dis-je.

"Regarde ici, Cull," rétorqua-t-il, tombant dans la langue vernaculaire du Monde Enfer et faisant brusquement rouler sa chaise pour me faire face directement, "Je ne sais pas qui tu es en dehors de ta carte; mais, comme je l'ai dit avant, tu es *sur*, semble-t-il, et je ne veux pas traiter un bon gars comme toi sur la croix. Cela ne sert à rien que tu me fasses perdre mon temps ou que je te fasse perdre le tien en plaisantant. *Mais tu ne peux pas avoir de réplique. dans votre journal, ça va me rendre bizarre.* Vous voyez ? Et dans aucun autre journal de ce petit bourg. Vous comprenez, je suppose que vous savez tout sur le terrain, mais il y a certains aspects du secteur de la presse dont vous n'êtes pas proche. Pourtant, celui-ci en est un. Vous pouvez tout aussi bien arrêter ici en ce qui me concerne, car il n'y a pas une seule ligne de rôti que vous poussez autour de moi.

"Et *cela* aussi entre dans mon histoire", répondis-je plutôt chaleureusement.

Il sourit avec indulgence, bâilla et se leva. "Viens déjeuner avec moi un jour", dit-il. "Tu as l'air d'un garçon vif, et je pourrais te lancer quelque chose."

"J'ai des trucs pour une première page", ai-je signalé au rédacteur en chef de la ville une demi-heure plus tard.

"Je... ah... je ne pense pas que nous en ayons besoin", répondit le petit homme aux yeux fatigués à qui je m'adressais. "Vous pouvez faire une facture pour votre temps, mais... vous n'avez pas besoin de l'écrire. Ordres du vieil homme."

Je savais que le côté publicitaire du journal avait une fois de plus remué la queue éditoriale et qu'une fois de plus, il avait été décidé qu'il valait mieux protéger un voyou plutôt que de perdre sa « pub » d'une demi-page. dans l'édition du dimanche, sans parler de ses quarts de page pendant le reste de la semaine !

Robins savait de quoi il parlait lorsqu'il m'a assuré qu'il n'y avait « rien à faire » à son égard. Lorsque j'ai quitté son bureau, il a simplement téléphoné à son publicitaire pour lui expliquer la situation. Ce dernier, à son tour, a téléphoné au service commercial du journal, et voilà.

Curieusement, Robins semblait s'intéresser à moi pour une raison ou une autre. À plusieurs reprises, il m'a fait une offre alléchante pour entrer dans son emploi de publicitaire ou d'attaché de presse. Mais je ne pouvais pas ravaler mes préjugés contre ses « plantes » en premier lieu, et j'avais en main d'autres affaires suffisamment lucratives en second lieu. Pourtant, nous nous sommes croisés de temps en temps, et il ne manquait jamais de me réjouir de mon échec à le présenter.

Pour revenir à notre rencontre sur le quai ; après un salut apparemment chaleureux de sa part, il m'a demandé si j'avais vu « Peck » Chalmers à bord. Il m'expliqua que Chalmers devait rentrer en Amérique sur le bateau à vapeur sur lequel j'avais traversé, mais apparemment il ne l'avait pas fait.

"Bien sûr", a déclaré Robins, "Peck aurait été placé sous un monacher [alias], donc je n'étais pas sûr s'il figurait sur la liste des passagers ou non."

Je connaissais le type dont il parlait, un homme âgé, calme, bien élevé et rasé de près, d'une quarantaine d'années, qui ressemblait à un ministre en mufti, mais qui, en réalité, était un joueur habile et un "arnaqueur". ; une des professions de Robins.

Robins a poursuivi en expliquant que Peck était parti à l'étranger pour voir si le jeu des « écoutes téléphoniques » ou son équivalent pouvait être exploité en Grande-Bretagne.

« Il s'est ruiné – qu'en pensez-vous ? – grâce à un flic volant du nord de l'État, avec des chenilles dans les moustaches et des graines de gazon dans les cheveux. Pensez-y : Peck, l'un des meilleurs hommes du pays. affaire, démantelée par un bourdon, fraîchement sortie du cornouiller ! Cela s'est passé ainsi : le flic de l'État [détective d'État] avait l'air d'être venu voir ce qui se passait à la mairie de Yard, mais c'était vraiment un garçon vif. qui l'avait mélangé avec beaucoup de bonnes personnes, comme nous l'avons découvert plus tard. Eh bien, la bande de Peck l'a récupéré aussi facilement, et il les a emmenés jusqu'à ce qu'ils détestent presque ramener chez eux les trois mille pour les montrer. combien il était sérieux, il a laissé Peck lui-même poster la lettre à la Caisse d'épargne de Geehaw Corners, ordonnant au caissier d' envoyer le oof directement à Peck, pour qu'il soit placé sur un cheval vers lequel l'innocent devait être prévenu, le jour même. après-demain.

"Alors ce jour-là, le geai a été autorisé à gagner cent cinquante et a passé un moment joyeux avec la foule. Vers minuit, Peck et toute la bande ont été pincés, et pensez à ce qu'ils ont ressenti lorsque le flic de campagne a rejeté son manteau et a montré un insigne de détective d'État ! Cela a coûté à la foule jusqu'aux boutons de sa chemise pour se sortir du pétrin.

« Comment se passe le jeu de fil à New York ? » J'ai demandé.

"Jamais mieux, mon pote!" fut la réponse instantanée. "Tout se passe bien au Front Office, et les drageons sont si nombreux que nous ne pouvons pas nous en occuper."

"Nous?" J'ai dit.

Robins rit. "Je ne dis rien. Je suis un homme d'affaires respectable, avec des bureaux. Voici ma carte."

Sur ce, nous nous sommes séparés.

Vous pouvez trouver une morale dans tout cela – et vous y êtes les bienvenus.

CHAPITRE XXVI

Honneur parmi les voleurs soi-disant

Je me suis souvent demandé d'où venait et pourquoi cette étrangeté – comment l'appellerais-je, satisfaction, fierté ? – que je pense que bon nombre d'entre nous ressentent en hochant la tête ou en discutant avec des personnages notoires. N'oubliez pas que je parle maintenant en tant que Josiah Flynt, le citoyen respectable, et non en tant que Josiah Flynt, l'homme des Enfers.

Ma capacité « de voir et d'admirer », comme le dit M. Kipling, était assez active dans les jours les plus déprimants de mon passé tacheté. Le « voir et admirer » est le privilège du spectateur qui, parce qu'il est tel, peut être proche de la foule et non de celle-ci. Ainsi, dans un sens, je me tenais à l'écart, ma curiosité insatiable m'incitant souvent simplement à observer où j'aurais pu autrement participer librement. Cette curiosité était l'une de mes rares grâces salvatrices, même si ce n'est que récemment que j'en ai pris conscience.

Mais cette habitude d'observation – puis-je la qualifier de philosophique ? – et la création de nombreuses amitiés fortuites et peu recommandables, est ou était une chose totalement distincte de l'enthousiasme orgueilleux avec lequel John Brown, père, contribuable et locataire de bancs, se tourne vers à James Jones, idem, idem et idem, et dit :

"Remarquez ce type qui m'a fait un signe de tête ? C'est 'Corky Bunch', qui s'est battu et a failli tuer Jimmy Upcut dans le Colorado l'année dernière. Il loue son appartement chez nous."

Ou il se peut que James Jones dise quelque chose comme ceci :

"C'est 'Billy the Biff' qui vient de me dire 'bonjour'. Vous savez, le chef du gang Redfire. On dit qu'il a tué neuf hommes. Mais ils ne peuvent pas l'envoyer sur la chaise parce qu'il fait tout le travail des voyous. C'est l'heure des élections pour Barney O'Brill, le "chef du dix-neuvième quartier". Il n'est pas si mauvais, n'est-ce pas ? Il achète ses chemises dans notre magasin. Et Jones, qui est un citoyen aussi respectueux des lois que jamais, tourne vers son ami un visage rose de satisfaction.

Encore une fois, peu de temps après mon dernier retour à New York, j'ai fait la connaissance d'un gentil vieux monsieur qui est l'associé principal d'une entreprise de vente en gros de papeterie, père d'une belle famille, diacre d'une église de Harlem, membre d'un comité de citoyens. , et bien plus encore de ce genre de choses. De même, et pour certaines raisons qui ne sont pas assez importantes à expliquer, je lui ai été présenté sous un autre nom que le mien. Il s'était rendu une ou deux fois dans le quartier chinois de New York en compagnie d'un guide professionnel qui, sachant ce qu'on attendait de lui, avait raconté à son client des histoires étonnantes sur le quartier et ses habitants. Le guide avait en outre présenté à sa charge les faux joints à opium, les jeux de fan-tan et les prétendus clubs de highbinder, qui sont à leur tour organisés pour l'accueil et le regroupement des visiteurs. C'est pourquoi le vieil homme se sentait tout à fait capable de jouer lui-même le rôle de leader la prochaine fois qu'un groupe de cousins de campagne viendrait en ville, et j'ai été invité à me joindre à la fête.

"N'hésitez pas à venir", gargouilla joyeusement l'ancien. "Quand vous êtes avec quelqu'un qui connaît Chinatown aussi bien que moi, il n'y a pas le moindre danger, croyez-moi. Seuls les étrangers à l'endroit sont susceptibles d'avoir des ennuis."

Et ça pour moi !

Cependant, j'y suis allé, et la grande joie avec laquelle il m'a montré, comme des hommes de main et des joueurs et des gardiens de loterie et des propriétaires de copropriétés d'opium et des membres de diverses pinces et de telle société et telle corporation, des Chinois inoffensifs, qui étaient en réalité des commerçants. ou des blanchisseurs qui étaient descendus dans les rues Pell ou Mott pour passer une nuit libre, c'était un spectacle à voir. Cela témoignait de l'imagination industrieuse du guide professionnel, et quand tout fut terminé, et que nous étions de nouveau en route vers le centre-ville, il remarqua avec un sourire radieux qu'à moins que les gens ne se mélangent à toutes sortes et conditions de gens, ils - les gens - risquaient de se retrouver. très étroit. En d'autres termes, on ne pouvait compléter sa vie qu'en côtoyant des personnes peu recommandables.

J'ai déjà proposé, ou plutôt suggéré, une explication de ce phénomène social, et maintenant une autre me vient à l'esprit. N'avez-vous pas, étant jeune, mis vos orteils sous les couvertures un matin d'hiver dans le but exprès d'accentuer le confort du lit lorsque vous les retiriez ? Je suppose que oui. Ainsi, je pense que les gens respectables aiment souligner leur respectabilité en la mettant en contact étroit, quoique temporaire, avec son antithèse. Il en résulte une joie frémissante, dont une grande partie découle de la conviction que nous ne sommes pas comme les autres hommes.

Quelque chose comme celui que je viens de décrire m'est venu à l'esprit le deuxième jour de mon retour à New York, alors que je roulais en ville dans une voiture de la Sixième Avenue. C'était lundi matin et les trois quarts des passagers étaient des femmes en quête de bonnes affaires, à en juger par leur conversation. Sur la plate-forme arrière se trouvaient deux "moll-buzzers", ou pickpockets, qui ont pour spécialité de voler le beau sexe, et assise près de la porte d'entrée se trouvait une femme élégante, "soignée", réservée, que j'ai immédiatement reconnue comme "Angeles Sal", ou Sarah Danby, l'une des femmes les plus intelligentes à avoir jamais volé un sac à main. J'ai ressenti le frémissement du sentiment dont je viens de parler. J'ai ressenti une agréable lueur de supériorité dans la mesure où moi, seul, parmi tous les passagers de la voiture, connaissais si bien les affaires du monde souterrain que je savais que certains des habitants de la voiture étaient à bord. J'attendais les choses dont j'étais sûr qu'elles allaient bientôt se produire.

Ils sont arrivés un peu plus vite que je ne l'avais imaginé.

À Herald Square, la voiture s'est arrêtée pour laisser descendre une demi-douzaine de femmes. Outre les « moll-buzzers », il y avait deux ou trois autres hommes sur la plate-forme arrière, qui était donc un peu encombrée. C'était précisément ce que souhaitaient les pickpockets. A peine la dernière femme était-elle sortie dans la rue que l'une d'elles poussa un grand cri.

Elle s'est retournée, a saisi la main courante de la voiture qui à ce moment-là avait commencé à bouger et a crié : « On m'a volé ! courut avec sans desserrer son emprise. Naturellement, tous les passagers restants se sont levés d'un bond et j'ai vu "Angeles Sal" se presser dans un groupe regroupé aux fenêtres.

Les événements se succédèrent avec une célérité surprenante. La voiture s'arrêta brusquement, l'un des "moll-buzzers" - le "décrochage", soit dit en passant - ouvrit la porte du quai le plus proche, sauta sur la chaussée et disparut aussi complètement que si la terre l'avait englouti. L'autre a semblé disparaître dans les airs et simultanément un policier est apparu devant les portes avant et arrière.

Instinctivement, mes yeux cherchèrent Sal. Elle était en train de sortir du milieu des autres et, d'un seul mouvement rapide, elle se plaça devant moi. Puis elle émit avec ses lèvres un son à peine audible, quelque chose comme le fantôme d'un baiser, et tandis que sa main droite passait à gauche, apparemment dans le but d'ouvrir un sac à main qui pendait à son poignet gauche, je sentis quelque chose. tomber dans les plis d'un journal que je portais debout entre mes mains, ses bords inférieurs reposant sur mon genou. La femme m'avait reconnu comme venant du monde souterrain, m'avait lancé l'appel du voleur à l'aide et à la prudence, et m'avait placé son « butin » sans autre pourparlers. En effet, il n'y avait pas de temps pour parler, seulement du temps pour agir. L'instant d'après, la petite femme excitée qui avait été « touchée » a fait irruption dans la voiture, accompagnée d'un troisième policier.

"Maintenant, madame", dit brusquement le détective, "y a-t-il quelqu'un ici qui, selon vous, a volé votre sac à main ? Si oui, repérez cette personne et nous irons au commissariat." La femme hésita, regardant tour à tour.

"C'est infâme", dit Sal d'un ton de colère bien élevé envers une dame qui se tenait à ses côtés. "Il semble que nous soyons tous pratiquement accusés de vol." Et elle se dirigea vers la porte d'entrée.

"Vous m'excuserez, madame", a déclaré l'officier de garde, "mais vous vous arrêterez s'il vous plaît dans la voiture jusqu'à ce que ce groupe lui dise son mot."

Sal rougit d'indignation et se redressa avec une magnifique hauteur. Puis elle sortit son porte-cartes.

"Si vous ne me connaissez pas, mon brave homme," remarqua-t-elle doucement, "je suppose que vous avez entendu parler de mon mari ?" Et elle lui tendit un carton.

Le détective s'est simplement évanoui en jetant un coup d'œil à la carte.

"Je vous demande pardon, madame", dit-il. "Il ne s'agit pas d'une offense ; c'est votre devoir, vous savez, madame." Et, marmonnant d'autres excuses, il l'aida à descendre de la voiture et lui fit un chemin à travers la foule qui s'était rassemblée.

Plus tard, j'ai appris que Sal avait « évalué » le détective comme étant inconnu d'elle. Elle a eu l'audace de faire apparaître – sur ses cartes – qu'elle était l'épouse d'un certain magistrat jouissant d'une réputation internationale.

Il faut ajouter que les cartes lui ont été d'une grande utilité à plusieurs reprises. Mais lorsque la lumière brillante du banc commença à recevoir des notes polies des grands magasins dans lesquelles il lui était demandé de bien vouloir demander à sa femme d'être un peu plus discrète dans ses méthodes « d'obtenir des marchandises coûteuses », dans la mesure où certains de nos assistants dont Mme... n'est pas connue, peut lui causer des désagréments", commença-t-il à enquêter. Ces communications signifiaient qu'elle avait été surprise en train de voler à l'étalage et qu'elle n'avait pu s'en sortir que grâce à ses manières *de grande dame* et ses cartes de visite.

Pendant ce temps, j'étais assis avec le butin de Sal « tripoté » ou caché dans mon journal et j'attendais un cri de la personne « touchée » à chaque instant.

Le cri ne s'est cependant pas fait entendre. La petite femme excitée n'identifia pas non plus son spoliateur. Alors la police est partie et la voiture est partie. Je profitai de bonne heure pour débarquer et, dans un endroit convenable, j'examinai ce que contenait le journal, je ne parle pas des nouvelles.

Le greffon de Sal s'est avéré être un petit sac à main en or ou doré, qui contenait quelques billets et quelques bagues de valeur, qui étaient manifestement en route vers un bijoutier pour réparation. L'une d'elles était une bague en grappe de diamants et de rubis dont l'anneau avait été brisé. L'autre avait deux grosses pierres blanches, serties à la mode gitane : c'était une bague d'homme, ou plutôt les pierres étaient ainsi serties. Mais l'un des diamants, détaché, avait été enlevé et recousu dans un morceau de mousseline qui, à son tour, était fixé à l'anneau lui-même. Le sac appartenait visiblement à une femme.

Or, on aurait pu penser qu'au moment où le cri de « voleur » s'était élevé, la propriétaire des bagues se serait assurée que les objets de valeur allaient bien, et le resteraient. Cette pensée, du même coup, vous marquerait comme un habitant du monde supérieur plutôt que du monde inférieur.

Angeles Sal n'était pas seulement une experte de ses mains, mais aussi une étudiante de la nature humaine. D'ailleurs la plupart des « armes » sont celles dont la greffe sort quelque peu de l'ordinaire. Ainsi, lorsque le « cri » a été émis, elle a gardé un œil attentif sur les passagères et a vu la plupart d'entre elles frapper avec leurs mains la partie de leur personne où étaient cachés leurs objets de valeur. L'action était involontaire, comme c'est toujours le cas dans de tels cas. Cela disait à Sal tout ce qu'elle voulait savoir.

Elle a choisi de « toucher » une femme qui portait un sac à main en daim dont les attaches étaient de l'ordre d'une haltère. Cette femme avait, au moment où le tollé s'était élevé, touché spasmodiquement la partie inférieure du sac, l'avait tâté un instant et, satisfaite, avait tourné son attention vers la foule dehors. C'était le signal de Sal, et ce fut une affaire facile pour elle d'ouvrir le sac, d'en extraire le sac et de refermer le premier. Sa connaissance de la nature des gens ordinaires lui avait appris que si l'idée que les bagues étaient sûres était une fois ancrée dans l'esprit de leur propriétaire, ces dernières seraient, par conséquent, plus sûres à « toucher » qu'elle ne le serait dans des circonstances ordinaires.

Cela me rappelle qu'un grand nombre des « évasions » réussies des Powers that Prey sont dues à une compréhension du fonctionnement de la mentalité humaine plutôt qu'à des doigts agiles ou à des kits d'outils élaborés. Si vous savez ce que l'autre va faire ensuite, il est à vous, ou plutôt ses affaires sont à vous. C'est un aphorisme qui est toujours de mise dans le monde souterrain. C'est ainsi que les « canons » étudient toujours l'art de la prévision. En conséquence, la plupart des « usines » sont si bien organisées que, pour la plupart, lorsqu'elles échouent, c'est à cause de l'intervention d'imprévus plutôt que de défauts dans le plan de campagne.

Si l'histoire qui précède vous intéresse, ce sera probablement parce qu'elle illustre ce qu'on appelle « l'honneur parmi les voleurs ». En d'autres termes, vous en serez arrivé à la conclusion que Sal, pensant reconnaître en moi un membre du monde souterrain, s'est jetée avec son « butin » sur mon « honneur » présumé, comptant sur la chance pour que nous nous retrouvions et « divvy » selon les termes habituels qui existent entre copains ; car, dans tous les cas de « contact », les parties partagent la même chose. Or, en fait, les motivations de Sal étaient d'un tout autre genre. Elle savait qu'elle se trouvait dans une situation difficile, a vu une chance de sauver son butin et l'a saisie. C'était tout ce que cela signifiait et, de son point de vue, elle avait parfaitement raison. Les journaux et les romans bon marché sont responsables de tout un tas de bêtises romantiques concernant les pickpockets et leurs agissements, depuis l'époque de Robin des Bois, y compris la proposition de « l'honneur des voleurs ».

Il me convient d'ajouter que j'ai annoncé que la bourse et les bagues avaient été « trouvées », et qu'elles ont été, en temps voulu, restituées à leur propriétaire.

On m'a souvent demandé si « l'honneur parmi les voleurs » était une réalité ou une fiction. Il n'est pas facile de répondre à la question. En premier lieu, l'honneur est un terme relatif, son interprétation, me semble-t-il, dépend du lieu, des personnes et des circonstances. Les casuistes cyniques qui affirment que tous les motifs humains sont basés sur l'égoïsme ne sauraient guère exclure l'attribut en question de leur généralisation.

Aussi critiquable que soit cette même généralisation, dans la mesure où elle s'applique au citoyen moyen, je suis certainement enclin à l'accepter lorsqu'il s'agit d'un escroc. Le fait de s'attacher des choses qui ne vous appartiennent pas est manifestement de nature très égoïste. Sa conception et son exécution découlent du désir d'obtenir le plus de plaisir possible avec le moins de problèmes possible, et cela également, en ignorant les droits accessoires de chacun.

Cette déclaration, à mon avis, est une définition assez juste de l'égoïsme sous toutes ses formes. Comme la plupart des motifs prennent leur couleur dans les actes dont ils découlent ou auxquels ils se rapportent, il s'ensuit que « l'honneur » que nous nous plaisons à imaginer comme existant entre des coquins, est en réalité quelque chose qui est motivé par le respect dû à l'égard de l'autre. les personnes ou les bourses des mêmes individus. Cela distingue l'honneur obtenu dans le monde souterrain de celui qui est principalement visible dans le monde supérieur. Dans ce dernier cas, le facteur de la réputation ou du caractère de la personne entre en jeu ; il est absent dans le premier. De cette caractérisation, vous déduirez, comme j'ai l'intention de le faire, que « l'honneur » des puissances qui proie n'est qu'une pauvre sorte de chose après tout, et n'est, comme je l'ai laissé entendre, qu'un intérêt personnel plus ou moins à peine déguisé. .

Pourtant, parfois le déguisement est si astucieux qu'il ressemble à la réalité — pour un étranger ; mais les gens « sages » échouent rarement à trouver les raisons qui poussent un coquin à refuser de livrer un ami. Même si cela signifie une longue peine de prison contre l'immunité s'il utilisait seulement sa langue pour « pêcher » son associé et donc provoquer la condamnation de cette personne.

Dans de tels cas, les journaux, comme je l'ai remarqué, ont tendance à donner à la mère une sorte de glorification *qui n'est jamais méritée* . Je veux que les mots soient en italique ; ils méritent cette distinction. Je le répète, l'escroc qu'on ne peut pas convaincre de « flasher » sur sa bande, que ce soit au troisième degré au « Front Office » – l'inquisition souvent brutale de la préfecture de police –, l'aumônier de la prison ou le personnel du procureur, n'est jamais muet parce que son « honneur » le pousse à le rester. C'est son intérêt personnel qui lui commande de se taire.

Il y a environ sept ans, une banque dans une petite ville du New Jersey, à une cinquantaine de kilomètres à l'ouest de New York, a été, une nuit, « rénovée » en bon état. Les « Peter-men », au nombre de quatre, ont obtenu environ dix-huit mille dollars en billets verts, sans parler d'un tas de papiers négociables et de quelques petits coffres-forts à bijoux, pesant environ cent livres chacun. Les riches habitants de la localité avaient l'habitude de ranger leurs rayons de soleil, diadèmes et bagues dans ces coffres-forts, qui d'ailleurs étaient conservés dans le coffre-fort principal de la banque. Cela était connu de la bande qui avait réussi le tour, et le grand coffre-fort s'étant avéré facile, les petits « tombèrent » en conséquence.

Les « canons » qui étaient à l'œuvre étaient originaires de l'Ouest et travaillaient ensemble depuis quelques années. Ils étaient tous de « bonnes personnes », comme l'expression policière désigne les escrocs intelligents. Il y avait « Bandy » Schwarz, un ancien, qui avait vu l'intérieur de chaque « remuer et pichet » à l'ouest du Missouri ; « Ike » Mindin, autrement « Beak », un expert en perceuses et leviers ; "Sandy" Hope, un crackman notoire né à Chicago et de réputation criminelle, qui, à l'époque de "l'usine" du New Jersey, était recherché à Kansas City en relation avec la fusillade d'un gardien d'un magasin de produits secs ; et un autre homme qui sera anonyme, en ce qui me concerne. Je peux cependant ajouter qu'au moment où j'écris ces lignes, il vit à New York et a une entreprise commerciale assez prospère (entre toutes choses !), qu'il a « réglée » pendant une demi-douzaine d'années ou plus. S'il lisait ceci, il saura que le petit type au visage débile qui fréquentait autrefois la bande de Pete Dolby à Chicago n'est pas ingrat. Après la dispersion de la foule de Dolby, à travers le pigeon à tabouret « Dutch Joe », j'aurais souvent dû « porter la bannière » ou marcher dans les rues toute la nuit sans cet homme, qui était toujours prêt à renoncer à un lit ou à une tasse de café.

Comme je l'ai déjà dit, la « fuite » – c'est-à-dire la méthode pour s'échapper avec le « butin » – est toujours soigneusement élaborée par les concepteurs d'une « usine », ou d'un projet de vol. Dans ce cas-ci, il s'agissait d'une démarche plutôt élaborée. Le coffre-fort devait être percé et percuté au lieu d'être explosé, en raison de la proximité des maisons avec la banque. Ensuite, le butin devait être chargé dans un buggy dont les roues étaient sur pneus, tandis que les sabots des chevaux étaient enveloppés dans du tissu pour amortir leur bruit. Le buggy devait ensuite être conduit jusqu'à un endroit désigné près de South Amboy, où l'attendrait un cat-boat chargé de Sandy, vers lequel les articles devaient être transférés. Ensuite, l'embarcation devait être dirigée vers une zone de pêche, où elle devait passer la journée, et, à la tombée de la nuit, elle devait se diriger vers la baie de Gravesend, où l'on pensait que les objets de valeur pourraient être récupérés à terre sans soupçon, que ce soit comme poisson ou comme tenue d'une partie de pêche.

Mais l'inattendu s'est produit. L'« escapade » avait bien commencé, mais à quelques kilomètres de la berge, le buggy tomba en panne sous le poids des deux coffres-forts. C'était vers quatre heures trente et en juin. Or, il se trouve que le caissier de la banque devait prendre ses vacances la semaine suivante, et par conséquent il arrivait à son travail en avance, et ce matin-là il arrivait à la banque à cinq heures trente. Quinze minutes plus tard, la police locale et la population parcouraient le pays environnant, les "Front Offices" de New York, Philadelphie et d'autres grandes villes étaient alertés, et un filet, pour ainsi dire, était étroitement tendu autour de la scène du " toucher" auquel il n'y avait pas d'échappatoire. Tout s'est terminé lorsque Bandy et Mindin ont été attrapés alors qu'ils tentaient de « cacher » les coffres-forts dans un bois proche du lieu de la panne. Le troisième homme avait disparu avec la monnaie. Mindin a tenté d'effrayer les Jerseymen qui les poursuivaient en tirant, mais a été rempli de chevrotine en conséquence.

Bandy a absolument refusé de « faire la pêche » à ses copains. Il a été intimidé, cajolé, menacé, prié, offert l'immunité et tenté de le dire par d'autres moyens. Il s'est avéré par la suite que la cause de tous ces efforts de la part de la police était que, d'une manière ou d'une autre, ils avaient eu l'impression que Sandy Hope était mêlé à ce travail et qu'ils le voulaient de la pire des manières à cause de l'affaire de Kansas City. affaire. En d'autres termes, ils étaient prêts à laisser partir un « homme-pierre » pour le plaisir d'avoir un tueur d'hommes. Bandy s'est cependant démarqué et a finalement été condamné à sept ans de prison.

Peu de temps avant mon dernier départ pour l'Europe, je suis tombé sur un magasin hybride et prospère dans une jolie ville à environ une heure de route de New York. C'était l'un de ces magasins où l'on pouvait acheter presque tout, de la papeterie aux articles japonais, en passant par le tabac, les bonbons et les articles vestimentaires. Derrière le comptoir, avec un tablier bleu couvrant sa panse confortable et les jambes en O majuscules d'où il tirait son « monacher », se trouvait Bandy lui-même.

Or, l'étiquette du monde souterrain ne permet même pas à un ami d'en reconnaître un autre dans le monde de tous les jours, à moins que la « fonction » ne lui soit donnée et qu'une telle reconnaissance soit souhaitée — et sûre. Par conséquent, même si je savais que Bandy me connaissait et qu'il savait que je le savais, je n'en ai donné aucun signe. Pourtant, alors qu'il me passait le paquet de cigarettes que j'avais demandé, mon index tapota deux fois le dos de sa main, ce qui, dans le langage des signes du monde souterrain, équivaut à « Je veux te parler ». Bandy toussa légèrement et gutturalement et fit un signe de tête à peine perceptible vers l'arrière du magasin. Il avait répondu qu'il était prêt à "mentonner" et que la pièce du fond était parfaite à cet effet. Où sommes-nous allés lorsque l'autre client présent sur place avait été servi et était parti.

Je n'ai pas besoin de raconter les souvenirs que nous avons échangés. J'en viens directement à cette partie de notre conversation qui concernait sa démonstration d'« honneur » criminel dans les lignes relatées.

"Vous ne feriez certainement pas du bœuf", dis-je timidement. "Beaucoup d'hommes aussi bien préparés que vous auraient lâché leur battant. Et les journaux vous ont rendu fier. 'C'est une belle façade que vous avez présentée, et la bande devrait être fière de vous.'

"Fier de rien!" » dit le escroc réformé avec impatience. " Et il me semble, Cig., que vous avez entendu les babillages de ces cinglés de journaux qui piquent toujours le cher public à propos de gars qui ne se tournent jamais vers des amis, parce qu'ils sont construits comme ça et tout le reste. gaffe."

Il s'arrêta avec dégoût.

"Voici le principe. Jusqu'au moment où nous avons fouillé un joint à Chi qui appartenait au frère d'un flic, nous - nous quatre - allions bien et avions beaucoup d'argent d'automne [grande réserve somme à utiliser en cas d'urgence]. Eh bien, le gang a convenu que si l'un de nous était éliminé, les autres veilleraient sur sa part d'argent d'automne et, de plus, pendant qu'il serait enfermé, il devrait obtenir une part d'un huitième de tous les contacts, qui pourrait être envoyé à sa femme ou à ses enfants, selon le cas, c'était assez bien, n'est-ce pas ? »

J'ai hoché la tête et Bandy a continué.

"C'est la raison pour laquelle je n'ai pas tourné le porte-parole. Une autre raison," sourit-il sombrement, "qu'il était très clairement entendu que quiconque d'entre nous ouvrait la bouche à la police *une fois* ne le ferait pas *deux fois*. Sandy Hope, je le pense, aimait annoncer ce fait d'une manière un peu désinvolte. Non pas que nous nous méfiions l'un de l'autre, mais il était bon que tout le monde sache que l'homme qui tenterait de ralentir verrait tout aussi bien sa lumière s'éteindre. dès que cela pourra être arrangé. »

"Mais," dis-je, "en supposant que la foule n'ait pas tenu parole et qu'elle s'en soit tirée avec l'argent de chute et le pourcentage sur les touches pendant que vous étiez en prison ?"

"Dans ce cas", répondit Bandy sans un instant d'hésitation, "tous les paris seraient ouverts. L'homme en garde à vue pousserait un cri qui serait entendu dans tous les bureaux de détectives d'Amérique. Il y aurait une diminution immédiate de la population de des escrocs. Eh bien, j'en sais assez sur Sandy pour lui mettre la main dessus..." il s'arrêta brusquement.

"Et est-ce que cela aussi a été compris par la bande ?"

Bandy bougea avec inquiétude sur son siège.

"Tu me fatigues, c'est honnête, Cig. Qu'est-ce que tu as ? Tu sais aussi bien que moi que toutes les bandes d'escrocs savent exactement ce que je t'ai dit. Si ce n'était pas vrai, *que faudrait-il faire ? les empêcher de crier à chaque fois qu'ils se font arrêter ?"*

Dans cette dernière phrase, Bandy a résumé toute la question de l'honneur parmi les voleurs, et c'est pour cette raison que j'ai exposé assez longuement ce qui précède. Le repentir d'un voleur inclut rarement, voire jamais, la restitution. Cette déclaration s'applique de toute façon aux anciens combattants. Pour les hommes plus jeunes, la situation est quelque peu différente, et cela se fait généralement par l'intermédiaire de l'aumônier de la prison. Mais après avoir purgé une première fois une peine de prison, le jeune escroc adopte le sophisme et le cynisme de ses aînés dans le crime. Le seul moment où un voleur éprouve du regret pour ses méfaits, c'est lorsque ceux-ci ont été infructueux ou lorsque le produit lui a été perdu.

Ce que j'ai dit à propos des escrocs qui ne s'attaquent pas les uns aux autres ne s'applique pas au pigeon professionnel, ou « porte-parole », qui, soit dit en passant, fait partie intégrante de chaque force de police dans chaque ville et village de ce pays et à l'étranger. . Mais ces individus ne peuvent guère être considérés comme de véritables escrocs, du moins dans la grande majorité des cas. Ce sont plutôt les parias du monde souterrain – détestés, méprisés et tolérés exactement pour la même raison que les chiens sont autorisés à errer dans les rues.

Il va sans dire que tant que le « porte-parole » fera partie intégrante du système policier de la civilisation, il y aura une alliance réelle, bien que non admise, entre les puissances qui proie et les puissances qui gouvernent, avec un accessoire accessoire. affaiblissement et démoralisation de ces derniers.

Enfin, il y a des moments et des saisons où le monde souterrain abandonne de son propre gré un délinquant. Mais ces occasions sont rares, et seulement lorsqu'on sent que l'individu doit être sacrifié pour le bien de la communauté. Il y a généralement un pacte politique dans ces événements rares.

JOSIAH FLYNT—UNE APPRÉCIATION

PAR ALFRED HODDER

Ce qui m'a d'abord frappé, c'est sa prodigalité en paroles. Il dispersa des trésors d'anecdotes et d'observations tandis qu'Aladdin à la lampe merveilleuse ordonne à son esclave de disperser des pièces d'or. Ce trait n'est pas courant chez les hommes de lettres ; c'est la pire entreprise au monde ; ils prennent, ils ne donnent pas ; s'ils n'ont pas brutalement devant vous un cahier et un crayon dans leurs mains, ils ont un cahier et un crayon à l'œuvre avec agilité dans leur tête ; votre plaisir est leur affaire ; la parole qui sort de leurs lèvres n'est qu'une provocation pour obtenir de toi une parole de plus ; le sourire qui répond à ton sourire n'est qu'une grimace ; et leurs bonnes histoires, jusqu'à ce qu'elles soient publiées, sont enfermées derrière leurs lèvres comme des livres dans un coffre-fort. Flynt n'avait pas de coffre-fort pour ses bonnes histoires, ni de don pour le silence ; les anecdotes contenues dans ses livres sont étonnantes ; les détails sur la manière dont il les a obtenus sont encore plus étonnants ; il n'a jamais appris à utiliser son matériel, à économiser, et il était plus étonnant que son matériel.

Il m'a invité le soir de ma rencontre à l'accompagner dans l'une de ses pérégrinations. Une aventure de Haroun-al-Rashed, me semblait-il. J'ai immédiatement conclu avec l'offre et demandé comment je devais m'habiller. J'ai eu l'idée que je devais porter une fausse barbe et au moins me munir d'un stylet et d'un revolver, et être prêt à m'en servir. "Eh bien, vous ferez ce que vous êtes", dit-il. "J'irai tel que je suis." Il ne le savait pas, mais il n'a pas dit la vérité. Il n'a pas changé de vêtements, mais au premier détour d'une petite rue, il a changé son allure, la musique de sa voix, son vocabulaire. Je pouvais à peine comprendre un mot sur cinq. C'était un acteur accompli ; Sir Richard Burton, bien sûr, était son idéal ; toujours dans le monde souterrain, il passait inaperçu ; toujours, dès le début de notre marche ensemble, il devait m'expliquer. Je n'ai jamais réussi à comprendre la manière et j'étais en fait trop amusé pour essayer ; son habitude était de m'expliquer à voix basse comme une dupe, et j'ai dû une fois le tirer d'une bagarre provoquée parce qu'il ne consentait pas à partager avec son interlocuteur le fait de me faire les poches. J'ai eu plus d'une fois à le secourir ; il avait la taille et le corps d'un garçon mince de quatorze ans, mais rien que pour voir ce que ferait la bête, il aurait taquiné monseigneur l'éléphant, et il accepta une raclée aussi naturellement que n'importe quelle autre épreuve.

Acteur fini, j'ai écrit ; et un acteur connaissant de nombreux rôles sur le bout des doigts. Un seul exemple doit suffire. Je me considérais généralement – je l'ai dit – comme une dupe. Ce soir-là, j'étais choisi pour le rôle d'un complice, et lui pour le rôle d'un audacieux et méchant casseur de coffres-forts, de portes et de fenêtres. Le personnage a été conçu en un instant. Un instant auparavant, nous étions deux hommes très fatigués et très calmes, rentrant chez eux à travers le Bowery sous une pluie amère et bruine à trois heures du matin.

"Dis, mon pote, quelle est la solution pour une tasse de café ?"

L'orateur était un A.B. entièrement équipé pour le service des États-Unis, et sur sa casquette se trouvaient les lettres *Oregon* . Pour moi, le déguisement était parfait. Il faisait un peu de cornemuse de marin sur ce trottoir glissant et luisant où la pluie tombait et glaçait sous les lumières électriques.

"Les chances sont bonnes", a déclaré Flynt ; et il nous conduisit dans une maison voisine.

La façade de la maison était aussi sombre que la respectabilité l'exige pour qu'une maison soit à trois heures du matin ; mais il y avait une faible lumière à une porte latérale. Nous sommes entrés dans la pénombre et avons trouvé de la musique et de la danse, ainsi que de petites tables où l'on pouvait nous servir presque tout sauf du café. Le "Oregon" a pris "Whisky Straight— Hunter's si vous l'avez".

« Aux Philippines ? » demanda Flynt.

"Chose sûre."

"Vous avez contourné le Cap ?"

"Vraiment ? Dis, je vais te parler de ça."

"Bataille de Saint-Jacques ?"

Le marin était en pleine bataille de Santiago lorsque Flynt sourit et dit doucement :

"Avez-vous déjà vu le Lake Shore pousser ?"

Pour moi, à ce moment-là, ces mots étaient une pure énigme, mais la couleur des joues du marin s'est estompée, et il s'est laissé tomber sur sa chaise et a dit :

"Bon sang, partenaire, qui es-tu ?"

Le reste du dialogue fut rapide ; Je ne pouvais pas le suivre ; Je ne pouvais que mémoriser.

"Où as-tu trouvé ces ratés ?"

"Je les ai achetés pour neuf dollars au n°... Bowery."

"Quel est le travail des laïcs ?"

"Environ quatre pour cent. Mais la guerre se joue ici ; je vais changer d'état. Où as-tu trouvé tes ratés ?"

"Je viens de sortir."

"Je pensais que tes mains étaient blanches. Où as-tu passé ton temps ?"

"Joliette."

"Joliet !... eh bien, j'y ai fait moi-même cinq ans."

Et ils se mirent à discuter des gardiens. Flynt connaissait les noms des gardiens.

"Dis, tu as quelque chose?"

"Un petit travail ce soir en ville."

"Tu ne peux pas me mettre ensuite ?"

"C'est à mon ami."

Ceci avec un signe de tête vers moi. Le petit boulot du centre-ville était pour moi. N'ayant jamais entendu parler auparavant du petit travail du centre-ville, j'ai refusé d'en nommer un ensuite ; et nous avons donné une pièce de monnaie au marin pour qu'il fasse une cornemuse pour les modèles, et nous sommes partis, vraisemblablement, pour faire le petit travail. Nous sommes partis dans une odeur de sainteté, presque de révérence ; nous étions censés être des crackers accomplis et jouissant d'une grande fortune ; princes et millionnaires du monde souterrain.

Un acteur fini – j'y reviens – et la rue était sa scène, et le mot de la première occasion son signal. Dans une maison, il n'était pas chez lui ; lorsqu'il revêtait l'uniforme qu'il doit porter au dîner, il remettait à plus tard sa mémoire, son expérience, son esprit. Ses anecdotes, ses bonnes histoires, vivaient dans son « tailleur », refusait de porter un Prince Albert ou même un smoking, et lui faisait ses adieux à la simple vue d'un chapeau écrasé. Ne fais pas d'erreur; les anecdotes étaient aussi nettes que ce qu'il a publié ; mais il fut jusqu'à la fin un garçon ; il était timide; et sauf sur sa propre scène, il était timide au point de se taire ou de balbutier. Il connaissait les livres ; les livres traitant du monde souterrain qu'il connaissait assez bien ; mais j'imagine qu'il ne les lisait jamais, sauf lorsqu'il était malade. Son livre, c'était les hommes de la rue ; n'importe quel homme, dans n'importe quelle rue ; policiers, chauffeurs de taxi, forçats ou hommes de race douce ; il lui lisait d'aube en aube, très astucieusement et gaiement, tant que le tabac était bon ; et si le tabac n'était pas bon, il lirait quand même. J'ai donné un exemple où il s'est mis sous la garde d'un homme, où il l'a retourné et l'a inspecté, sans méchanceté. Il avait l'habitude de se mettre sous la garde de tous ceux qu'il rencontrait, de les retourner et de les inspecter, sans méchanceté. Il parlait à tous ceux qui lui donnaient une ouverture ; mais l'homme qui fut entendu en premier était le vagabond. Dans nos promenades, nous n'en croisions jamais sans une halte, une interview et une copie. « Ce sont tous des amis, des imbéciles », dit-il avec philosophie ; "J'ai moi-même été l'un d'entre eux." Mais il donnait toujours généreusement pour ses moyens, et bien qu'il ait commencé par me blâmer pour avoir donné, pour avoir donné par ignorance, il s'attendait à ce que je donne toujours aussi.

Encore une fois, une anecdote doit servir à plusieurs. La scène s'est déroulée sur la Cinquième Avenue, à deux pâtés de maisons au nord de Washington Square. Le pétitionnaire était un Anglais bien bâti, solidement bâti, rasé de près, âgé de vingt-cinq ans, qui m'a dit :

"Je vous demande pardon?"

"Oui?" Dis-je et je m'arrêtai.

"C'est assez bestial, mais j'ai besoin d'un verre et je n'ai pas un sou, pas un sou."

J'ai dit « Diable » et j'ai mis la main dans ma poche. Les vêtements, l'accent et l'allure de l'homme laissaient tellement supposer que s'il avait besoin de boire, il avait besoin de nourriture. Flynt intervint aussitôt. Ce qui a été dit, je ne le sais pas ; les deux s'écartèrent ; mais bientôt Flynt et mon mendiant éclatèrent de rire ; et nous nous sommes assis tous les trois à table plus tard, nous nous sommes raconté des histoires et nous nous sommes révélés les secrets les uns des autres. Mon mendiant était un gentleman en folie (c'est Kipling bien sûr), damné pour l'éternité, mais sa garde une fois brisée, il était amusant, et Flynt connaissait le truc pour briser sa garde.

"Eh bien, après avoir été renvoyé du service et qu'il s'est agi de vendre les bijoux de ma femme, j'ai préféré mendier plutôt que cela, et je n'arrive pas à trouver de travail", a-t-il simplement déclaré. "On dit que mes vêtements sont trop beaux. Qu'est-ce qu'ils ont avec mes vêtements ? Mais mendier n'est pas si mal ; j'en fais une bonne chose."

Pour le moment, ce que je souhaite souligner, c'est que Flynt connaissait son vagabond au grand jour. Il avait un profond mépris pour les livres écrits par des messieurs en redingote qui ont des positions académiques, qui parlent de « sociologie », qui mesurent les crânes et recueillent les aveux des vagabonds en captivité. Crâne pour crâne, il croyait qu'il y avait une petite différence entre celui du premier coquin et celui du premier ministre de l'Évangile. Je mets cela par écrit pour ce que ça vaut comme son opinion. Les aveux d'un vagabond en captivité sont toujours, dit-il, faux. Je pense que c'est presque vrai.

J'avais choisi un cours de séminaire passablement morne à Harvard, dans lequel toute la littérature de criminologie avait été rassemblée et rapportée.

J'avais moi-même étudié certains livres – trop – certains, c'est trop. Cinq minutes de discours de Flynt ont transformé mes livres en un tas d'ordures. Cinq heures de promenade avec lui m'ont fait oublier que le tas d'ordures existait. À son meilleur, et c'est à son meilleur que je le connaissais, il était ce qu'il souhaitait être : la plus grande autorité parmi ceux qui le connaissaient dans les rues secondaires.

Il avait payé son savoir – payé de sa personne. "Old Boston Mary", je crois, est en partie une fiction ; Je ne pourrais jamais surprendre le petit homme en le faisant avouer ; mais il s'est allongé sur les camions d'un Pullman et, dans les cendres et la poussière aveuglantes, a vu son compagnon perdre prise par pure lassitude et aller à la rencontre de Boston Mary. Il avait resserré sa propre emprise et était désolé. Il ne pouvait plus faire.

JOSIAH FLYNT—UNE IMPRESSION

Par Emily M. Burbank

Dans "My Life", dit Josiah Flynt, "j'ai parlé de l'intérêt d'Arthur Symons pour mes premiers efforts pour décrire la vie de clochard. Je pense que c'est lui et les éditeurs du magazine qui m'ont encouragé dans mes gribouillages, plutôt que l'université et ses doctrines de « recherche originale ». Ses livres (de Symons) et son amitié personnelle sont tous deux précieux pour moi, mais pour des raisons très différentes, je pense rarement à l'homme Symons lorsque je lis ses essais et ses vers, et je pense rarement à lui. je ne pense que rarement à ses livres, ou à lui en tant qu'homme de lettres, lorsque nous sommes ensemble.

Josiah Flynt non seulement admirait grandement Arthur Symons, l'éminent Anglais, en tant que poète, maître de prose et critique, mais il avait pour lui une estime affectueuse, dont une expression était son utilisation du surnom de « Symonsky ». Alors qu'il était l'invité de Flynt à Berlin, Symons eut quelques difficultés à persuader un facteur qu'une communication en provenance de Londres était destinée à Arthur *Symons, Esq.*, et pas pour un certain *Herr Symonsky* ! La tournure slave du nom a amusé Flynt, qui s'en est emparé. Sa nature timide et affectueuse a trouvé un exutoire en renommant ses amis proches.

Après une de ses visites à Londres, j'ai demandé à Flynt s'il avait beaucoup vu Symons.

« Symonsky m'a hébergé, vous savez, » répondit-il ; puis d'un rapide coup d'œil de côté et d'un sourire, en allumant une cigarette, "mais, pour être parfaitement honnête, quand *je* me couchais, *il* se levait !"

Nous avons ici défini en une phrase la différence entre les deux hommes. Leurs natures, comme leurs vies, n'ont jamais été parallèles ; ils n'ont fait qu'effleurer l'imagination de chacun en passant !

Flynt étudiait alors *le Under World de Londres* – les coins les plus sombres et les voies les plus sombres de la grande ville ; tandis que Symons, comme par hasard, sortait rarement du cercle des salles de concert de Londres, en préparation de l'écriture de ses « London Nights ».

Les deux hommes étaient des fils de pasteurs et s'étaient lancés dans les eaux les plus calmes et les plus sûres de la vie, à peu près au même moment, bien que de part et d'autre de l'Atlantique. C'est leur propre volonté qui les a poussés à prendre le large. Symons quitta sa petite ville pour Londres, qui, malgré les séjours continentaux, est restée son amarrage permanent. Flynt a pris le large dès son plus jeune âge et s'est amarré dans le port où la tempête l'avait conduit. Américain de sang et de naissance, il se sentait chez lui en Russie, en Allemagne, en France ou dans les îles britanniques, si on lui donnait le *masque de non-identité* .

L'un des courants les plus rapides de la vie londonienne coule sur le Strand. Là, Josiah Flynt, sous le déguisement qu'il choisirait, pourrait faire son « travail » et, quand il le voudrait, enjamber le rebord du vieux Temple et trouver l'accueil de son ami, qui avait des appartements à Fountain Court, cette place silencieuse. de verdure, qui descend jusqu'à la Tamise, et est maintenu frais et frais par ses jets d'eau et ses grands arbres d'ombrage. Symons habitait le bâtiment de droite, après être entré dans la cour, et après avoir gravi un escalier sinueux de vieilles marches en pierre.

C'est dans ses quartiers de célibataires (il s'est marié et a déménagé depuis) que j'ai vu Symons pour la première fois, l'année après la parution de "Tramping with Tramps" de Flynt dans le *Century Magazine* . J'avais été invité, par l'intermédiaire d'un ami commun, à prendre le thé, par un frais après-midi de juin, et nous nous sommes assis sur un immense canapé capitonné, devant la cheminée, pendant que notre hôte se tenait debout, dos au feu, et parlait du travail des autres.

Je le revois maintenant, grand, blond et très anglais, les mains enfoncées dans les poches de son tweed gris ; une vieille veste en velours marron, des chaussettes bleu délavé et des pantoufles beiges douces, s'harmonisant avec sa « mise en scène » bien adoucie par le temps. Des livres bordaient les murs et une filière, sur laquelle Symons jouait lorsqu'il était seul, se trouvait dans un coin. Il nous avait préparé du thé et des friandises élaborées, puis il avait oublié de les offrir, tellement il était occupé à parler de son amie Christina Rossetti, dont il venait d'éditer les poèmes ! Lorsqu'il parlait d'Olive Schreiner, quelqu'un lui demandait si elle était intéressante, et je me souviens très bien de la réponse de Symons : "Je suis resté toute une nuit à l'écouter parler !"

Même à dix-neuf ans, dans son « Introduction à l'étude de Browning », salué par Robert Browning lui-même, Symons s'était révélé être un artiste, et il est toujours lyrique. Flynt n'a jamais été un artiste au même sens, dans son œuvre littéraire – et épique jusqu'au bout ! Il connaissait et comprenait les voies des hommes et avait le don des mots ; mais lorsqu'il écrivait pour être publié, son imagination semblait enchaînée à la terre. Peut-être était-il trop « intérieur » pour relativiser son sujet. Et puis, il ne faut pas oublier que Flynt était l'écrivain vagabond, et non l'homme de lettres vagabond.

Armé d'ancêtres distingués, de naissance, de formation, d'éducation et de l'influence de parents cultivés, il abhorrait tous les ancrages et obligations sociales. Je me souviens qu'il m'a dit un jour : « Ma mère m'a envoyé mes livres de Berlin. Son idée est de m'ancrer, je pense, mais je vais les laisser dans une boîte pendant un moment, car je ne suis pas sûr de mes projets. Il était "toujours en mouvement!"

Flynt n'était pas un grand lecteur, mais il possédait une vaste connaissance des livres – glanés on ne savait presque pas quand. Enfant de parents passionnés de livres, il a débuté dans la vie avec un équipement précieux : un respect inné pour les livres et leurs auteurs. Mais dans tous les cas, je pense que son principal intérêt résidait dans l'homme et non dans sa production littéraire. Malgré le réalisme sordide de ses écrits, la manière de ses dernières années et les circonstances regrettées de sa mort, il y avait une veine poétique qui, comme un seul fil d'or, coulait et sortait, la chaîne et la trame de son esprit. Cela se trahissait dans les conversations avec des intimes et dans les discussions sur les livres de voyage ou sur leurs auteurs. Sir Richard Burton et George Borrow ont particulièrement enflammé son imagination. "Lavengro" et son auteur ont été évoqués lors d'une de nos dernières conversations.

La « route blanche » et la mer signifiaient peut-être quelque chose pour lui en tant que telles, mais pour moi, il ne parlait jamais de l'une ou l'autre, sauf comme d'autoroutes ; c'est pourquoi j'en conclus qu'en tant que tels seulement ils lui ont adressé leur appel. C'est l'homme, et non la nature, qui l'attirait, et c'était toujours l'homme dans les mailles de la civilisation.

Il était victime d'une conscience de soi morbide, et c'était l'une des raisons pour lesquelles il évitait les gens de la classe dans laquelle il était né. Donnez-lui un rôle dans une pièce de théâtre — il était doué comme acteur — un déguisement de vagabond, ou du whisky pour se fortifier, et l'esprit de l'homme jaillit de sa prison de chair, comme un oiseau sans cage.

Cet effet que le whisky produisit sur lui amena Flynt à l'invoquer comme une raison de la « soif perpétuelle » de certains. Il avait l'habitude de dire : « Le whisky me permet d'approcher les hommes d'une manière qui ignore toutes les barrières de classe. Passez le whisky et c'est d'homme à homme – clochard, porteur de hod ou roi !

Flynt était esclave du tabac, qu'il préférait sous forme de cigarettes. On ne pense jamais à lui sans un, alors pas étonnant qu'on l'appelle "Cigarette" dans Trampdom !

Sa famille pensait que l'usage trop précoce du tabac retardait sa croissance, car, lorsqu'il était assis, la partie supérieure de son corps, large et forte, suggérait un homme plus grand qu'il ne l'était lorsqu'il était debout. Il ne mesurait pas plus de cinq pieds trois pouces. Il était naturellement mince et nerveux, avec des mouvements rapides du corps et une expression de visage toujours changeante – un visage rasé de près et plutôt enfantin. Aucune de ses photographies ne donne une idée de son apparence, car l'impression constante qu'il a reçue était produite par sa personnalité magnétique et ses manières individuelles, dont une façon de baisser la tête en avant et de lever les yeux à travers les sourcils froncés. Il agrémentait son discours de mots russes, français ou allemands, rassemblés en phrases au hasard, et parlait d'une voix grave et utilisée de manière rythmée. Il avait une nature impressionnable et instable, et semblait vraiment appartenir à la race qui remplissait à ce moment-là sa vision mentale.

Le code éthique de Flynt était celui du monde souterrain et, à certains égards, supérieur à celui en vigueur à la surface de la vie.

Un éminent sociologue a déclaré récemment : « Flynt avait le terrain pour lui seul ; il n'y a personne pour le remplacer à l'heure actuelle. Peu d'hommes qui vivent et connaissent la vie du monde souterrain, comme lui, ont son équipement mental. Connaître les faits, mais sont incapables de les traiter de manière aussi satisfaisante ; alors, aussi, être l'ami et le compagnon de clochards et de criminels, et d'hommes comme Tolstoï et Ibsen, c'est posséder une large gamme d'octaves dans l'expérience humaine et la compréhension mentale ! "

Le talent de Flynt pour les langues lui a permis d'acquérir la langue vernaculaire, même celle de la Russie souterraine, en un temps incroyablement court.

Comme il le dit lui-même, *c'est l'esprit d'aventure* , et non la curiosité du scientifique à vérifier les théories, qui l'a conduit à sa distinction bien méritée de criminologue et jusqu'à sa perte ultime, à l'âge de trente-huit ans.

"Au-delà de l'Est le lever du soleil ,
Au-delà de l'Ouest la mer, Et à l'Est et à l'Ouest l' *envie d'errer*
qui ne me laisse pas tranquille."

Même si Flynt possédait la plupart des appétits, bons et mauvais, possibles pour l'homme, il n'était pas un homme faible, mais un homme physiquement égoïste, fort dans sa détermination à « profiter ». Condamné à une mort prématurée par usage excessif de stimulants, il accepta d'écrire sa « Vie », ce qu'il fit, puis s'enferma dans sa chambre à Chicago, pour s'évanouir — sans peur, sans accompagnement, sans contrôle — une fin caractéristique !

Que Josiah Flynt ait entamé son long voyage, que ce monde ne le verra plus, est impossible à réaliser pour ses amis proches, tant ils sont habitués à ses disparitions périodiques et à son retour infaillible parmi eux.

Celui qui préférait les chemins détournés, les sentiers sinueux, a enfin trouvé la route large et droite où il n'y a pas de retour en arrière. C'est lui qui doit nous attendre maintenant, alors que nous avançons, avec son joyeux "Bonne chance ! Soyez sages ! Ne m'oubliez pas !" résonnent dans nos oreilles et dans nos cœurs les mots de Stevenson :

"Il n'est pas mort, cet ami, pas mort,
mais sur le chemin que nous, mortels, suivons, nous avons quelques pas
insignifiants devant nous,
et plus près de la fin,
de sorte que vous aussi, une fois le virage passé, vous retrouverez, comme,
face à face, cet ami que tu crois mort...

"Pousse gaiement, cœur fort ! Pendant que vous avancez, kilomètre par
kilomètre ,
jusqu'à ce que vous puissiez dépasser, il tend les yeux pour rechercher son
sillage,
ou, sifflant en vous voyant à travers la brèche,
attend sur le montant. "

(R. L. S.)

Flynt parlait souvent de sa mort après que la maladie l'avait frappé, mais toujours sans conséquence quant à ce qui l'attendait au-delà de la tombe - non pas de bravade, mais l'acquiescement du philosophe à l'inévitable, quel qu'il soit. Il avait une grande confiance dans la loyauté des amis qui pourraient lui survivre. "Un tel dira un bon mot pour moi, je sais !" il dirait. La séparation, due aux distances géographiques, ne l'a jamais gêné, mais il n'a écrit que peu de lettres. Il semblait tirer satisfaction de sa conviction que lui et ses amis les plus proches communiquaient par transfert de pensée : « Les fils sont toujours branchés ! » Sans aucun doute, il s'est évanoui avec la conviction que cela allait continuer.

L'esprit de l'homme restait enfantin dans sa qualité tendre, confiante et pure, malgré le fait qu'il traînait son pauvre corps dans la fange de la vie.

Sa nature généreuse et son amitié fidèle ont déclenché des courants éternels.

UN DERNIER MOT [[2]

PAR BANNISTER MERWIN

Compléter l'histoire de la vie de Josiah Flynt n'est pas une tâche facile. Ses dernières années furent vécues au grand jour, il est vrai, et les détails de ses déplacements étaient, dans tous les cas, connus d'au moins un de ses amis ; mais son propre amour du mystère et le plaisir qu'il trouvait à mystifier les autres le conduisaient à cacher à l'un ce qu'il disait librement à l'autre.

Si tous ses amis pouvaient se réunir et comparer leurs notes, le résultat pourrait être un récit consécutif de ce qu'il a fait au cours de ces années. Mais hélas! certains d'entre eux sont morts. Alfred Hodder, qui en savait plus que la plupart d'entre nous, est décédé quelques semaines seulement après Josiah.

"Ma vie", cependant, n'a guère la prétention d'être une biographie complète au sens habituel du terme. C'est plutôt le récit décousu de ces incidents qui, dans leur impression combinée, l'a le plus rapproché de la compréhension de lui-même. Les simples faits de la vie ne lui semblaient pas très importants ; le sentiment était tout. Et peu d'hommes qui ont entrepris d'écrire leurs propres histoires ont pu se montrer aussi vrais que lui. C'est parce qu'il était essentiellement un homme sensible, sensible, fier, rempli de sentiments, même si seuls ses amis proches pouvaient le savoir.

Alors qu'il avait presque terminé sa « confession », comme il aimait à l'appeler, il me dit un jour : « Je leur ai livré mes entrailles ». Il a en effet déployé les plus grands efforts pour que le monde le voie comme il se voyait honnêtement — et je pense qu'il se voyait plus honnêtement que la plupart des hommes, car il était libre de toute exaltation personnelle. Il a toujours été humble face à ses propres limites.

S'il faut ajouter quelque chose à ce qu'il a écrit sur lui-même, cela devrait inclure les expériences qu'il aurait été le plus susceptible de raconter s'il avait vécu pour écrire davantage. Et d'abord, il aurait sans doute parlé de son travail d'enquête sur la « corruption » dans plusieurs de nos plus grandes villes. Pour autant que je sache, c'est lui qui est responsable de l'introduction du mot « greffe » dans l'anglais des livres. C'était un mot du monde souterrain, et il l'a élevé à la lumière supérieure. Les articles du *McClure's Magazine*, dans lesquels il dénonçait la corruption de la police, étaient aussi, si je ne me trompe, les premiers exemples importants de « ratissage » moderne. On peut encore les obtenir sous forme imprimée, et Josiah n'en aurait probablement pas parlé dans son livre. Mais il aurait certainement raconté avec délectation l'émerveillement de la semaine de son évasion de la police de New York. Lorsque l'article sur la « greffe » à New York a été publié, les « pouvoirs en place » dans la métropole ont vivement critiqué Josiah Flynt. Ils ont juré haut et fort qu'ils lui feraient chaud au cœur s'ils l'attrapaient, et la presse quotidienne annonçait qu'il serait arrêté et contraint de justifier ses déclarations. Mais Josiah Flynt avait disparu. La police ne l'a pas retrouvé et il a fallu un certain temps avant qu'il ne revienne à ses anciens repaires.

Il y avait des raisons de penser que la police ne faisait que « bluffer ». Il y avait également des raisons de penser que Josias serait en mesure de « rattraper son retard » s'il était capturé et interrogé par un tribunal de police. Néanmoins, il se cacha dans des logements obscurs à Hoboken. Un criminel en fuite ne couvrirait pas ses traces avec plus de soin. La vérité était que l'opportunité de mystification l'attirait irrésistiblement. Il exagérait la nécessité de se cacher pour jouir pleinement de la sensation d'être vainement traqué. Car, comme je l'ai dit, il a toujours aimé faire du mystère. Je l'ai vu, au cours d'une expédition nocturne tout à fait inoffensive dans une rue de New York, prendre des précautions élaborées pour éviter d'approcher des étrangers, sous prétexte qu'il s'agissait d'hommes « braqueurs ». Éviter ainsi des dangers hypothétiques était pour lui un jeu des plus fascinants – un jeu pour lequel il était tout à fait qualifié.

Il trouvait aussi un plaisir mélancolique et sentimental à se tenir en retrait dans les moments où une telle inaction était contraire à ses désirs les plus heureux. Je me souviens qu'en 1887, alors qu'il vivait aux Enfers, après son évasion de l'école de réforme et avant son apparition chez sa mère à Berlin, il fit une apparition brève et caractéristique qui peut éclairer ce point. trait en lui. Josiah était mon cousin. À cette époque, la maison de ma famille était à Détroit, dans le Michigan, et un jour, Josiah s'est présenté au bureau de mon père. Il était en haillons, négligé et incertain dans sa façon de se décrire. D'après sa propre histoire, il était un détective engagé dans une affaire importante et il demandait suffisamment d'argent pour l'emmener dans une ville proche. Mon père a essayé de le persuader de rentrer avec lui à la maison. Le petit vagabond a refusé, mais il a ajouté : « J'ai découvert où vous habitiez, je suis monté et j'ai regardé la maison, et je me suis levé et j'ai regardé les garçons [mon frère et moi] jouer au ballon dans le terrain voisin. Il était resté quelque temps à l'orée du terrain, prenant un plaisir étrange et mélancolique à son propre abandon.

D'autres ont fait référence au fait qu'il y avait une passion romantique dans la vie de Josias. Pendant des années, il a adoré de loin une fille qui possédait la grâce, l'intelligence et la beauté, même si, à la connaissance de ses amis, il ne s'est jamais offert à elle. En juillet 1894, je passai quelques jours avec lui chez lui à Berlin. Il m'a dit à cette époque que la fille qu'il aimait était sur le continent et passait l'été dans une station de montagne. Il était arrivé à la conclusion, dit-il, qu'il était temps pour lui d'aller la voir et de se déclarer. En conséquence, il a fait un pèlerinage de plusieurs centaines de kilomètres jusqu'à l'endroit où elle séjournait, rêvant que nous ne pouvons pas deviner de quoi il rêve en cours de route . Il a fallu plusieurs mois avant que je le revoie. Lorsqu'il commença à parler de la jeune fille avec les mêmes termes d'adoration lointaine, je l'interrogeai sur son voyage de l'été précédent. "Eh bien," dit-il, "j'y suis allé et je l'ai vue, mais je ne lui ai pas parlé." "Est-ce qu'elle t'a vu ?" J'ai demandé. "Non," répondit-il. Encore une fois, il avait été le guetteur au bord de la route, debout, timidement effacé, pendant que passait la fille de son cœur.

Quelques années avant sa mort, Josiah, dans ce qui était sans aucun doute une détermination honnête et sérieuse d'améliorer sa santé et ses habitudes, se rendit à Woodland Valley, dans les Catskills du Sud, et y fit construire pour lui une petite « cabane » confortable, au bord de l'eau. terrain d'un hôtel d'été magnifiquement situé. Différents amis l'accompagnaient pendant le temps qu'il passait dans les montagnes, mais de temps en temps, l'appel de la ville devenait trop fort pour qu'il puisse y résister. Pendant qu'il vivait dans la « cabane », il effectuait quelques voyages conventionnels vers les sommets des montagnes voisines , mais son intérêt était généralement centré sur le simple fait d'« atteindre le sommet ». Une fois le but atteint, il éprouvait pendant quelques instants la agréable sensation des obstacles surmontés, puis, après un simple coup d'œil à la « vue », il disait : « Eh bien, maintenant, revenons en arrière ». Sa vraie vie à Woodland était son intérêt pour les indigènes de la vallée. Il s'est rapproché d'eux et a cherché à comprendre leur point de vue. Même après avoir abandonné sa cabane, il conservait la vallée comme lieu de refuge. Il y acheta un petit terrain et, jusqu'à sa mort, envisagea d'y construire une maison confortable mais permanente.

M. Charles E. Burr, auquel Josiah fait si souvent référence dans son récit, raconte l'histoire d'une période intéressante. Je vais le citer. « Au cours de l'été 1904, raconte-t-il, j'ai eu une correspondance avec Flynt, qui se trouvait alors à Berlin. Le ton de ses lettres m'a fait penser que quelques mois dans le territoire indien, où sont appliquées des lois d'interdiction rigides, Je lui ai donc proposé un poste de car-remorque sur la division sud-ouest du chemin de fer de Saint Louis et de San Francisco, dont le siège est à Sapulpa, territoire indien. L'offre a été acceptée et Flynt est arrivé à Sapulpa vers la mi-août. en passant par Galveston, Texas.

"Les fonctions qui lui étaient assignées le maintenaient sur la route la plupart du temps. Chaque fois que l'occasion se présentait, je veillais à ce qu'il fasse la connaissance de personnages intéressants qui vivaient dans le Territoire et en Oklahoma. Parmi eux se trouvaient plusieurs maréchaux adjoints des États-Unis. qui étaient connus comme des « tueurs », et il m'a ensuite dit qu'il avait obtenu de ces hommes un récit assez complet de « l'Apache Kid » et de ses nombreuses fusillades. J'ai envoyé un jour Flynt à Fort Sill, en Oklahoma, pour interviewer les « tueurs ». le célèbre Apache, Geronimo, mais le vieux chef était de mauvaise humeur et ne voulait pas parler.

"Au cours du mois de septembre, des chevaux ont été volés dans une voiture à Okmulgee, dans le territoire indien, et Flynt et deux maréchaux américains m'ont accompagné à la poursuite des voleurs.

"Le sentier nous a conduit dans les fonds densément boisés de l'Arkansas, longtemps la demeure des hors-la-loi et des "voleurs de bétail" du territoire. Au bout d'un trajet continu de quarante milles, nous avons trouvé une partie du bétail, et Flynt, qui n'était pas habitué à monter un cheval, puis a déclaré qu'il préférait mourir dans la prairie plutôt que de monter ce broncho plus loin. Il est retourné à Okmulgee avec un éleveur que j'ai employé pour emmener les chevaux récupérés.

« Plus tard, Flynt s'est habitué à une selle et s'est rendu à de nombreux points d'intérêt près de Sapulpa. Il m'a dit un jour qu'il avait fait plusieurs voyages chez un nègre métis qui vivait près d'un rebord de rochers appelé « Mocassin ». Tracks", à environ cinq milles de Sapulpa. Ce métis avait un mauvais dossier. Les maréchaux américains l'avaient "marqué" et prévoyaient de "l'attraper" à la première occasion, mais Flynt a déclaré que c'était un homme très intéressant. parler avec.

"J'ai quitté Sapulpa en octobre et Flynt m'a accompagné à Chicago, où il est resté jusqu'en mars. Il était très fier du certificat qui lui a été délivré lorsqu'il a rompu ses liens avec Saint Louis et San Francisco.

« Ces certificats sont communément appelés « Lettres d'identification ». Flynt l'appelait toujours son « Denty » et il prenait beaucoup de plaisir à le montrer à ses amis. Il me l'a offert quelques jours avant sa mort et m'a demandé de le garder pour lui.

De ce "Denty", nous obtenons une description approximative de Josiah Flynt tel qu'il était en 1904. "Âge, trente-cinq ans. Poids, cent vingt-cinq livres. Taille, cinq pieds cinq pouces. Teint, clair. Cheveux, clair. Yeux, marron. Il donne également comme « Raisons de son départ du service » : « Démission. Prestations et conduite entièrement satisfaisantes ».

À l'automne 1905, les explosions insurrectionnelles en Russie prenaient de telles proportions qu'une guerre révolutionnaire sérieuse n'était pas improbable. Josiah a obtenu une commission d'un magazine pour se rendre en Russie et enquêter sur la situation. Sa santé n'était en aucun cas bonne et sa vie tempérée en Oklahoma n'avait eu aucun effet positif permanent sur ses habitudes, mais il se mit en route avec impatience pour accomplir son travail. Il a rassemblé beaucoup de matériel intéressant et a rédigé les articles requis. Il tomba cependant très malade et resta longtemps allongé sur le point de mourir dans un hôpital allemand. Lorsqu'il revint en Amérique pour la dernière fois, dans les premiers jours chauds de 1906, il était brisé, son apparence avait changé, il n'était plus que l'ombre de lui-même. Il m'a alors dit que, alors qu'il était si proche de la mort en Allemagne, les deux pensées qui ont fait plus que tout pour le remettre sur pied étaient son désir de revoir sa mère et sa détermination à "réussir" avec ses articles, qui ne furent achevés qu'au début de sa convalescence partielle. J'avais aidé à lui obtenir cette commission russe, et il semblait toujours avoir à l'esprit que, puisque je l'avais « défendu » — c'était ainsi qu'il disait — il ne devait pas échouer. De son lit de douleur, il s'est tiré pour « réparer ». Une telle loyauté était l'un de ses traits les plus forts. Je me souviens qu'un jour, alors qu'il vivait dans les Catskills, un parent éloigné lui envoya une demande d'argent pour l'aider à se sortir d'une difficulté. Josiah est arrivé à New York par le premier train qu'il a pu prendre et s'est rendu dans l'une des caisses d'épargne dans laquelle il gardait ses fonds. Le parent a reçu l'argent dont il avait besoin. Avant de retourner à Woodland, Josiah m'a parlé de la course qui l'avait amené à New York. Il a ajouté : "Nous devons toujours être aux côtés de la famille".

C'est à la fin de 1906 que Flynt commença sa dernière tâche. Il a été envoyé à Chicago par le *Cosmopolitan Magazine* pour « écrire » sur les jeux de hasard dans les salles de billard. Incapable de donner à ce travail l'ancienne énergie de l'investigation, il fut aidé à obtenir un résultat honorable par des personnes qui possédaient les informations qu'il désirait. Il devait savoir qu'il était proche de la fin. Dans chaque lettre qu'il m'a écrite au cours de ces dernières semaines, il a fait référence à plusieurs reprises au fait qu'il avait vu « mère », ou à son intention de passer le lendemain avec « mère », ou à son projet de « faire un court voyage avec mère » ". Tout son amour se concentrait de plus en plus étroitement sur elle à mesure que la mort approchait de lui, même si, en effet, depuis des années, ses principales pensées étaient vers elle. Elle passait ces dernières semaines dans une banlieue de Chicago, et il appréciait particulièrement le travail qui l'amenait à Chicago, car cela lui permettait de la voir souvent.

Mais lorsque, vers la mi-janvier 1907, il fut atteint d'une pneumonie, il ne laissa pas ses amis l'admettre dans sa chambre de l'hôtel de Chicago. Elle ne devait pas être témoin de ses souffrances. Il est décédé à 19 HEURES , le 20 janvier, après deux heures d'inconscience.

<hr>